Eine Nation von Einwanderern

Amerika verfolgte in den 70er Jahren ein großes Projekt: die soziale Gleichstellung von diskriminierten und ethnischen Minderheiten. Dieses beispiellose staatliche Programm entstand in einem Land, das sich von jeher als Einwanderungsland begreift und dessen Grenzen auch weiterhin für Einwanderer offen sind. In dieser Studie werden vor dem Hintergrund amerikanischer Einwanderungsgeschichte und Einwanderungspolitik die besondere Mentalität und politische Kultur beschrieben, die ein vergleichsweise unkompliziertes Verhältnis zu Minderheiten ermöglicht haben.

Das Interesse richtet sich aber auch auf die subjektive Seite: Welchen Weg der Integration haben verschiedene Generationen von Einwanderern beschritten: Amerikanisierung (hier nachgezeichnet am Verhalten der ethnischen Gruppen während des 2. Weltkrieges) oder »ethnicity«, ethnische Loyalität (wie sie Enkel von Einwanderern in den 70er Jahren »wiederentdecken« wollten)?

Die Beschreibung der möglichen Spielarten von Ethnizität in modernen Gesellschaften verhilft zu genaueren Vorstellungen über die Zukunft auch unserer Einwanderer-Minderheiten.

Donata Elschenbroich, Dr. phil., ist Mitarbeiterin des Deutschen Jugendinstituts, München, Schwerpunkt »Ethnische Bindung und soziale Mobilität«.

Donata Elschenbroich

Eine Nation von Einwanderern

Ethnisches Bewußtsein und Integrationspolitik in den USA

Campus Verlag
Frankfurt/New York

CIP-Kurztitelaufnahme der Deutschen Bibliothek

Elschenbroich, Donata:
Eine Nation von Einwanderern : ethn. Bewusstsein
u. Integrationspolitik in d. USA / Donata Elschen-
broich. – Frankfurt/Main ; New York : Campus Verlag,
1986.
ISBN 3-593-33670-7

Umschlaggestaltung: Atelier Warminski, Büdingen
Satz: Norbert Czermak, Geisenhausen
Druck und Bindung: Druckhaus Beltz, Hemsbach
Printed in Germany

Inhalt

Vorwort 11

Kapitel I
Ein unsystematisches Einwanderungsland

Amerikanische Einwanderungsgeschichte und Einwanderungspolitik 25
Wie sähe Amerika aus ohne Einwanderung? 34
Einwanderung heute 35

Kapitel II
Die ethnischen Minderheiten und der Zweite Weltkrieg

»Mein Land rief« 52
»Dieser Krieg wird uns helfen, mit Arbeitslosigkeit, Rassenproblem und Einwanderungsproblemen fertig zu werden« 55
Kriegsboom, Vollbeschäftigung und »homefront« 58
»Homefront« und Amerikanisierung 61
Soziale Kosten der Kriegs-Prosperität 65
Amerikas Kampf gegen den Faschismus und der Rassismus im eigenen Land 68

Rassismus im Krieg (1): »enemy race«. Die Internierung der japano-amerikanischen Minderheit 68
Rassismus im Krieg (2): Blutspenden – rassengetrennt 77
Exkurs: »GI-Joe«. Modell für den neuen Amerikaner. Die Frontberichterstattung von Ernie Pyle 83
Als der Krieg vorbei war 89
Die Vorstädte der 50er Jahre: Amerikanisierung in Eigenheim, Schule und Kirche 91

Kapitel III
»Ethnicity«

Ethnicity (1): Ein Kongress über Chicano-Kultur 102
Ethnicity (2): Ein Name für ein puertoricanisches Kind .. 108
Etablierte Ethnicity in Amerika, heute 109
Das Balch-Institute for Ethnic Studies 113
»Ethnisches Leben« der Ersten Einwanderergeneration in Amerika 116
Ethnische Bindung: Konstitutionsmerkmale 119
Ethnische Identität versus ethnische Persönlichkeit 122
Kryptokonformismus von Ethnicity 129
Das »ethnic revival« 131
Die Ressentiments der »übergangenen Minderheiten« 133
Das »ethnic revival« – eine typische Bewegung der 70er Jahre 137
»Wiedergefundene ethnicity« – Rettungsanker oder Zwangsjacke? 141
Wochenend-Ethnicity: Die Zeitschrift »Attenzione« 144
Unliebsame Realitäten (1): Der Amerikanisierungswunsch der Vorväter 147
Unliebsame Realitäten (2): Repressive Seiten der ethnischen Kulturen 149
Gelebte Ethnicity (1): Das Verhältnis zum Körper, zu Krankheit und Pflege 152

Gelebte Ethnicity (2): »Ethnische Enklaven« in der Ökonomie 156
Fallstudie: »Ethnische Enklaven« in der Bekleidungsindustrie von New York 161
Haben die »ethnischen Enklaven« Zukunft? 164
Gelebte Ethnicity (3): Muttersprache, Sprachwechsel, Zweisprachigkeit 167
Zweisprachigkeit der Puertoricaner in New York und Fishmans Theorie der »Domänen« 177
Zweisprachigkeit und der Kampf um Chancengleichheit 181

Kapitel IV
Von Civil Rights (Bürgerrechte) zu »affirmative action« (aktiver Minderheitenschutz)

Von Individual- zu Gruppenrechten: Rassismus unter neuem Vorzeichen? 189
Affirmative action im Bildungsbereich 193
Universitäten 198
Arbeitsmarkt 206
Affirmative action: Die Kontroverse 211
Wie ethnisch ist die Armut in den USA heute? 217
Die »Zwei-Drittel-Gesellschaft« 220

Nachwort: Zurück zur Bundesrepublik 225

Anmerkungen 233

Literatur 243

Theaterfoyer, Brooklyn, N.Y.C., 1983. (Barbara Klemm)

Long Beach, Los Angeles, 1980. (AP)

Vorwort

Es sind zwei sehr ungleiche Einwanderungsländer, für deren Vergleichbarkeit sich dieses Buch interessiert. Die Bundesrepublik: aller offiziellen Selbstdefinition nach bis heute »kein Einwanderungsland«, real allenfalls »Einwanderungsland wider Willen«, ein Land, dessen Grenzen seit zehn Jahren für Einwanderer geschlossen sind und es auch in Zukunft bleiben sollen. Und die Vereinigten Staaten von Amerika: ein selbstbewußtes Einwanderungsland, konstituiert durch eine Einwanderungswelle nach der anderen, eine Nation mit multi-ethnischer Bevölkerung, ein Land, das in den vergangenen fünf Jahren mehr Einwanderer aufgenommen hat als alle anderen Nationen der Welt zusammen.

Was wäre da zu vergleichen? Welche Erkenntnisse wären aus einem Vergleich zu gewinnen für unser Verhältnis zu Ausländern, für die Zukunft von Gastarbeiter-Minderheiten in der Bundesrepublik? Denn das ist das Ausgangsinteresse dieser Studie.

Der offiziell hartnäckigen Verweigerung (»kein Einwanderungsland«) begegnete man in der Ausländerarbeit etwa seit dem Kühn-Memorandum (1978)[1] mit der Gegenthese: die Bundesrepublik sei längst »de facto« – das ist die gängige Formulierung bis heute – Einwanderungsland geworden. Im Ausländer-Forschungsschwerpunkt am Deutschen Jugendinstitut haben auch wir unsere Arbeit unter dieses Motto gestellt; das sollte in der Öffentlichkeit andere Akzente setzen, sollte erinnern an die soziale Verantwortung gegenüber den ins Land geholten Migranten – die ja weiterhin gebraucht werden –, es insistierte, die Anwesenheit dieser Ausländer-Minderheiten nicht länger als vorübergehende zu verdrängen, sondern sich den längerfristigen Konsequenzen zu stellen.

Aber ist dieses »wir sind de facto Einwanderungsland« nur Appell, oder begreift es eine neue Realität? Hat sich dieser Nationalstaat wirklich deshalb in ein Einwanderungsland verwandelt, weil vier bis fünf Millionen Ausländer wohl auf Dauer hier leben werden, trotz »Rückkehrprämien« und täglich erfahrener Diskriminierung? Was ist das, ein Einwanderungsland? Welche Geschichte, gesellschaftlichen Strukturen, welche Alltagsgewohnheiten und Mentalitäten machen ein Land zu einem »Einwanderungsland«? Aus diesen Fragen entstand das Interesse an einem Vergleich mit einem klassischen Einwanderungsland, den USA.

Dieses vergleichende Interesse, das war überraschend, wird bisher von den Disziplinen, die darauf am besten vorbereitet wären, kaum geteilt. Die deutsche Amerikanistik versucht in ihren Studien über Kultur und Sozialgeschichte der USA vor allem eine inneramerikanische Perspektive einzunehmen. Das scheint mir weniger verwunderlich, als daß innerhalb der deutschen Sozialwissenschaft, dort wo sie sich mit Ausländer- und Minderheitenproblemen beschäftigt, dieses vergleichende Interesse bisher so sporadisch geblieben ist – bei der sonst so engen Beziehung der deutschen Soziologie zur amerikanischen. Es scheint, als hätte auch die deutsche Sozialwissenschaft die Position »kein Einwanderungsland« nachvollzogen.

Anfangs habe ich mich vor allem den Parallelen zwischen beiden Ländern zugewandt. Um nur einige aufzuzählen: die soziale Diskriminierung, die Einwanderer in allen Phasen der amerikanischen Einwanderungsgeschichte immer wieder erfahren haben; Unterschichtung und gespaltener Arbeitsmarkt; Probleme des Sprachwechsels; der Konflikt zwischen Amerikanisierung und »Kulturerhalt« (»ethnicity«); Marginalisierung einzelner ethnischer Gruppen gegenüber Mobilität anderer ethnischer Gruppen. ...

Zu all diesen Problemen existiert in den USA eine Fülle von Studien in einer langen Tradition, denn die Integration der immer wieder neu ins Land strömenden Einwanderergruppen ist von jeher ein Kardinalproblem der amerikanischen Sozialwissenschaft gewesen. Von den vielen Monographien und Fallstudien zu Vorurteil und Rassismus, zum Integrationsschicksal einzelner ethnischer Gruppen, zu »ethnicity« allgemein (um wieder nur einige Themen zu nennen) ist vieles zu lernen und manches möglicherweise unmittelbar übertragbar. Aber letztlich werden diese Ergebnisse für die Erkenntnis der Lebenslage und der Perspektiven unserer Minderheiten erst relevant, wenn sie im Kontext des gesamten Verständnisses von Einwanderung und »Amerikanismus« gesehen werden. Integrationsprobleme erscheinen in der langen Einwanderungsgeschichte der USA in immer wieder neuer Konstellation, sie werden immer wieder anders gelöst, von verschiedenen ethnischen Gruppen in Abhängigkeit von der jeweiligen historischen Situation (frontier society, Industriegesellschaft, »postindustrielle Gesellschaft« ...). Im Laufe der Untersuchung wurden dann die Unterschiede immer deutlicher, Unterschiede im Selbstverständnis beider Länder, der Strukturen des öffentlichen Lebens, Unterschiede der Geschichte und politischen Kultur.

Daß Amerika ein multi-ethnisches Land ist, das braucht man auch dem Touristen nicht zu erzählen. Die aus dem Fernsehen bekannten amerikanischen Filme thematisieren immer das Ethnische (wenngleich selten explizit). Bei der Ankunft sieht sich der Tourist auf den Flugplätzen Großfotos aus der Zeit der Jahrhundertwende gegenüber – Einwanderungsgeschichte, auf die man stolz ist und deren Motive Teil der öffentlichen Ikonographie sind. Nicht nur in New York, Los Angeles und San Francisco, den Einwanderungsstädten par excellence, trifft man auf diese ethnische Vielfalt, nicht nur in den südwestlichen Grenzstädten der USA mit ihrer starken Konzentration von spanisch-sprechenden Einwanderern. Auch in den Südstaaten oder entlegenen Teilen der USA, wie z.B. den nördlichen Regionen des Staates Washington, leben inzwischen Zehntausende von neueren südostasiatischen Einwanderern. Die Wohnviertel der Städte unterscheiden sich nicht nur durch Klassenmerkmale, sondern Bauweise, Straßennamen, Schilder, Geschäfte, und ihre Bewohner sind natürlich unübersehbar multi-ethnisch; auch in den kleinsten Städten wird man Museen oder Kulturzentren zur Geschichte irgendeiner Einwanderer-Gruppe finden können.

Im alltäglichen Diskurs hat das Thema »ethnicity« einen festen Platz. Jeder Amerikaner hat dazu etwas zu sagen: »Mein Großvater kam aus (Polen, Irland, Serbien ...), meine Frau spricht (spanisch, japanisch ...), mein Chef ist (Jude, Italiener ...), meine Kinder gehen in eine Schule (mit soundsoviel Prozent schwarzen, mexikanischen, vietnamesischen ... Kindern), in dieses Viertel ziehen in letzter Zeit immer mehr (Koreaner, Cubaner ...)«. Und nicht nur gibt es in jeder Biographie diese faktische Vielfalt ethnischer Herkunft, man spricht *gern* darüber, spätestens seit den 70er Jahren, den Jahren des »ethnic revival«. Das Thema ist eingeführt in den freundlichen small talk, ein Konsens-Thema. »Platz ist hier für alle«, das signalisiert man sich und dem Anderen, und: alle Fäden der Welt laufen hier zusammen, wir sind ein universales Land. ... Ein kleines alltägliches Echo des amerikanischen Traums, der so viele Millionen auf den Weg gebracht hat. In solchen unverbindlichen Gesprächen gelten alle Rassen und alle Herkunftskulturen als gleichberechtigt. Der pure Rassismus (der face-to-face-Rassismus) ist in den USA seit den 50er Jahren, den Jahren der Bürgerrechtsbewegung, nicht mehr gesellschaftsfähig. Das Ethnische wird nicht nur im Gespräch gewohnheitsmäßig respektiert; mir wurde es deutlich auch daran, wie korrekt mein Name – ein niederdeutscher mit vielen Buchstaben – auf Briefumschlägen und Rechnungen erschien. In der Bundesrepublik sind Jugoslawen und Griechen oft verärgert, wie nachlässig mit ihren Namen umgegangen wird. Am Bild ihrer verstümmelten Namen erfahren sie einmal mehr ihre soziale Geringschätzung (»kommt bei denen nicht so genau darauf an ... die werden sich schon nicht beschweren ...«). In den USA stammen eben die Träger ethnischer Namen längst nicht mehr ausschließlich aus einer niedrigen sozialen Schicht, sondern sie können Firmenchefs sein, Parteivorsitzende, Chefärztinnen, Doktorandinnen. ...

Eine eindrucksvolle Ubiquität des Ethnischen – aber auch eine verwirrende. Den ethnischen Phänomenen ist es nicht ohne weiteres anzusehen, wie bestimmend sie wirklich sind, wie weit sie bloßes Kostüm, »Stil« sind oder das Handeln beeinflussen, wie tief diese »ethnicity« geht. Ethnisches Essen beispielsweise: ist das der Espresso, den der elegante Italo-Amerikaner aus der Vorstadt in der neuerdings modern-italienisch gestylten Bar im ehemaligen Einwandererquartier einnimmt? Oder ist es das Zuckerwasser, das puertoricanische Kinder in New York zum Frühstück (oder statt Frühstück) trinken wie früher auf der Insel, Zuckerwasser, das sie der Milch in der Schule vorziehen (sofern die Schulspeisung nicht ohnehin den Reaganschen Kürzungen zum Opfer gefallen ist)?

Die Presse behandelt Minderheitenprobleme mit einer Selbstverständlichkeit und Regelmäßigkeit, die sich von unserer sporadischen öffentlichen Beschäftigung mit »Ausländerproblemen« (als einem Randgruppenproblem unter vielen) eindrucksvoll unterscheidet. Aber was bedeutet diese öffentliche Sichtbarkeit der Minderheitenprobleme? Hat es die Lebenslage der Schwarzen beeinflußt, daß der Tag, an dem Martin Luther King ermordet wurde, inzwischen zum Nationalfeiertag erhoben worden ist? Daß Flotten von Bussen schwarze Kinder quer durch die Städte transportieren, um Chancengleichheit im Bildungssystem herzustellen? Erweitert es die Partizipationschancen puertorikanischer und mexikanischer Kinder, wenn sie Mathematik und Geographie in spanischer Sprache lernen? Wie hat der Passus in allen öffentlichen Stellenausschreibungen (»Minderheiten und Frauen bei gleicher Qualifikation bevorzugt«) das soziale Fortkommen dieser Minderheiten beeinflussen können? Wie ethnisch ist heute noch die Armut und die Arbeitslosigkeit? Wie soll man den Widerspruch einschätzen zwischen einer eindrucksvollen Politik staatlicher Eingriffe zur sozialen Gleichstellung der rassisch und historisch benachteiligten Minderheiten (der Gesamtkomplex des »affirmative action«) einerseits und der ebenso sichtbaren strukturellen Vernachlässigung von Millionen (wachsende Armutsbevölkerung, unverändert hohe Arbeitslosenraten trotz »Jobwunder«, womit zu leben man sich offensichlich gewöhnt hat)?

Und dennoch, trotz anhaltender Beschäftigungskrise, trotz nach wie vor ungelöster Rassenprobleme (die Schwarzen leben in den Stadtkernen heute segregierter als je zuvor in der amerikanischen Geschichte) bleibt Amerika Einwanderungsland, bleiben weiterhin die Grenzen offen für Hunderttausende von legalen Einwanderern. Und die Grenzen bleiben weiterhin, wenn nicht gerade offen, so doch zumindest porös, für ebensoviele illegale Einwanderer jährlich. Wie ist es zu erklären, daß die einheimische Bevölkerung das zu akzeptieren scheint, daß sich keine Basisbewegungen dagegen organisieren, keine Ausgrenzungsmentalität? (Für den Begriff »Rückkehrförderung« existiert keine amerikanische Entsprechung.)

Welche Rolle hat die Staatsbürgerschaft, deren Erlangen stets so unkompliziert war, für den Integrationsprozeß der verschiedenen ethnischen Gruppen in verschiedenen historischen Etappen gespielt?

Das sind einige der Fragen, denen ich in diesem Buch nachgehe. Das erste Kapitel (»Ein unsystematisches Einwanderungsland: amerikanische Einwanderungsgeschichte und Einwanderungspolitik«) beginnt mit einem kurzen Überblick über die Dimensionen der »klassischen« Einwanderung nach Amerika, den hundert Jahren europäischer Einwanderung bis zum Ersten Weltkrieg. Ein faszinierender Abschnitt in der Konstituierung des Einwanderungslandes USA, aber ein von der amerikanischen Geschichtsschreibung reichlich bearbeitetes Feld. Neben den berühmten älteren Arbeiten vor allem von Oscar Handlin, Theodor Blegen und Marcus Lee Hansen sind in den vergangenen zwanzig Jahren unüberschaubar viele Monographien entstanden über Regionen und Städte mit hohen Anteilen von Einwanderern (etwa: »The Texan Germans«, »Italians in Philadelphia«, »Slovaks in New York City« ...) – Lokalgeschichte, die immer auch Einwanderungsgeschichte ist.

Mehr Raum wird hier gewidmet der Darstellung der amerikanischen Einwanderungspolitik, vor allem in jüngster Vergangenheit und Gegenwart. Was bedeutet für die USA heute die umfangreiche legale und die weiterhin erhebliche illegale Einwanderung? Erste Umrisse entstehen von Amerika als Land der fortgesetzten Einwanderung, von einem Land, für das die Tatsache von Einwanderung weiterhin konsensbildend bleibt. Verschiedene Probleme der so heterogenen »neuen Einwander-Minderheiten« werden angesprochen, aber erst in einem späteren Teil des Buches genauer diskutiert.

Danach gewissermaßen eine Zäsur; es folgt das einzige im engeren Sinn historische Kapitel: »Amerikanisierung der ethnischen Gruppen im Zweiten Weltkrieg«. Die Jahre des Zweiten Weltkrieges – als immerhin noch jeder vierte Amerikaner Einwanderer der Ersten oder Zweiten Generation war – wurden für Loyalitätsbildung und Amerikanisierung der europäischen Einwanderer-Minderheiten enorm folgenreich. Aus Autobiographien und Romanen, aus oral history-Interviews und Fotoarchiven, aus Frontberichterstattung und aus Reportagen über die »homefront« gleichermaßen, spricht die Begeisterung, mit der vor allem die Einwanderer der Zweiten Generation die Chance nutzten, nach den Jahren der Depression, nach Arbeitslosigkeit und Stagnation in den ethnischen Einwandererquartieren nun in der amerikanischen Gesamtgesellschaft aufgehen zu können, in der kriegsbedingten Vollbeschäftigung und im großen nationalen Konsens der Kriegsjahre sich an diesem »gerechten Krieg« zu beteiligen (auch dann, wenn in die Herkunftsländer der Eltern und Großeltern einmarschiert wurde). An den Fronten in Europa und am Pazifik entstand, gestützt durch kriegsbedingte Modernisierung von Produktion und Verkehr, der neue Sozialtyp eines modernen Amerikaners, der alle ethnische Bindung abgestreift hatte. Auch innerhalb Amerikas lockerten sich durch die gewaltige innere Migration der Kriegsjahre die alten Bindungen, und im »homefont« Bewußtsein rückte man zusammen, über ethnische Grenzen hinweg. Zugleich waren jedoch die Jahre des Krieges gegen den Faschismus auch Zeiten verschärfter Klassen- und Rassengegensätze im eigenen Land. Dieser Widerspruch wird beschrieben am Beispiel der Zwangsinternierung der gesamten japano-amerikanischen Minderheit (1942–1945) und an der fortgesetzten Segregation der Schwarzen in der US-Armee und im amerikanischen Alltag (»Blutspenden – rassengetrennt«).

Ein Blick noch auf die Nachkriegsjahre, in denen sich die Amerikanisierung womöglich noch intensiviert hat und alle ethnische Bindung sich vollends, vor allem in der Zweiten Generation, aufzulösen schien. Nach Jahren des massenhaften Exodus in die neuen Vorstädte, Nährboden für Amerikanisierung in Eigenheim, Schule und Kirche, nach Jahren der sprunghaft angestiegenen Einbürgerungen bei zugleich fast versiegender Einwanderung, konnte es gegen Ende der 50er Jahre wirklich den Anschein haben, als sei das Kapitel »Integration von Einwanderer-Minderheiten« abgeschlossen, als sei alles Ethnische obsolet und die USA auf dem Wege in eine vollends ethnisch homogene Nation (immer natürlich abgesehen von der nach wie vor ungelösten Rassenfrage).

Das dritte Kapitel, ein zentrales dieses Buches, ist einer Bewegung der 70er Jahre gewidmet: dem sogenannten »ethnic revival«. Im Anschluß an die Bürgerrechtsbewegung und das neue programmatische Selbstbewußtsein der Schwarzen entwickelte sich auch in den hispanischen Minderheiten und bei den Enkeln der klassischen europäischen Einwanderergruppen ein neues Bewußtsein von Tradition, für »ethnische Wurzeln«, verbunden mit Kritik an der Dominanz des weißen puritanischen Amerika. Während die Bürgerrechtsbewegung der optimistischen 60er Jahre von einem breiten Konsens der liberalen Öffentlichkeit gestützt war, entstand die neue »ethnicity«, diese Suche nach partikularer Identität, in einem Amerika, dessen Wachstumsoptimismus erschüttert war und das sich in den Vietnam-Krieg verstrickt hatte.

In Amerika heute über dieses »ethnic revival« zu forschen, ist alles andere als ein originelles Vorhaben. Spezialbibliotheken mit Regalen voller Literatur und Bibliographien auch zu Einzelaspekten des »Ethnischen« stehen bereit. Schwieriger ist, sich einen Begriff davon zu machen, was »ethnicity« außerhalb der Welt des Gedruckten, des akademisch Kanonisierten, wirklich bedeutet. Den Widersprüchen zwischen ideologisch-programmatischer Ethnizität, einer »ethnicity« als amerikanischem Mittelschicht-Lebensstil, und einer unbewußten, gelebten, faktisch-alltäglichen Ethnizität bin ich in diesem Kapitel am Beispiel verschiedener Bereiche nachgegangen: der Zweisprachigkeit, dem Verhältnis zu Körper und Krankheit sowie den »ethnischen Enklaven« in der Ökonomie. Hierbei hat sich die Perspektive des Außenstehenden vorteilhaft erwiesen. Gunnar Myrdal nannte es in seiner großen Studie des amerikanischen Rassenproblems (»An American Dilemma«, 1944) die besondere Chance des Außenstehenden, »sich seiner eigenen Vordefinitionen nie sicher zu sein«. In der Frage der »ethnicity« war es für mich als Außenstehender leichter zu erkennen, wo das vermeintlich »Ethnische« in Wirklichkeit durchaus so *amerikanisch* war. ...

Aber wozu die so eingehende Beschäftigung mit dem amerikanischen Diskurs über »ethnicity«? Unkritische Verklärung von »ethnischen Lebensstilen« oder ethnischer Lobbyismus gehören sicher nicht zu den drängendsten sozialen Problemen der Bundesrepublik. Und auch eine unbewußte, unprogrammatische Ethnizität scheint hier wenig Chancen zu haben, *gelebt* zu werden. Keine Parallelen also. Aber weil sich in den USA die »ethnicity«-Bewegung so populär entfalten konnte und weil sie sich auch politisch folgenreich artikuliert hat, kann man wie am Modell nachverfolgen, welche Spielarten einer modernen Ethnizität möglich sind, einer Ethnizität, die nicht in Widerspruch gerät zu Mobilität und die die Integration der Minderheiten nicht infrage stellt. Auch wenn der Vergleich mit der Bundesrepublik selten direkt angesprochen wird, kann das amerikanische Beispiel die Vorstellung erweitern für Möglichkeiten von ethnischer Bindung bei Ausländer-Minderheiten, die der Integration nicht im Wege stehen.

Im letzten Kapitel geht es um die Frage, was ein Staat tun kann, um historisch benachteiligte Minderheiten zu entschädigen, aber auch um weiterhin strukturell diskriminierte Minderheiten zu Chancengleichheit zu verhelfen. Die USA sind in ihrer Gleichberechtigungspolitik (»Affirmative Action«) seit den 70er Jahren weiter gegangen als alle anderen westlichen Industriegesellschaften. Zugleich sind diese redistributiven Maßnahmen von Anfang an zutiefst kontrovers; die Republikaner verdanken ihre jüngsten Wahlsiege immer auch Reagans Versprechen, diesem »staatlichen Dirigismus« entgegenzutreten und dem alt-amerikanischen Meritokratismus wieder zum Recht zu verhelfen. (In der Praxis ist allerdings bisher erstaunlich wenig demontiert worden.) Die Kontroverse über »reverse discrimination«, die »ungleiche« Förderung benachteiligter Minderheiten, wird in diesem Kapitel nachgezeichnet. Unmittelbare Parallelen zu unserer Integrationspolitik existieren kaum: unsere Integrationsansätze im Bildungsbereich wirken gegenüber den amerikanischen Programmen recht zaghaft – von Förderquoten für Ausländer-Minderheiten an Universitäten oder in Betrieben wird hier wohl nie die Rede sein.

Ob die Interventionen den geschützten Minderheiten wirklich dauerhaft etwas gebracht haben, darüber streiten die Geister. Ohne Frage bleibt weiterhin in den USA die Armut und die Arbeitslosigkeit zu einem erheblichen Teil ethnisch und rassisch – und dies bei anhaltender Beschäftigungskrise und sich verfestigender Segmentierung des Arbeitsmarktes. Das muß auch uns beunruhigen, wo Tendenzen einer dauerhaften Abkoppelung von Ausländern (und da es inzwischen um die kulturell integrierte Zweite und bald Dritte Generation geht, wird man sie, rassistisch, nur als »Ausländer-Abkömmlinge« bezeichnen können!) sich ebenfalls abzeichnen. Ein kurzes Nachwort (»Zurück zur Bundesrepublik«) beschäftigt sich mit den Perspektiven einer solchen »Amerikanisierung des Arbeitsmarktes« und den Konsequenzen für unser »Einwanderungsland wider Willen« sowie mit möglichen Spielarten von Ethnizität in der Zukunft.

Diese Studie entstand im Projekt »Integrationsforschung und Ausländerpädagogik« am Deutschen Jugendinstitut, gefördert durch das Bundesministerium für Bildung und Wissenschaft.

Für Anregung und Unterstützung danke ich Dietrich von Derschau, Gisela Erler und Anne Zehnbauer am DJI. Ferner Berndt Ostendorf (Amerika-Institut der Universität München), Gero Lenhardt (Max Planck Institut für Bildungsforschung, Berlin), Carol Pfaff (John F.Kennedy Institut, Berlin), Kurt Shell (Zentrum für Nordamerikaforschung, Frankfurt), Myra Marx-Ferree (während ihrer Gastprofessur in Frankfurt 1985) und Otto Schweitzer.

Für Unterstützung während Forschungsaufenthalten in den USA danke ich Lydio Tomasi und Diana Zimmermann (Center for Migration Studies, New York), Susan Feingold (Bloomingdale Family Program, New York), Luisa Garrett (Joan of Arc Junior High School, New York), Ana Celia Zentella (Hunter College, New York), Lloyd de Mause (Institute for Psychohistory, New York), Nathan Glazer und Orlando Patterson (Harvard University), Lois Rudnick (University of Massachusetts, Boston), Jules Chametzky (University of Massachusetts, Amherst), Michael Olneck (University of Wisconsin, Madison), Janice Monk (University of Arizona, Tucson), Mark Stolarik (Balch Institute for Ethnic Studies, Philadelphia) und den Freunden Ilse Mattick und Tom und Sea Constanten.

Irische Pachtbauern nach der Zwangsräumung. Sie hatten den Pachtzins nicht mehr aufbringen können. Die Eingangstür wurde mit Balken verschlossen, 1880. (George Morrisin)

Eine italienische Einwandererfamilie vor der Ankunft in Ellis Island. Anfang 20. Jh. (Lewis Hine)

In Ellis Island: slovakische Bäuerinnen. Auf den Schildern ist Name und Bestimmungsort angegeben. (Lewis Hine)

»Intelligenztest für Einwanderer«, Ellis Island, Anfang 20. Jh. (Library of Congress)

Illegaler mexikanischer Einwanderer, 1983. (AP)

Kind vietnamesischer Einwanderer mit Cowboy-Hut.
San Francisco, 1982. (AP)

Kapitel I

Ein unsystematisches Einwanderungsland

Amerikanische Einwanderungsgeschichte und Einwanderungspolitik

Die Gebäude auf Ellis Island, der historischen Einwanderungsinsel vor Manhattan, werden zur Zeit restauriert als »Denkmal der Armut«. Die Vorfahren von über 100 Millionen der derzeit 230 Millionen Amerikaner haben hier zum ersten Mal amerikanischen Boden betreten. 6.000 bis 8.000 Ankömmlinge haben von 1892–1924 täglich hier die Grenzkontrollen passiert.

Das Ausmaß der Einwanderung nach Amerika ist ohne Parallele. Seit der Besiedlung von Jamestown 1607 sind weit über 45 Millionen Menschen in das heutige Gebiet der Vereinigten Staaten eingewandert. Erst ab 1810 kann man den Umfang der jährlichen Einwanderung annähernd erfassen, aber bis heute ist die Einwanderungs-Statistik erstaunlich lückenhaft und unsystematisch geblieben.[2]

Die Geschichte der Einwanderungsgesetzgebung führt in ein Labyrinth; sie läßt bis heute keine Konturen einer konsistenten Politik erkennen. Seit etwa 1870 bis in die Gegenwart versucht der Kongress immer wieder, wirksame Einwanderungsgesetze zu formulieren, aber in dieser langen Zeit konnte man selten davon ausgehen, daß das Problem einigermaßen gelöst war.

Bis weit ins 19.Jahrhundert hinein wurde Einwanderung jedoch noch nicht zum Problem. Mobilität schien selbstverständlich: eine Verschärfung von Klassengegensätzen, eine Polarisierung der amerikanischen Gesellschaft durch Einwanderer stand nicht zu befürchten. Die Besiedlung des Westens und die Industrialisierung hielten einen schier uferlosen Bedarf an Arbeitskräften wach. In den 40er Jahren gründeten verschiedene Staaten Werbeagenturen, die Pamphlete und Flugblätter in schwedischer, walisischer, deutscher, holländischer und norwegischer Sprache nach Europa verschickten. Sie beschrieben die Schönheiten der amerikanischen Landschaft und das freundliche Klima. Sie warben, wie z.B. Minnesota, mit einer erheblich höheren Lebenserwartung als in Europa. Die zentrale Botschaft blieb natürlich der Gegensatz zwischen amerikanischer Freiheit und Mobilität und europäischer Stagnation und Knechtschaft. In diesen Schriften konkurrierten die Staaten miteinander um Einwanderer, sie wetteiferten, wer das längere Eisenbahnnetz hatte und wer seltener von Naturkatastrophen und Indianerüberfällen heimgesucht wurde.

Die Einwanderungswellen reagierten bis zum Ersten Weltkrieg deutlich auf die Konjunkturzyklen in den USA (mit kleinen zeitlichen Verschiebungen, bedingt durch den »transatlantischen Informationsfluß«). In diesen bis zum Ersten Weltkrieg charakteristischen Wellenbewegungen von 15–20 Jahren[3] spiegeln sich die »Pull-Faktoren« der Migration: Landbesiedlung, Expansion von Industrie und Baugewerbe. Den Push-Faktoren (der ökonomischen Rückständigkeit in Süd- und Osteuropa, Kriege, Revolutionen, Pogrome, Naturkatastrophen) schreibt demgegenüber das Alltagbewußtsein und auch die Migrationsliteratur eher die auslösende Bedeutung für die Migration zu. Das ist die Haltung des berühmten Gedichts von Emma Lazarus auf der Freiheitsstatue: »Give me your huddled masses ... your wretched refuse ...« (Laßt die bedrängten Massen herein ... die hoffnungslos Elenden und die Abgeschobenen). Das schmeichelt dem Selbstbild eines Einwanderungslandes (»wir nehmen diese Verfolgten und Verelendeten barmherzig auf, ohne Eigennutz«). Aber die »Push-Faktoren« haben wohl mehr eine allgemeine Migrationsbereitschaft bewirkt und der entscheidende Anstoß zur Migration ging aus vom jeweiligen Arbeitskräftebedarf der amerikanischen Ökonomie. Die Plattform der Republikaner (1864) sagt es noch deutlich: »Die Einwanderung, die in der Vergangenheit für den Wohlstand, für die Ressourcen und für den erweiterten Einfluß dieser Nation so segensreich war, soll durch liberale und gerechte Politik gestützt und ermutigt werden.«[4]

Einwanderung wurde während des 19. Jahrhunderts auch deshalb nicht zu einem politischen Thema, weil die militärische Sicherheit der USA durch ihre Isolation – jahrzehntelang einfach Fakt und noch nicht politisches Programm – unbedenklich war. Diese äußere Sicherheit wurde auch im Innern als Sicherheit erfahren; man konnte sich Toleranz leisten und verzichtete bis zum letzten Drittel des 19. Jahrhunderts fast völlig auf staatliches Eingreifen.

Von 1802 bis 1906, während eines Jahrhunderts massiver Einwanderung, blieb es dabei: jeder freie weiße Einwanderer konnte US-Bürger werden, wenn er beschwören konnte, daß er oder sie seit 5 Jahren im Land lebte, alle ererbten Titel ablegte, keinem anderen Staat als den USA Loyalität entgegenbrachte und auf dem Boden der amerikanischen Verfassung stand. Schwarzen und Indianern standen die Bürgerrechte lange Zeit nicht zu. Von ihnen abgesehen spielte das Ethnische keine Rolle, ein universalistischer Zug des amerikanischen Nationalbewußtseins. Von den Anfängen an war der amerikanische Nationalismus nicht ethnisch sondern *ideologisch*. Zugehörig war, wer den amerikanischen *Prinzipien* zustimmte.

Allerdings stellte die starke Einwanderung ab 1830 die USA vor ein Problem: die neuen Einwanderer waren fast zur Hälfte Katholiken. War die protestantische Hegemonie in Gefahr? Antikatholische und einwandererfeindliche Strömungen liefen zusammen in der sogenannten »Know-Nothing« Partei, die die Wartezeit für Einbürgerung auf 21 Jahre heraufsetzen wollte und forderte, im Ausland Geborene von öffentlichen Ämtern auszuschließen. Katholizismus galt schlicht als un-amerikanisch. War nicht die katholische Kirche in Europa weithin royalistisch? Vor allem nach den Revolutionen 1848, mit denen die meisten Amerikaner sympathisierten, wurde der Katholizismus als despotisch und anti-republikanisch wahrgenommen.

Die Ablehnung traf vor allem die Iren. Sie waren die sichtbarsten: konzentriert in Großstädten. Sie waren politisch aktiv – in der Regel als Demokraten – und man sagte ihnen nach, daß sie sich zum Stimmvieh ihrer Priester und Bosse machen ließen, und durch ihren Clan-Geist die demokratischen Spielregeln unterliefen, z.B. weil sie in Blöcken wählten. Auf größte einheimische Widerstände trafen auch alle Versuche der Katholiken, ein eigenes Schulsystem aufzubauen. Die amerikanische »comon school« war eine Säule des republikanischen Selbstverständnisses; jeder Separatismus von Einwanderern im Bildungswesen wurde als Angriff auf Amerika verstanden. Und nicht zuletzt schreckten die puritanischen Einheimischen zurück vor der Armut der Einwanderer, vor allem in den Jahren der Hungersnot in Irland. Vom Elend der Einwandererquartiere, so wurde befürchtet, könnte allgemeiner Sittenverfall ausgehen.

Die Know-Nothings (American Party) hatten 1855 immerhin die Macht in 6 US-Staaten.[5] Aber nach dem Bürgerkrieg, während dem man andere Sorgen hatte und viele Einwanderer in der Unions-Armee gekämpft hatten, verstummte allmählich die anti-katholische Einwandererfeindlichkeit. Anti-Katholizismus ist danach nie mehr ein organisierendes Moment in Bewegungen gegen Einwanderer gewesen.

Eine erste ausdrückliche Einwanderungsbeschränkung war der 1882 in Californien verfügte Einwanderungsstop für Chinesen (Chinese Exclusion Act). Zwischen 1860 und 1870 betrug ihr Anteil an der Bevölkerung Californiens 9 %. Nach Beendigung der Union Pacific Railroad 1869 drängten massenhaft chinesische Arbeiter auf den Arbeitsmarkt. Aus Europa eingewanderte Arbeiter, vor allem Iren, bekämpften sie am erbittertsten.[6] Über die Arbeitsmarktkonkurrenz hinaus wurde die chinesische Minderheit auch aus einem weiteren Grund als Bedrohung erfahren: der Leibeigenen-Status dieser innerhalb ihrer Minderheit rechtlosen Arbeiter stand im Widerspruch zu modernen, amerikanischen Formen des Lohnarbeiter-Verhältnisses. »Orientalischen Despotismus« wollte man auf amerikanischem Boden nicht dulden. Noch war das Dilemma der Sklaverei der Schwarzen nicht entfernt gelöst, als sich hier die nächste Serie von Menschenrechtsverletzungen in quasi-feudalen Arbeitsbeziehungen anbahnte. Die Ablehnung dieser »Kulis« wurde zugleich offen rassistisch begründet; Rassismus war in diesen Jahrzehnten durchaus gesellschaftsfähig.

Der Einwanderungsstop für Chinesen – ursprünglich auf zehn Jahre begrenzt, danach unbegrenzt verlängert – war nur der Anfang.

Zum Ende des 19. Jahrhunderts war aus der frontier society eine industrielle Klassengesellschaft mit für alle sichtbaren Klassengegensätzen geworden. Eine verlangsamte Mobilität gefährdete den nneren Frieden. Das Vertrauen in eine naturwüchsige, automatische Assimilation von Einwanderern war erschüttert. Bedenken gegen eine uneingeschränkte Einwanderung artikulierten sich vor allem in den Jahren der Depression 1883–1886. Die entstehenden Gewerkschaften bekämpften die unbehinderte Einwanderung besonders scharf. Ihre Position wurde geschwächt durch die ständig neuen Einwanderungswellen, die die Arbeiterklasse in Subkulturen fragmentierte, in nationale, religiöse, linguistische Sub-Gruppen spaltete. In den Streiks der 80er und 90er Jahre wurden, vor allem in Pennsylvania, Einwanderer als Streikbrecher eingesetzt.[7]

1885 erkämpften die Gewerkschaften (Knights of Labor) ein Gesetz, das Unternehmern die Anwerbung von Einwanderern untersagte. Von nun an mußten Einwanderer die Einwanderungsbehörde überzeugen, daß sie noch nicht über einen festen Arbeitsplatz in Amerika verfügten – daß sie aber andererseits so gesund und arbeitsfähig waren, daß sie nicht »der Öffentlichkeit zur Last« fallen würden.

An der neuen Fremdenfeindlichkeit der einheimischen Bevölkerung hatte auch die rasche Urbanisierung großen Anteil. Die frühen Einwanderer hatten sich vor allem auf dem Land und in Kleinstädten niedergelassen. 1890 waren die einheimischen weißen Amerikaner immer noch eine im wesentlichen ländliche und kleinstädtische Gruppe, im Süden wie in anderen Gebieten; drei von vier lebten in ländlichen Gebieten, nur 8 % in Städten mit mehr als 100.000 Einwohnern. Die Bevölkerungsgruppe ausländischer Herkunft (d.h. Einwanderer der Ersten und Zweiten Generation) machten 1890 ein Drittel der Gesamtbevölkerung aus, aber sie lebten zu 58 % in Städten, über 30 % in Großstädten.[8]

Für die einheimischen weißen Siedler war die Gleichsetzung von Protestantismus und Amerikanismus eine Selbstverständlichkeit gewesen. Und nun sollten sie zusehen, wie »katholische Bosse« die Kontrolle in den rapide wachsenden Großstädten gewannen? Ihre puritanischen Werte, die alt-amerikanischen der Siedler-Tradition, waren ohnehin durch die Industrialisierung bedroht. Die stärksten

Bastionen für restriktive Einwanderungspolitik lagen vom Anfang des 20. Jahrhunderts bis in die 50er Jahre im Süden und im Westen. Hier bildeten sich anti-chinesische, anti-japanische, anti-mexikanische Bewegungen, während an der Ostküste die ethnischen Einwanderergruppen sich politische Repräsentanz erkämpfen konnten. Der Ruf nach Einwanderungsbeschränkung hatte kulturrepressive Nebentöne: gegen den neuen Hedonismus der Cabarets und Bars, gegen, »Rum, Romanism and Rebellion«.

Während der ersten Jahre des 20. Jahrhunderts, bei erneut expandierender Wirtschaft und erweitertem Bedarf an unqualifizierten Arbeitskräften für die zunehmend mechanisierte Industrie, wurde es wieder stiller um Einwanderungsbeschränkungen. Aber nicht lange. Die Dimensionen der Einwanderung überstiegen alles bis dahin Gewohnte. Zwischen 1905 und 1914 wanderten jährlich *über eine Million Menschen* ein. In absoluten Zahlen sind das nicht mehr als in den Jahren nach 1980 (legale und illegale Einwanderung zusammengenommen) in die USA eingewandert sind. Aber während heute diese Million Einwanderer jährlich auf eine einheimische Bevölkerung von 230 Millionen trifft, war es in den beiden ersten Jahrzehnten des 20. Jahrhunderts eine Bevölkerung von 110 Millionen, in die sich die Neuankömmlinge integrieren sollten. Die Jahre der Masseneinwanderung aus Süd- und Osteuropa sind die Jahre mit der höchsten Einwanderungs*rate* der amerikanischen Geschichte.

Die organisierte Fremdenfeindlichkeit erhielt in den Spitzenzeiten der Masseneinwanderung nach 1900 eine neue Richtung: gegen die sogenannten »neuen Einwanderer« aus Süd- und Osteuropa. Sie wurden als »nicht assimilationsfähig« erklärt. Polen und Süditaliener traf es am härtesten. (Parallelen zur Reduzierung des »Ausländerproblems« in der Bundesrepublik auf ein »Türken-Problem« drängen sich auf.) Die Abwehr gegen die neuen Einwanderer artikulierten sich auf allen Ebenen, auch die angesehene bürgerliche Presse argumentierte unbefangen rassistisch. Die New York Times der Jahrhundertwende schildert Italiener als Banditen, Briganten, Mafia-Angehörige und unterstellt allen Italienern eine Tendenz zur Kriminalität. Erpressung, Vergewaltigung, Mord-sei Teil des italienischen Alltags wie Schmutz, Infektionskrankheiten und eine besondere Gattung von Ungeziefer: »The Italian Flea«. Das Leben in den italienischen Einwandererquartieren wird mit puritanischer Verachtung geschildert (»primitive religiöse Gewohnheiten«) und im Century Magazine heißt es (Juli 1914): »Portugiesen, Griechen und Syrer sind, aus unserer Perspektive, zu kleinwüchsig«.[9] Es werden »niedrige Stirnen«, »platte Hinterköpfe« und »erregbares Blut« beobachtet und insgesamt die »brünetten Nationalitäten« als »kooperationsunfähig« erklärt.[10]

Es waren keine akademischen Außenseiter, die den neuen Einwanderern »nicht mehr Intelligenz als 12-jährigen« zusprachen. Um die Jahrhundertwende war der wissenschaftliche Rassismus durch die Verbreitung der Mendel'schen Gesetze etabliert. Man befürchtete, daß das »nationale genetische Material« durch die Vermischung mit »minderwertigem Material« an Qualität verlieren könnte. Einwanderergruppen wurden gegeneinander ausgespielt: die frühen, mitteleuropäischen Einwanderer gegen die neuen süd- und osteuropäischen, und auch innerhalb der Nationen: die Norditaliener (diszipliniert, assimilierbar) gegen die Süditaliener (irrationale Analphabeten), die »lace curtain Irish« gegen die »shanty Irish«. ...

Die organisierte weiße amerikanische Arbeiterklasse nahm die italienischen, polnischen, ungarischen Arbeiter als servile, demoralisierte Unterklasse wahr, die Löhne drückte und sich von Unternehmern in Arbeitskämpfen instrumentalisieren ließ. Die »neuen Einwanderer« waren (mit Ausnahme der Juden) in ihrer Gesamtheit stärker rückkehrorientiert als die vorangegangenen Einwanderergruppen (über 60 % der zwischen 1900 und 1912 eingewanderten Italiener und fast 50 % der Griechen sind in ihre Herkunftsregionen zurückgekehrt). Von daher waren sie in der Tat an einer organisierten Durchsetzung längerfristiger Interessen kaum interessiert.

Auch um die Erlangung der Staatsbürgerschaft kümmerte sich die Mehrheit der neuen Einwanderer nicht, das machte sie verdächtig. Zwischen 1900 und 1910 stiegen die Anteile eingebürgerter (»naturalized«) erwachsener ausländischer Männer nur um 7 %, während sich die Gesamtzahl erwachsener Ausländer um 73 % erhöhte.[11] Durch die Einführung des Lese- und Schreibtests versuchte man seit 1910 die Einwanderung zu steuern – im großen und ganzen erfolglos. Man sagt, daß von diesen Tests sogar eine alphabetisierende Wirkung ausging: Einwanderer lernten rasch das Nötige. In diesen

Jahren wurde auch die Erlangung der Staatsbürgerschaft rassistisch behindert. Einwanderern aus Burma, Indien, Korea, Japan wurden fast ausnahmslos die Staatsbürgerschaft verweigert, häufig auch anderen »Asiaten« (zu denen Perser, Türken und Armenier gezählt wurden).

Während des 1. Weltkriegs trieb die einwandererfeindliche Stimmung auf einen Höhepunkt zu. 1914 war noch jeder dritte Amerikaner entweder im Ausland geboren oder Einwanderer der Zweiten Generation. Die Fronten in Europa waren kompliziert; der Loyalität der kürzlich Eingewanderten war man nicht sicher. Theodore Roosevelt formulierte das Mißtrauen noch relativ harmlos: »Diese Bindestrich-Amerikaner verwandeln die Nation in ein polyglottes Hotel«. ... Unter besonders scharfen Verdacht gerieten Deutsch-Amerikaner. Nicht ohne jeden Anlaß: die National German-American Alliance (1901–1918), eine Organisation, die sich ursprünglich vor allem der Kulturpflege gewidmet hatte, aber in den Jahren vor dem Krieg und auch in den ersten Kriegsjahren aktiv den reichsdeutschen Kurs vertrat, hatte immerhin 2 Millionen Mitglieder. Mit Sammelaktionen und Demonstrationen unterstützte sie die deutsche Front, als die Popularität des wilhelminischen Deutschland in den USA längst auf den Nullpunkt gesunken war. Die deutsch-amerikanische Presse mit immerhin über 500 verschiedenen Publikationen war so gut wie einstimmig deutschnational. Nach 1917, nach Kriegseintritt der USA, kippte das Mißtrauen gegen Deutsch-Amerikaner in Panik um: sie wurden »erkennungsdienstlich behandelt«, ihre deutschsprachigen Schulen wurden geschlossen, deutsche Namen auf Straßen und Plätzen getilgt, die deutsch-amerikanische Presse einer scharfen Zensur unterworfen und Musik deutscher Komponisten wurde längere Zeit boykottiert.[12]

Diese einwanderungsfeindlichen Strömungen, verstärkt durch die Politik der »splendid isolation« nach dem 1. Weltkrieg, ergänzt auch durch Chauvinismus und eine irrationale Angst vor »sozialistischen Agenten«[13], mündeten schließlich in die restriktivste Einwanderungspolitik, die die USA je formuliert haben: das Quotengesetz (1924). Die Einwanderung wurde beschränkt auf Quoten, die proportional (2 %) zu den im Jahre 1890 in den USA lebenden ethnischen Gruppen festgesetzt worden waren. Der frühe Stichtag wurde gewählt, um die Quoten für »unerwünschte Einwanderer« aus Süd- und Osteuropa möglichst niedrig zu halten. Das ergab z.B. für Italiener eine jährliche Einwanderungsquote von 3.845, die in den folgenden Jahren oft nicht einmal ausgeschöpft wurde, denn das Risiko der Überfahrt war bei derart scharfen Einwanderungskontrollen zu hoch geworden. Das Gesetz bestätigte den Einwanderungsstop gegen Chinesen und dehnte ihn auf Japaner aus. Das Quotensystem erfüllte sein Ziel, die Einwanderung versiegte fast völlig. Auch während des 2. Weltkrieges wurden bekanntlich die Quoten nicht gelockert zugunsten verfolgter Juden; die Quoten für »Russen«, »Polen«, »Österreicher«, »Deutsche« (eine spezielle Kategorie für »Juden« hatte es nie gegeben) blieben eisern beschränkt.[14]

Die Schließung der Grenzen hat die Amerikanisierung der eingewanderten Minderheiten beschleunigt. Die Ausgrenzungsmentalität der Kriegsjahre löste sich allmählich auf, und nachdem die Einwanderung überschaubar geworden war, wurde den Eingewanderten integrativer begegnet. Die 20er Jahre sind die Jahre des Sprachwechsels auch der ethnischen Presse. In den 30er Jahren, den Jahren des New Deal, schwang das Pendel der öffentlichen Stimmung in die entgegengesetzte Richtung: während noch die Argumente, für das Quotengesetz rassistisch und kulturdeterministisch gewesen waren (Einwanderer stammten aus »guten« oder »schlechten« Kulturen, woran keine Pädagogik der Amerikanisierung etwas ändern würde), wurde nun die Anlage-Umwelt-Debatte unter optimistischem Vorzeichen geführt, und das erwachende Interesse für Kulturanthropologie und die Popularisierung der Studien von Franz Boas und seiner Schule, von Benedict und Mead, schufen ein toleranteres Klima. Das »melting-pot-Konzept« (Schmelztiegel), das die veränderte Haltung gegenüber ethnischen Einwanderer-Minderheiten in den 30er Jahren bezeichnete, wird drei Jahrzehnte später, in den Jahren des »ethnic revival«, als »Zwangsassimilation«, als »Zwangsamerikanisierung« verurteilt werden. Nach aller Diskriminierung der süd- und osteuropäischen Herkunftskulturen vor dem Ersten Weltkrieg war das Schmelztiegel-Konzept jedoch vergleichsweise integrativ: es gestand allen Einwanderern grundsätzlich die Fähigkeit zur Assimilation zu, es sprach ihnen nicht von vorneherein die Möglichkeit ab, loyale amerikanische Bürger werden zu können, es war unvereinbar mit rassistischer Ausgrenzung.

Die amerikanische Einwanderungsgesetzgebung stand jedoch weiterhin im Schatten des Rassismus. Das Quotensystem blieb auch nach dem Zweiten Weltkrieg in Kraft; einzig für politische Flüchtlinge aus Ostblockländern wurden in den Jahren des Kalten Krieges neue Quoten zugelassen (McCarran Walter Act, 1952). Die diskriminierenden Paragraphen gegen »Asians« wurden bis in die 60er Jahre gehalten.

Das Civil Rights Movement forderte die Reform des Einwanderungsgesetzes. 1965 wurde schließlich von der Regierung Johnson (»Wir haben kein Recht, die Ahnen von Millionen von Amerikanern weiterhin derart abzuwerten«[15]), das Quotensystem aufgehoben. Das neue Einwanderungsgesetz ersetzte die geltenden rassistischen Auslesekriterien durch moderne Leistungskriterien. Seitdem ist die Einwanderung kontinuierlich gewachsen, mehr denn je ist Amerika heute wieder Einwanderungsland.

Wie sähe Amerika aus ohne Einwanderung?

Die Einwanderung des 19. Jahrhunderts hat sich auf die Gesamtbevölkerungsgröße ausgewirkt, das ist naheliegend, und auch auf die wirtschaftliche Gesamtleistung, sie hat jedoch das Wachstum des pro-Kopf-Ertrages nicht wesentlich beeinflußt.[16] Die entscheidenden Faktoren für die Steigerung des pro-Kopf-Ertrages waren technische Innovationen und eine junge, tatkräftige und gut vorgebildete Bevölkerung, die stark motiviert war und deren nationale Institutionen das Wirtschaftsleben förderten. Diese Bedingungen waren schon vor der Masseneinwanderung vorhanden und hätten sich auch ohne Einwanderung nicht verschlechtert. Die Gesamtgröße der Wirtschaft wäre zweifellos weniger gewachsen. Die strukturellen Veränderungen hätten sich jedoch genauso vollzogen – die Urbanisierung, die Veränderungen in der Berufsstruktur, die Veränderungen der Konsumgewohnheiten. Aber die industrielle Struktur wäre eine andere geworden und hätte das Land zu einer größeren Beteiligung am Welthandel gezwungen. Einige der heute schwach bevölkerten Gebiete wären wohl nie besiedelt worden, und die Dezimierung der indianischen Urbevölkerung wäre weniger radikal ausgefallen. Das kulturelle Spektrum der USA wäre begrenzter. Vermutlich hätten Frauen und Schwarze eine andere Rolle gespielt; sie wären früher in den Arbeitsmarkt integriert worden. Auch die politische Massen-Passivität, das bemerkenswerte Fehlen von disziplinierten organisierten Basis-Bewegungen, die Schwäche der organisierten Arbeiterbewegung ist ein Ergebnis der Einwanderungsgeschichte.[17] Ohne Einwanderung wären die USA früher in den Welthandel eingetreten und wären weltpolitisch weniger bedeutend geworden.

Einwanderung heute

> »Will the Last American to Leave South Florida Please Take the Flag with You«.
> (Autoaufkleber in Florida)
>
> »Amerika hat die Kontrolle über seine Grenzen verloren«.
> (William French Smith, Generalbundesanwalt in der Reagan-Administration)

Das sind »phantasy words«[18] in hohem Maße: ein Staat, der die Kontrolle über alle *Grenzen* verloren hat, hat seine Souveränität eingebüßt, wird bald ins Chaos abrutschen ... der letzte Gerechte, der letzte Patriot, rettet die *Fahne* bevor das Schiff sinkt. ...

Meinungsumfragen (1982)[19] ergaben eindeutige Mehrheiten für Beschränkungen der legalen Einwanderung und überwältigende Mehrheiten für verstärkte Kontrolle der illegalen Einwanderung. Von der Bundesrepublik aus gesehen wird man zunächst vermuten, daß sich fremdenfeindliche, nativistische Tendenzen unter Reagan verstärkt haben, und daß dem Ruf nach restriktiver Einwanderungspolitik von der Reagan-Regierung bereitwillig nachgekommen wird. Aber das ist keineswegs eindeutig so. Auch in seiner rechtspopulistischen Wahlprogrammatik hat Reagan die Einwanderungspolitik umgangen.

In den 70er und frühen 80er Jahren haben die USA doppelt soviele Einwanderer und Flüchtlinge legal aufgenommen als sämtliche andere Nationen der Welt zusammengenommen. (Das bezieht sich auf *absolute Zahlen.* Höhere Einwanderungs*raten* haben Anfang der 80er Jahre, in dieser Reihenfolge, Australien, Schweiz, Neu-Seeland, Frankreich, Großbritannien.) Zählt man noch die illegalen Einwanderer dazu – ihre Gesamtzahl ist Spekulationssache; von der Zahl der Festnahmen her (1982: 962.687, 1983: 1,25 Mill.[20]) kann man auch hier auf einen deutlichen Zuwachs schließen – kommt man zum Ergebnis, daß die USA in den vergangenen fünf Jahren in absoluten Zahlen mehr Einwanderer aufgenommen haben als zu den Spitzenzeiten der Masseneinwanderung aus Süd- und Osteuropa vor dem Ersten Weltkrieg.

Amerika ist also weiterhin Einwanderungsland. Mehr denn je in quantitativer Hinsicht: 4,5 Mill. legale Einwanderungen zwischen 1971–1980, seitdem über 500.000 jährlich. Vor allem aber auch in qualitativer Hinsicht, und das ist neu: seit der Reform der Einwanderungsgesetze unter der Regierung Johnson (1965) ist Amerika ein wirklich universales Einwanderungsland geworden, eines das Einwanderern aus allen Hemisphären der Welt geöffnet ist. Seitdem hat sich das Profil der Herkunftsregionen drastisch zugunsten des lateinamerikanischen und in jüngster Zeit vor allem des asiatischen Kontinents verschoben. Inzwischen stammen 84 % der Einwanderer aus Lateinamerika und Asien, während bis in die 60er Jahre noch 82 % aus Europa kamen. In dieser Kontinuität von Einwanderung erinnert manches an die Jahre der Masseneinwanderung vor dem Ersten Weltkrieg. Nur sind es jetzt andere Städte mit dramatisch hohen Einwandereranteilen: nicht mehr Cleveland, Pittsburgh, Detroit, Chicago, sondern an der Spitze Miami (53,7 % Einwanderer der ersten Generation), gefolgt von Los Angeles (27,1 %) und New York (23,6 %).[21] Die neuen Einwanderer aus der Karibik, aus Südostasien und Mittelamerika ähneln auch demographisch (Durchschnittsalter 26 Jahre) den früheren Einwanderungswellen. Und daß die Millionen neuer Einwanderer so heterogen sind, daß sie voneinander durch Welten getrennt sind, was ihre ökonomische Ausgangsposition, ihren Bildungsgrad, ihr politisches Verhalten, ihre kulturelle Nähe oder Ferne zum American mainstream betrifft – auch das erinnert an vergangene Einwanderungswellen.

Die Kontinuität von Einwanderung scheint selbstverständlich zu sein. Aber ist sie deshalb unproblematisch für die einheimischen amerikanischen Bevölkerungsgruppen? In welchem Geist werden heute die immer wieder nachströmenden Neuankömmlinge wahrgenommen?

»Ich hatte mir vorgenommen, die Geschichte der Einwanderung nach Amerika zu schreiben. Dann wurde mir klar, daß die Einwanderer Amerika selbst *sind*«.[22] Dieser Satz des klassischen Einwanderungshistorikers Oscar Handlin ist sicher der meistzitierte der amerikanischen Einwanderungsliteratur, ist Motto von Zeitschriften, steht in jedem zweiten amerikanischen Schulbuch. Offensichtlich trifft er ins Herz des amerikanischen Selbstverständnisses. Der Einwanderer ist sozusagen der archetypische Amerikaner. Kombiniert mit dem Wappenspruch »E Pluribus Unum« gibt das den Stoff, aus dem die Sonntagsreden gemacht sind, wenn man sich beglückwünscht zu einem multiethnischen Amerika, dessen Integrationskraft aus Einwanderern unterschiedlichster kultureller Prägung loyale Amerikaner gemacht hat.

Allgegenwärtig, zumindest im Kulturbetrieb und in den Bildungsinstitutionen, ist die Geschichte der Einwanderung. Jeder kennt die gleichen zehn, zwölf Fotos von Lewis Hine aus den Jahren der Masseneinwanderung: die Zwischendeckpassagiere, erschöpft nach der Überfahrt, auf Bündeln und Strohkoffern sitzend, die Frauen von vielen vielen Kindern umgeben, in angstvoll gespannter Erwartung der Kontrollprozeduren. Diese schwarz-weiß Fotos, überdimensional vergrößert, schick gerastert, gehören zur Innenarchitektur zahlreicher amerikanischer öffentlicher Räume – anzutreffen in Hotel-Lobbies wie auf Flugplätzen und natürlich in den vielen kleinen oder größeren Museen und Kulturzentren der einzelnen ethnischen Gruppen. Der Blick auf diese hilflosen, bettelarmen Einwanderer erinnert: sie haben es zu etwas gebracht. Man kann es in Amerika zu etwas bringen: »They did well«, zumindest jedenfalls die zweite Generation, die vom pro Kopf Einkommen her fast ausnahmslos die einheimische Vergleichsgruppe überflügelt hat.

(Das Einkommen der 1. Generation steigt deutlich mit der Aufenthaltsdauer. Seit 20 Jahren in den USA lebende Einwanderer liegen 6 % über dem einheimischen weißen Durchschnitt. Die 2. Generation hält noch diesen Trend: 5–8 % höhere Einkommen als Einheimische.)[23] Verlängert man das Bild um einige Jahrzehnte weiter bis in die Gegenwart, wandelt sich das Mitleid mit diesen abgerissenen Gestalten, die vor Hungersnöten, Pogromen, politischer Verfolgung oder einfach nur der ökonomischen Rückständigkeit in Süd- und Osteuropa flüchteten, rasch in Stolz und Erleichterung: die Nachkommen *dieser* Einwanderer, die jüdischen, polnischen, italienischen, leben heute in Vorstädten, und sie können alles sein – Professoren, Aufsichtsratmitglieder, Anwältinnen, Bauunternehmer oder blue collar worker – sie sind integriert, d.h. die Klassenhierarchie der amerikanischen Gesellschaft bildet sich auch in diesen Einwanderergruppen ab. Und schnell ist das alles gegangen, in ein paar Jahrzehnten; die amerikanische Geschichte ist kurz, Amerika verdankt viel dem Geist des Augenblicks – auch dieses Bewußtsein halten die Fotos von Hine wach.

Die Reportagen über die »neue Einwanderung« (seit Mitte der 60er Jahre) setzen diesen Geist fort. Berichte über koreanische Familien, vor kurzem bettelarm eingewandert, inzwischen schon Restaurantketten kontrollierend, oder über die »exilcubanische« community in Miami, die dieser Region zu einem Boom verholfen hat, bestätigen es wieder: man kann immer noch in Amerika durch harte Arbeit etwas werden. Auch die antikommunistische und wertkonservative Gesinnung, die man der Mehrheit dieser Einwanderer (nicht zu Unrecht) unterstellt, brachte Sympathien ein. Zugleich ist aber diese »neue Einwanderung« eine, die in der Gegenwart stattfindet, und deren Ende nicht abzusehen ist, eine, die möglicherweise die einheimischen Amerikaner ganz unmittelbar tangieren kann. Da schleichen sich ambivalentere Töne in die Berichterstattung; die Sensationsmeldungen über akademische Erfolgsraten der »Asians« finden eine Entsprechung in (verdeckten) Benachteiligungen vietnamesischer oder japanischer Studienbewerber in »Ivy League«, den Elite-Universitäten[24], und die Erfolgsmeldungen über thailändische Kleinunternehmer spielen mit der Konkurrenzangst der Einheimischen und haben immer auch einen spalterischen Unterton: gegen die schwarzen und hispanischen Minderheiten, die sich angeblich auf welfare verlassen, statt in sechzehnstündigen Arbeitstagen mit unbezahlter Mitarbeit auch der jüngsten Familienangehörigen ihr Glück zu machen. ... Aber auch diese Ambivalenz gegenüber den täglich neu ins Land strömenden Einwanderern ist Element der amerikanischen Einwanderungsgeschichte. Das patronisierende, pastorale[25] Verhältnis zur Masseneinwanderung vor dem Ersten Weltkrieg kann man sich erst heute leisten. In der Geschichte der amerikanischen Einwanderung haben sich wiederholt Gruppen der einheimischen Bevölkerung gegen die fortgesetzte Einwanderung gestellt, immer wieder gab es scharf restriktionistische Zeiten, und in den Jahren der großen Depression verließen erstmals mehr Amerikaner das Land als einwanderten, ein negatives Migrationssaldo im Einwanderungsland Amerika.

Trotz des Bekenntnisses zu Amerika als Land der fortgesetzten Einwanderung, das zweifellos Element des »American Creed« ist und bleibt, (symbolisiert im Motto der Freiheitsstatue: »Give me your huddled masses ...«) erlebten Einwanderer immer wieder Rassismus und gab es heftig xenophobische Zeiten. Besonders krasse Beispiele sind die Internierung der gesamten japanischen Minderheit an der Westküste (über 100.000, davon zwei Drittel amerikanische Staatsbürger) während des Zweiten Weltkrieges, die Repatriierungsprogramme für Mexikaner in den späten 20er Jahren, und die Zwangsdeportation von Mexikanern (eine Million! Darunter auch viele amerikanische Staatsbürger) in der »operation wetback« in Californien 1954. Solche drakonischen Übergriffe auf Einwandererminderheiten gingen nicht nur von der Staatsgewalt aus, sondern nicht selten von anderen historisch und aktuell benachteiligten Minderheiten, wie z.B. 1984 die Gewaltaktion von Gruppen der schwarzen community in Philadelphia gegen die einige Jahre zuvor eingewanderten thailändischen Hmong-People im gleichen Stadtteil (New York Times, 18.9.1984).

Von der Bundesrepublik aus gesehen erstaunt an solchen Ereignissen, daß sie so relativ selten geblieben sind, und daß insgesamt die Abwehr von Fremden in Amerika so *unsystematisch* ist. Die eingangs zitierten Meinungsumfragen mit ihren negativen Einstellungsergebnissen gegenüber legalen und erst recht gegenüber illega-

Einwanderern bilden zwar zweifellos einen Aspekt der kollektien Haltung in der Einwanderungsfrage ab. Aber offensichtlich sind die gegenläufigen Strömungen von solcher Stärke, daß sich organisierte soziale Bewegungen für Einwanderungsbeschränkung schwer tun. Die mir bekannten heute existierenden Organisationen ZPG (Zero Population Growth) und FAIR (Federation for American Immigration Reform) sind beide ziemlich bedeutungslos. Die Präsidentschaftskandidaten haben in allen vergangen Wahlkämpfen nie das Einwanderungsthema berührt, und sie werden wissen, warum.

Trotz aller Konkurrenzangst einzelner Gruppen gibt es offensichtlich einen tieferliegenden Konsens: die Einwanderung muß weitergehen. Der INS (Immigration und Naturalization Service), die für alle Einwanderungsfragen zuständige nachgeordnete Behörde des Justizministeriums, fühlt sich in seinen Handlungsmöglichkeiten im Kampf gegen illegale Einwanderung behindert durch das, wie es ein leitender Angestellter nannte, »statue of liberty syndrome« der amerikanischen Öffentlichkeit. Jede Kontrolle von illegaler Einwanderung und die Kriminalisierung illegaler Einwanderer stößt bald auf Widerstand aus verschiedensten Richtungen des politischen Spektrums. Und dieser Widerstand gegen eine Zunahme von zentralistischen Eingriffen und gegen alles was in die Nähe eines Überwachungsstaats führen könnte (z.B. die Einführung eines Personalausweises), ist an keine Partei gebunden. Diese besondere amerikanische Empfindlichkeit setzt einer »effektiv durchgreifenden« Einwanderungspolitik die stärksten Schranken, abgesehen von allen Partikularinteressen, wie z.B. der californischen Farmer, die illegale mexikanische (Saison) Arbeiter zu vergleichsweise niedrigen Löhnen beschäftigen, oder der ethnischen Organisation, die die Rechte ihre Landsleute vertreten wollen und sich von einer zahlenmäßigen Zunahme ihrer ethnischen Minderheit einen größeren Anteil am Sozialbudget erwarten.[26]

Einwanderungspolitik kommt nicht darum herum, restriktiv zu sein, sie muß festlegen, wieviele Einwanderer aus welchen Gebieten mit welchen Rechten einwandern dürfen und wie diese Bestimmungen zu kontrollieren und zu erzwingen sind. Das ist im einzelnen eine unpopuläre Aufgabe. Andererseits ist in den vergangenen Jahren in

Amerika die Rate der illegalen Einwanderung derart gestiegen – so wird zumindest vermutet, genaue Zahlen fehlen aufgrund eben dieses in dieser Frage »schwachen Staates«, das Census Bureau wagt nicht einmal einen »informed guess«, einen plausiblen Schätzwert – daß die vorhandenen Einwanderungsbestimmungen zum bloßen Papier zu werden drohen. Das stellt die Souveränität des amerikanischen Staates, über seine Bevölkerungszusammensetzung entscheiden zu können, in Frage, oder, in den eingangs zitierten Worten des Generalbundesanwalts: »Amerika hat die Kontrolle über seine Grenzen verloren«.

Die Praxis der Einwanderung mit Rechtsstaatlichkeit in Einklang zu bringen (in den Worten des Vorsitzenden des Select Committee on Immigration and Refugee Policy, Father Hesburgh: »To open the front door we will have to close the back door«)[27] ist kein Vorhaben, mit dem sich ein Kongressabgeordneter Lorbeer verdienen kann. Einwanderungspolitik ist ein »public interest issue« d.h. eine langfristig orientierte Gesetzgebung, die nicht rasch die spektakulären Mehrheiten mobilisieren kann, mit denen ein Abgeordneter »sichtbar« wird und Karriere machen kann. Man sagt, daß Präsidenten und der Kongress sich jeweils einmal in einer Generation mit Einwanderungsgesetzen beschäftigt haben (1924: das Quotensystem; 50er Jahre: der McCarran Walter Act, der politischen Flüchtlingen, vor allem aus dem Ostblock, zusätzliche Quoten einräumte; 1965: die Aufhebung des Quotensystems durch die Johnson Regierung). In den 80er Jahren lassen sich die Versuche, die neue Einwanderungspraxis auf der Höhe der Zeit rechtsstaatlich zu regeln zusammenfassen in der Geschichte des *Simpson-Mazzoli-Bills,* das den Versuch darstellt, durch eine Kombination verschiedener Maßnahmen vor allem die illegale Einwanderung in den Griff zu bekommen.

Aufgrund von »Daten« der 70er Jahre vermutet das Bureau of the Census 3–6 Millionen illegale Einwanderer (in den 80er Jahren geht man von höheren Zahlen aus).[28] Man kann auf verschiedene Weise illegal einwandern: mit gefälschten Papieren, durch Einreise als Tourist mit anschließend illegaler Verlängerung, durch illegalen Grenzübertritt (»entry without inspection«), und das ist die häufigste Form. 2.000 Meilen Landgrenze trennen die USA bekanntlich von

Mexico, eher symbolisch kontrolliert durch 3.000 Grenzwächter, von denen wegen Schicht, Urlaub und Krankheit nie mehr als 300 gleichzeitig im Dienst sind. Ihre fruchtlosen Bemühungen werden unterstützt durch ganze 900 zivile Grenzschutzangestellte, die vor allem in den Städten arbeiten (auf ihre Aktivität sind zehn Prozent der 1,2 Millionen Festnahmen im Jahr 1983 zurückzuführen). »Festnahme« ist ein zu drakonischer Ausdruck für die Registrierung von »illegal aliens«: nach geltenden Bestimmungen stehen »Voluntary return«, d.h. Übergabe an die mexikanische Grenzpolizei, und »Deportation« zur Wahl. Da »Deportation« mit einem Verwaltungsaufwand von mehreren Stunden verbunden ist, bleibt es fast immer bei »Voluntary return«, d.h. im wesentlichen der Feststellung von Personalien, was in 15 Minuten abgewickelt werden kann. Nichts hindert den so registrierten Einwanderer, den Grenzübertritt wiederholt zu versuchen, weshalb diese poröse Grenze auch häufig als »Drehtür« bezeichnet wird.

Was tun? Eine »grenzmilitärische« Lösung, z.B. die Aufstockung von 3.000 auf 20.000 Grenzwächter[29] findet aus den schon genannten Gründen keine Mehrheit und die Perfektionierung der technischen Grenzüberwachung (Sensoren, Infra-Rot-Kameras) wertet allenfalls die Arbeit der Grenzwächter auf; für die Beschränkung von illegalen Grenzübertritten bleibt sie bedeutungslos. Das Simpson-Mazzoli-Bill griff die erstmals in den 70er Jahren formulierten Vorschläge auf, nicht nur den illegalen Einwanderer zu kriminalisieren, sondern auch seinen Arbeitgeber (so damals gefordert gemeinsam von der Regierung Nixon und den Gewerkschaften). Dieses Konzept der »employer sanctions« (Arbeitgeber-Sanktionen) stieß von Anfang an auf Widerstand nicht nur der Arbeitgeber und ihrer Verbände, was zu erwarten gewesen war, es traf vor allem auf schärfste Ablehnung der hispanischen, vor allem der mexikanisch-amerikanischen Organisationen. Ihre Befürchtungen: wenn Arbeitgebern aus der Beschäftigung von »dunkelhäutigen, spanisch-sprechenden« Bewerbern Unannehmlichkeiten erwachsen können, wird sich das auf die Arbeitsmarktchancen der gesamten hispanischen community auswirken. Chicanos, spanisch-sprechende amerikanische Staatsbürger würden neu diskriminiert als »verdächtige Gruppe von vorneherein«, durch die nur Scherereien zu erwarten sind.

Unter der Regierung Ford wurde das Konzept der Arbeitgeber-Sanktionen kombiniert mit einer Amnestie, d.h. einer nachträglichen Legalisierung von Millionen von Einwanderern ab einem bestimmten Stichtag. Gegen die Legalisierung wandten sich vor allem konservative Kräfte, schon aus Prinzip, und die Gewerkschaften, da durch die teilweise Auflösung des gespaltenen Arbeitsmarktes Konkurrenznachteile für die einheimischen Arbeiter zu befürchten waren. »Die Amnestie legalisiert den Diebstahl amerikanischer Arbeitsplätze« (so der demokratische Abgeordnete Hance aus Texas). Laut einer Umfrage von Newsweek glauben tatsächlich 60 Prozent der Befragten, daß Illegale den Amerikanern Arbeitsplätze wegnehmen.[30] Aber in Californien, wo die meisten »undocumented aliens« anzutreffen sind, war der Prozentsatz deutlich geringer, d.h. aus unmittelbarer Nähe gesehen erweisen sich diese Befürchtungen als unbegründet, denn die illegalen Einwanderer besetzen nur die Arbeitsplätze, die für Einheimische ohnehin nicht attraktiv sind. Die Ablehnung der Legalisierung wird möglicherweise auch nur vordergründig ökonomisch begründet. Spätestens seit der Bürgerrechtsbewegung ist in Amerika der Face-to-Face Rassismus nicht mehr gesellschaftsfähig; hinter dem Argument der »Angst um den Arbeitsplatz« verbirgt sich möglicherweise die alte rassistische Ablehnung von Mexikanern (um die es bei dieser Legalisierung ja vor allem geht).[31]

Die Gesetzesvorlagen blieben in den 70er Jahren immer wieder stecken, so daß Senator Rodino, der sich jahrelang um eine pragmatische Lösung bemüht hatte, aufgab. Die Regierung Carter beauftragte 1978, um sich den Anschein von Aktivität zu geben, eine Untersuchungskommission (Select Commission on Immigration and Refugee Policy), die 1981 einen Bericht mit zahlreichen Vorschlägen vorlegte. Im wesentlichen ging es um eine Kombination von Sanktionen gegen Arbeitgeber und von Legalisierung illegaler Einwanderer (2–4 Millionen Illegaler, je nach Stichtag, wären davon betroffen). Aus diesem Report erstellten die Abgeordneten Simpson (Republikaner, Wyoming) und Mazzoli (Demokrat, Kentucky) eine Gesetzesvorlage, die zu aller Erstaunen von der Reagan Regierung im wesentlichen akzeptiert wurde (allerdings sollten Legalisierungen eingeschränkt werden). Die Presse, die liberale wie die konservative, reagierte positiv auf Simpson-Mazzoli, mit Ausnahme des Wall Street Journal, das die Sanktionen gegen Arbeitgeber brandmarkte.

Dennoch ist die Vorlage in zwei Legislaturperioden nicht verabschiedet worden. Der Abgeordnete Simpson startete im Mai 1985 einen neuen Versuch.[32] Inzwischen soll die Legalisierung zeitlich versetzt werden: erst nachdem sich die Arbeitgeber-Sanktionen als »wirksam« erwiesen haben, soll eine Legalisierung (Amnestie) erfolgen. Man zweifelt an der Ernsthaftigkeit: wie sollen, angesichts der unzulänglichen Erfassung von undocumented aliens, gar die »Auswirkungen« von Arbeitgeber-Sanktionen erforscht werden? Große Mehrheiten sind auch für diese Vorlage nicht zu erwarten: im letzten Wahlkampf haben sämtliche demokratische Präsidentschaftskandidaten sich gegen Simpson-Mazzoli gewandt (mit Rücksicht auf die hispanischen Wähler), und Geraldine Ferraro explizit gegen eine Amnestie (wohl mit Rücksicht auf ihre italo-amerikanischen Wahlkreise).[33]

So wird in naher Zukunft die amerikanische Einwanderungspolitik bleiben wie sie ist: unsystematisch. (Es sei denn, man erkennt in der amerikanischen Kombination von legaler und illegaler Einwanderung – die durch die weiche Grenze politisch ermöglicht wird – ein besonderes System.) Amerika bleibt Einwanderungsland. Man hat Probleme mit manchen Gruppen der neuen Einwanderer, aber fanatische Basisbewegungen für eine restriktive Einwanderungspolitik (wie immer wieder in der Schweiz und in Frankreich, wie auch in der Bundesrepublik nicht auszuschließen) sind nicht zu erwarten. Man braucht in Amerika weiterhin die Einwanderung. Nicht nur, weil sie makroökonomisch nützt und gesamtgesellschaftlich die Lebensqualität verbessert, wie Ökonomen der Bevölkerung vorrechnen[34], sondern weil sie, jedenfalls in ihrem heutigen Umfang, konsensbildend bleibt. Sie verbürgt die Kontinuität eines Selbstbewußtseins, das spezifische Selbstbewußtsein eines Einwanderungslandes: attraktiv zu sein für Menschen aus allen Teilen der Welt. Als Amerikaner kann man sich im Zentrum eines Kraftfeldes fühlen. Die täglich auf amerikanischen Flugplätzen zu Hunderten legal einreisenden Vietnamesen und Koreaner, wie die Gruppen von Mexikanern, die bei Nacht und Nebel über die Grenze kommen, sie verstärken die Integrationskraft der amerikanischen Idee;

sie führen allen Einheimischen vor Augen, daß Amerika *Magnet* geblieben ist.

Und noch etwas trägt bei zum bemerkenswerten Langmut in der Einwanderungsfrage: die insgeheime Bindung der Übermächtigen an die Dominierten. Das ist die andere Seite der jahrzehntelangen Kolonisierung der Karibik, und auch der politischen Zuständigkeit für Mittelamerika, die die USA fortgesetzt für sich reklamiert. Die illegalen Einwanderer aus diesen Regionen kommen im Bewußtsein einer insgeheimen Rechtmäßigkeit, sie zeigen kein Schuldbewußtsein bei der Festnahme wegen unerlaubten Grenzübertritts. Die USA sind in ihrer Schuld. Bei der europäischen Masseneinwanderung damals lagen die Dinge einfacher, man konnte die Grenzen dicht machen und solcher Anspruch auf eine amerikanische Exklusivität war moralisch ganz legitim. Heute hingegen, wo die USA in der Karibik und in Mittelamerika nach wie vor die dominierende Rolle spielen, ist die Wanderung zwischen diesen Regionen kaum mehr eine zwischen Nationalitäten, sondern fast schon eine Art Binnenwanderung im »westatlantischen System«. (Die community von Puerto Rico heute: 40 % Puerto Ricaner auf der Insel und 60 % auf dem amerikanischen Kontinent. Ein Viertel der Jamaicaner leben in den USA. Mexiko gibt ein ähnliches Bild.) Diese Migranten werden nicht den klassischen Weg der Amerikanisierung gehen. Sie werden kaum die ethnischen Bindestrich-Identitäten entwickeln (Polnisch-Amerikaner, Italo-Amerikaner), weil das zwei distinkte Nationalitäten voraussetzt. Diese neuen Migranten interessieren sich wenig für die amerikanische Staatsbürgerschaft, denn in gewisser Hinsicht ist sie für sie schon bedeutungslos geworden. Mit ihrer Migration wechseln sie nicht die community, wechseln sie nicht die Sprache. Sie wechseln eher zwischen Peripherie und Zentrum dessen, was ein zusammenhängendes soziales System zu werden scheint[35], die »west atlantic community«.*

* Die neue Erfahrung von Migration in Westeuropa sieht ähnlich aus, z.B. für einen Süditaliener. Wenn er für ein paar Monate oder ein Jahr von Messina nach Mailand, Stuttgart oder auch nach Zürich migriert um anschließend wieder eine Zeitlang heimzukehren, sind das längst nicht mehr die biographischen Einschnitte, die es noch vor zwanzig Jahren waren.

In der Rechtsprechung der vergangenen Jahre erscheint auch diese Anerkennung einer »legitimen« Migration, sei sie legal oder illegal, durch die zunehmende Bedeutung des »kommunitären Prinzips«.[36] Der Supreme Court hat in den 80er Jahren zwei Entscheidungen getroffen, die in ihren Konsequenzen für Einwanderer vielleicht ähnlich epochal sein werden wie das Urteil in Brown vs. Educational of Topeka, (1954), das segregierte Schulen als verfassungswidrig erklärt hatte, für Schwarze und andere Minderheiten. In Plyler vs. Doe (1982) wurde entschieden, daß der Staat Texas den Kindern von illegalen Einwanderern dieselbe Schulbildung zukommen lassen muß wie Kindern von Einheimischen. Und in einem zweiten Prozeß (1984, Sure-Tan Inc. vs. N.L.R.B.) wurde ein Arbeitgeber schuldig gesprochen (»unfair labor practices«), weil er illegale, gewerkschaftlich organisierte Arbeiter, die sich an einem Streik beteiligt hatten, an die Einwanderungsbehörde denunziert hatte.[37]

Von der Bundesrepublik aus liest man solche Urteile mit Bewunderung. Wieweit sie allerdings realistisch sind in dem Sinne, daß sie nicht die Grenze des allgemein Akzeptablen überschreiten (und dadurch zu einer Schwächung der Autorität von Rechtsprechung überhaupt beitragen), ist eine andere Frage. In jeder vergleichenden Diskussion über Minderheiten-Rechte muß die gesamte Einstellung der Bevölkerung zur Rechtsprechung *überhaupt* berücksichtigt werden, darauf verwies schon Myrdal im »American Dilemma«. Wenn, wie in den USA, aufgrund der starken naturrechtlichen Tradition das durch den Supreme Court gesprochene Recht für den Einzelnen weniger bindend ist, relativiert das die formalrechtlichen Gewinne in allen Auseinandersetzungen um Bürgerrechte. Die hier zitierten Urteile scheinen jedoch nicht nur Papier geblieben zu sein. Immerhin wendeten Texas und Californien 1984 Millionenbeträge für die Erziehung von Kindern illegaler Einwanderer auf ($ 85 Millionen resp. $ 415 Millionen).

Eins ist sicher: die neue Einwanderung wird etwas spezifisch Amerikanisches verändern – den Rassismus, genauer: das binäre Rassenkonzept (schwarz/weiß). Zum ersten Mal in der Geschichte der USA ist ein größeres Segment der amerikanischen Bevölkerung weder schwarz noch weiß; eine Bevölkerungsgruppe, die sich selbst auch in keiner dieser Kategorien wahrnimmt, und die nicht in

Reservate geschickt werden kann und auch nicht ins Getto, weil sie in sich so heterogen ist (es gibt eben auch wohlhabende und selbstbewußte Hispanics).

Die verschiedenen Einwanderungswellen haben Amerika immer schon zu neuen Selbstdefinitionen herausgefordert. Einheimische Befürchtungen über »Fragmentierung der Nation« sind nicht neu, aber sie sind inzwischen, angesichts des oben zur »westatlantischen Migration« Gesagten, möglicherweise begründeter als früher. Die Einwanderer können, anders als die europäischen vor einigen Jahrzehnten, jede Amerikanisierung ablehnen und dennoch den Minderheitsschutz genießen, d.h. sogar finanzielle Förderung in Programmen einer redistributiven Politik seit den 70er Jahren (»affirmative action« in den Kategorien »Asians« und »Hispanics« – vgl. dazu Kapitel IV).

An den Interventionsprogrammen des »affirmative action« ist der Civil Rights Konsens der 60er Jahre ohnehin längst aufgebrochen. Die Situation wird dadurch komplizierter, daß Teile der asiatischen und hispanischen Einwanderer überdurchschnittlich reich mit Finanz- und Humankapital ausgestattet in den USA eintreffen. Dadurch ist erstmals in ihren Minderheiten eine *Über*schichtung durch neu Eingewanderte zu beobachten, was den neokonservativen Gegnern des affirmative action neue Argumente liefert.

Ob längerfristig »benachteiligte Minderheiten« dann nicht doch wieder auch sozial definiert werden müssen (statt wie bisher ausschließlich ethnisch)?

Und wie werden die neuen Einwanderer und ihre Organisationen solche politischen Entscheidungen beeinflussen? So heterogen sie in ihrer Gesamtheit sind, so breit ist das Spektrum ihrer politischen Standorte, so unterschiedlich ihre Strategien. Die Hispanics sind nach den Schwarzen die zahlenstärkste Minderheit und die am schnellsten wachsende. Ihre Wahlbeteiligung liegt bei nur 30 % – dennoch sind sie auf nationaler Ebene politisch sichtbarer als die asiatischen Minderheiten. Das liegt an ihren besonderen Erwartungen an staatliche Intervention: mit Forderungen nach zweisprachiger Erziehung, nach »kultureller Autonomie«, nach Förder-Quoten wenden sich die hispanischen Organisationen an den Staat. Die Hispanics wählen traditionell demokratisch (mit Ausnahme der

Cubaner, die aber nur 8 % der Hispanics ausmachen). 1980 erreichte Reagan einen überraschenden Stimmenzuwachs in der hispanischen Wählerschaft – wohl ein Echo der wertkonservativen Wahlthemen Abtreibung-Schulgebet-Kriminalität. Durch die Arbeitslosigkeit, die gerade hispanische Wählerschichten anhaltend trifft, ist seine Popularität inzwischen stark gesunken, und längerfristige Unterstützung findet er nur bei der dünnen hispanischen Mittelschicht. Demgegenüber scheinen die asiatischen Minderheiten die nationale Arena der Politik eher zu meiden: ihre Stärke sind die ethnischen Enklaven in der Ökonomie, die sie politisch auf lokaler Ebene ausbauen und absichern.[38] In ihrer Bejahung von marktwirtschaftlichen Prinzipien und in ihrem Meritokratismus liegen sie stärker auf der Linie der Reagan-Regierung; von Neokonservativen werden sie konsequenterweise zur »model minority« erhoben.[39]

Patriotische Italo-Amerikaner: Billy Volpe (Benjamin Franklin High School, Harlem) spendet fürs Rote Kreuz. »Dear Red croos, I will give 3 books and 25 cant. I want the USA win. Your frind William Volpe«, 1943. (Balch Institute)

Patriotische Polnisch-Amerikaner: Julie Vesolovsky vor dem »Victory Window«. Philadelphia, 1943. (Balch Institute)

Patriotische Chinesisch-Amerikaner: Vertreterinnen der Chinese Young Women's Society erhalten eine Auszeichnung für ihre Unterstützung der amerikanischen Streitkräfte während der Kriegsjahre. Oakland, Cal., 1947 (California Historical Society)

Internierungslager für Japano-Amerikaner, Wyoming, Winter 1942. (Balch Institute)

Kapitel II

Die ethnischen Minderheiten und der Zweite Weltkrieg

»Mein Land rief«

»Als der Zweite Weltkrieg ausbrach, war ich begeistert. Es gibt kein anderes Wort dafür, so schlimm es vielleicht auch klingt. Mein Land rief. Ich war meine Mutter los, meine Familie los, das Mädchen, das ich liebte, aber doch nicht liebte. Und befreit *ohne Schuld.* Heroisch. Mein Land rief, es verlangte, daß ich es verteidigte. Ich muß einer von Millionen gewesen sein, Millionen Ehemänner, Söhne, Väter, Liebhaber, die ihren unschuldigen Abgang machten von verstört zurückbleibenden liebenden Angehörigen. Und welch ein Abenteuer! Der Krieg erfüllte alle meine Träume. Ich fuhr einen Jeep, fuhr kreuz und quer durch Europa, hatte Liebesaffären, heiratete und lebte das Material für meinen ersten Roman.« (Mario Puzo)[40]

Den Zweiten Weltkrieg haben die meisten Amerikaner – Männer wie (auf andere Weise) auch Frauen – als große Befreiung erlebt. Ganz besonders die ethnischen Amerikaner: er erlöste sie aus dem Inseldasein der ethnischen communities, aus den Zwängen der ethnischen Nachbarschaften. Howard Stein[41] meint, daß der Zweite Weltkrieg für die Amerikaner der ethnischen communities vergleichbare Bedeutung hatte mit den napoleonischen Befreiungskriegen für die Befreiung der Juden aus den Gettos. Der Vergleich geht gewiß zu weit; er verharmlost die Zwänge, unter denen Juden in Preußen und anderen deutschen Kleinstaaten lebten. Aber zweifellos hat der Krieg für die weißen ethnischen Gruppen den amerikanischen Traum wiederbelebt: *Moving,* expansive Bewegung (im Krieg). Die Dreißiger Jahre waren vor allem auch für die ethnischen Amerikaner – viele Polen, Iren, Italiener unter den 11 Millionen

Arbeitslosen – Jahre der Stagnation gewesen. Durch die restriktiven Quoten seit der Einwanderungsbeschränkung von 1924 hatten die ethnischen communities kaum noch Nachschub von Landsleuten. In den Dreißiger Jahren hatten sogar erstmals seit Jahrzehnten mehr Menschen die USA verlassen als einwanderten: ein negatives Migrationssaldo im klassischen Einwanderungsland. In den Depressionsjahren hatten die ethnischen communities Schutz geboten, aber mehr im Sinn von Überwintern, nicht aus einem programmatisch-bewußten Bekenntnis zur ethnischen Nachbarschaft. Der schwach entwickelte Sozialstaat konnte die Arbeitslosen der Einwanderer-Minderheiten nicht absichern, vor allem wenn sie nicht einmal »naturalisiert« waren. Sie waren verwiesen auf die Selbsthilfeorganisationen ihrer ethnischen Gruppe. Im Winter 1931 unterstützte z.B. das schwedische Corps der Heilsarmee 41.000 Schweden in Chicago. Manche Polen, die in den Zwanziger Jahren schon den Aufstieg in die Vorstädte geschafft hatten, mußten ins alte ethnische Quartier zurückziehen.[42]

1940 war jeder vierte Amerikaner Einwanderer der Ersten oder Zweiten Generation. In den Großstädten sah das Verhältnis noch extremer aus: drei Viertel der Bevölkerung in New York City, zwei Drittel in Cleveland, drei Fünftel in Newark, N.Y.. Es war bis dahin durchaus üblich gewesen, sein Leben in der ethnischen community zu verbringen (in Nachbarschaften mit kleinen Unternehmen und Läden, den Organisationen und Kirchen, in der Konfessionsschule, dem ethnischen Freundeskreis) und die muttersprachliche Presse zu lesen. Allein in New York erschienen 1940 noch 237 fremdsprachige Zeitungen und Zeitschriften, in den USA insgesamt 2.000 mit Gesamtauflagen von über 7 Millionen – trotz 15 Jahren Quotengesetz, trotz Rückgang der ethnischen Presse in diesen Jahren. Vor allem die Frauen der Ersten Generation haben, wie viele Gestalten in Mario Puzos Romanen, bis zum Lebensende nicht Englisch gelernt.

War die Nation fragmentiert? Mußte man um die Loyalität der ethnischen Gruppen fürchten? Bald nach Kriegsbeginn stellte sich heraus, daß solche Befürchtungen unbegründet waren, daß sich die ethnischen Differenzen im Krieg sehr rasch auflösten – im Gegensatz zu Klassen- und Rassenschranken. Ein Grund dafür mag die restriktive Einwanderungspolitik seit 1924 gewesen sein. Die Eingewanderten waren inzwischen eindeutiger zum Bleiben entschlossen, und die meisten lebten schon länger im Land als während des Ersten Weltkriegs (als noch jeder dritte Amerikaner Einwanderer der Ersten oder der Zweiten Generation gewesen war). Die amerikanische Loyalität stand nicht ernsthaft zur Debatte, denn: »Nie zuvor in der amerikanischen Geschichte waren die Fronten so eindeutig«.[43]

Der Krieg hat die ethnische Abgeschiedenheit unterhöhlt, und die Italiener, Polen, Slowaken, Juden der zweiten und dritten Generation, aber auch Cubaner und Chinesen, ja sogar die besonders diskriminierten Japaner ergriffen bald die Gelegenheit, sich der amerikanischen Gesamtgesellschaft anzuschließen. Die nachfolgende Generation wird sie dafür nicht bewundern. Sie wird im Gegenteil dieses enthusiastische Aufgehen in »Amerika«, diesen dankbaren Patriotismus kritisieren als Über-Amerikanisierung, als Verleugnung von ethnischer Bindung. Sie wird die ethnischen Nachbarschaften, die »Nähe«, »Solidarität« der Einwanderer-Quartiere wieder in einem ganz anderen Licht sehen. Vor dem Hintergrund der Kritik am politischen Führungsanspruch der USA und dem Widerstand gegen den Vietnamkrieg wird in den sechziger Jahren alles Ethnische als grundsätzlich unvereinbar mit Kriegsbegeisterung erscheinen. Während des »ethnic revival« der späten sechziger und frühen siebziger Jahre interessierte man sich deshalb wenig für die Erfahrungen der ethnischen Veteranen aus dem Zweiten Weltkrieg. Die italo-amerikanischen, deutsch-amerikanischen, polnisch-amerikanischen GIs wurden nicht zu den ethnischen Identifikationsfiguren ihrer Kinder. Auch nicht ihre Mütter, von denen viele im Kriegsboom zum ersten Mal erwerbstätig neue Freiheiten eroberten, die die ethnische Nachbarschaft unterdrückt hatte. (Z.B. galt es nicht mehr als anstößig für eine unverheiratete Frau, ein eigenes Apartment zu bewohnen.) Als ihre Kinder in den sechziger und siebziger Jahren ein neues ethnisches Bewußtsein entwickelten, wandten sie sich den Großeltern zu – den Mamas, Mommes, der ersten Generation. Die zweite Generation, ihr Assimilationsstreben, ihre Amerikanisierungssehnsucht, der dieser Krieg so entgegenkam, wurde der folgenden (antimilitaristisch bewegten) Generation offensichtlich geradezu peinlich. Die in allen oral-history-Interviews über die Kriegsjahre so deutliche Nostalgie wurde jedenfalls in der Auswertung nie näher interpretiert.[44]

»Dieser Krieg wird uns helfen, mit Arbeitslosigkeit, Rassenproblemen und Einwanderungsproblemen fertig zu werden«

Der Zweite Weltkrieg hat die amerikanische Gesellschaft in kurzer Zeit verändert – in eine Richtung, die schon eingeschlagen war, aber in gesteigertem Tempo. Widerstände waren gering im Großen Konsens nach 1942: eine gewaltige Modernisierung der gesamten Produktion, Rationalisierung, Kapitalkonzentration, und eine staatliche Lenkung, der gegenüber sich die staatlichen Eingriffe der New-Deal-Jahre zaghaft ausnehmen.

Über diesen nationalen Konsens war man sich sehr viel sicherer als während des Ersten Weltkrieges. Nach dem japanischen Angriff auf Pearl Harbor löste sich der innere Widerstand gegen den Kriegseintritt der USA rasch auf; im »unschuldigen Krieg«[45] wurden die Widersprüche der Depressionsjahre vergessen. »Wenn wir diesen Krieg zu einem »Volkskrieg für die Freiheit« machen, können wir mit Arbeitslosigkeit, Rassenproblem und Einwanderungsproblem fertig werden«.[46] Projekte an der homefront, künstliche »Hilfsdienste«, die die Bevölkerung am Krieg beteiligten und Kriegs-Anleihen »um das Land auf den Krieg einzustimmen« (Morgenthau)[47] taten ein übriges.

Zwar mag eine leise Unsicherheit über die Loyalität eines so multiethnischen Heeres, das zum Teil in die Heimatländer der Väter einmarschierte, in den Monaten des Kriegseintritts der USA noch nicht ganz aufgelöst gewesen sein. Zum Beispiel General Patton in einer Ansprache vor der Invasion Siziliens 1943:

> »Sobald wir landen, werden wir auf deutsche und italienische Soldaten stoßen, die anzugreifen und zu vernichten unser Vorrecht ist und uns zur Ehre gereicht. Viele von Euch haben deutsches oder italienisches Blut in den Adern. Denkt aber daran, daß sie dafür Familie und Vaterland aufgaben und auf der Suche nach Freiheit den Ozean überquerten. Die Vorfahren der Leute, die wir töten werden, brachten den Mut zu diesem Opfer nicht auf und blieben Sklaven.«[48]

Das ist Patton, der militärische Demagoge, eine in Amerika heute zwar umstrittene Figur, aber weiterhin populär. Typischer für die Interpretation der multiethnischen Zusammensetzung innerhalb der US-Armee ist jedoch nicht die Aufhetzung gegen die »seßhafte«, »feige« Sippschaft in den Herkunftsländern, sondern die Wendung ins Versöhnliche, Internationale. Wie z.B. in der Vorrede zu John Herseys berühmtem Kriegsroman: *A Bell for Adano,* 1944:

»Das ist die Geschichte von Major Joppolo ... was er in Adano tat, und auch was er dort nicht tun konnte, spiegelt im kleinen, was Amerika in Europa tun kann und was nicht ... Amerika ist *das* internationale Land. Major Joppolo war ein Italo-Amerikaner, der in Italien zur Arbeit ging. Unsere Armee hat Jugoslawen und Franzosen und Österreicher und Tschechen und Norweger, und überall, wo unsere Armee in Europa hinkommt, kann man sich an seinen Regimentskameraden wenden und fragen: »Du, Mac, was sagt der Typ? Was will er für die paar Trauben?« Und Mac wird übersetzen. Da haben wir Glück. Kein anderes Land hat Soldaten, die die Sprachen der Länder sprechen, in die wir einmarschieren müssen, die die dortigen Bräuche verstehen und schon als Kind von ihren Eltern die Volkslieder gehört haben, und die den Wein des Landes und die Vielfalt seiner Geschichte schon kennen. Das ist gut für Amerika. Wir haben es gut mit unseren Joppolos.... Genau wie Europa einst bei uns einmarschiert ist, mit einer Einwanderungswelle nach der anderen, so marschieren wir jetzt in Europa ein, mit Söhnen von Einwanderern, eine Welle nach der anderen« (S. 5).

Wie gingen die GIs wirklich um mit dieser »ethnischen Nähe« zum Feind? Wurde sie überhaupt so empfunden, oder ist es eine nationalistische Unterstellung, daß Söhne von kalabresischen Einwanderern in die USA sich den verarmten und verängstigten Bauern der sizilianischen Westküste wesensverwandt fühlten, als »Italiener«?*

Wenn es je so empfunden wurde, konnte es sicher rasch verdrängt werden. Vielleicht war der demokratische Nenner der US-Armee, das Bewußtsein, einen gerechten Krieg zu kämpfen, dabei unterstützend. Ausschlaggebender wird gewesen sein, daß die Armee Arbeitsplätze bot. Zum Beispiel erinnert sich 1978 Ludwig Hofmeister,

---

* (500.000 Italo-Amerikaner haben in der US-Armee gedient)

1925 als Uhrmacher in die USA eingewandert, inzwischen fünfundsiebzigjährig:

»1940 wurde ich eingezogen. Ich war in der Armee und vergaß alles andere. Ich kann aufrichtig sagen, daß ich sehr glücklich war. Irgendwie war ich es leid, auf der Bank zu sitzen und die Bewegung in der Armee tat mir gut. Ich fühlte mich einfach gut. Also, die Armee hat mir nicht geschadet. Die Leute fragen mich: »Hat es Dir nichts ausgemacht, daß Du als Deutscher gegen die Deutschen kämpfen mußtest?« Schon. Das Gefühl war schon auch da. Das kann ich nicht leugnen. Aber es gab irgendwie so vieles, worüber ich in diesem Land glücklich sein konnte. Ich mochte dieses Land gern, und ich schuldete ihm auch einiges – weil – z.B. mit zwanzig hatte ich schon ein eigenes Auto. Hätte ich das in Deutschland je gehabt? Nie.«

Und wie denkt er heute darüber?

»In späteren Jahren habe ich manchmal darüber nachgedacht. Damals habe ich wohl ungefähr gesagt: »Ach, irgendwie wirst du schon nicht so nah mit einem Deutschen zusammenkommen, daß du ihn erschießen mußt.« Ich weiß nicht, was ich gemacht hätte, wenn ich direkt auf einen Deutschen gestoßen wäre. Wahrscheinlich hätte ich in der ersten Reaktion etwas auf deutsch zu ihm gesagt« (zit. in Morrison/Zabusky 1980, S. 72).

Für die damals schon vergleichsweise akzeptierten ethnischen Gruppen, die Deutschen, die Italiener, die Polen, mag der Patriotismus kaum »nötig«, kaum so besetzt gewesen sein. Anders offenbar bei den viel eindeutiger rassisch diskriminierten Minderheiten, deren amerikanischer Patriotismus in allen Interviews stark mit der Zeit in der Armee verknüpft wird. Zum Beispiel Arthur Wong, 1930 aus China eingewandert, heute Wäschereibesitzer in New Jersey. In den dreißiger Jahren hatte er in Restaurants gearbeitet, sieben Arbeitstage pro Woche, zwölf Stunden täglich.

»Aber dann kam der Krieg und die Verteidigungsindustrie. Und ein paar von meinen Freunden fanden Arbeit in einem Rüstungsbetrieb. ... Und ich ging zu Curtiss-Wright, Flugzeugbau. Ich fing an am Band, aber als ich zur Armee ging, war ich schon Assistent vom Vorarbeiter. Nach nur eineinhalb Jahren arbeiteten schon 28 Leute unter mir. Ich hatte einen guten Arbeitsplatz. ... Aber dann wurde ich von Uncle Sam eingezogen. Er sagte: Komm, mein Sohn! Naja, in diesen Tagen war es wie ein Privileg, wenn man ein Gewehr in die Hand nehmen konnte, um sein Land im Zweiten Weltkrieg zu verteidigen« (zit. ebd. S. 78).

Für die meisten ethnischen GIs ist es jedoch wahrscheinlicher, daß sie zunächst nur den Job bei der Armee ergriffen, mit allen Verheißungen, und ihre amerikanische Loyalität im Zuge des Geschehens entdeckten. Die Konfrontation mit dem Nationalsozialismus, dessen Zerfall sie in Europa erlebten, löste neuen Stolz auf amerikanische Freiheit – Gleichheit – Demokratie aus. Und an der Front selbst, in Extremsituationen, vor dem Fallschirmabsprung, während der Invasion, oder auch nur im tage- und wochenlangen Warten auf den Einsatz, galten andere als nationale oder ethnische Bindungen.

»Es ist nicht Patriotismus oder Tapferkeit gewesen, wenn wir bei den Invasionen die Strände gestürmt haben. Es ist mehr, daß man die Kameraden nicht hängenlassen wollte. Das ist so eine Art Verwandtschaft« (1984, S. 5).

Diese Verwandtschaft zwischen jungen Männern, über ethnische Grenzen hinweg, war der Stoff, aus dem der amerikanische Patriotismus entstand. Man rückte zusammen: wie auch Stadt und Land sich im Ausbildungslager begegneten:

»Es war herrlich. Jungens vom Land und Jungens aus der Stadt – zum ersten Mal im Leben lernte man sich kennen« (1984, S. 6).

Diese »Umwertung der Werte im Krieg« – (»Was ich an der Armee so geliebt habe, – das habe ich erst hinterher gemerkt – war, daß diese ganzen unechten Wertmaßstäbe, Konkurrenz und all das, plötzlich nichts mehr galten« (1984, S. 8)) – war nicht nur beschränkt auf den Fronteinsatz und auf die Armee. Ähnliches spielte sich auch innerhalb der amerikanischen Grenzen, an der *homefront* ab.

Kriegsboom, Vollbeschäftigung und »homefront«

Im Dezember 1943 erklärte Roosevelt, daß »Dr. New Deal« sich nun überlebt habe und »Dr. Win-the-War« an seine Stelle getreten sei.

Das bezeichnete nur den Endpunkt einer Entwicklung, die Jahre früher begonnen hatte. Schon seit 1938 war kein Reform-Gesetz mehr vom Kongreß verabschiedet worden, Reform-Gesetze, die in den dreißiger Jahren einiges zur Einbindung der Einwandererminderheiten und vor allem der rassisch diskriminierten Minderheiten in die gesamtamerikanische Gesellschaft beigetragen hatten. Nach Kriegsbeginn in Europa (dem deutschen Einmarsch in Polen) verlagerten sich alle staatlichen Anstrengungen auf Verteidigungspolitik; Sozialreformen stagnierten. Das widerlegte zunächst die Hoffnungen der Theoretiker des New Deal: aus dem Ersten Weltkrieg hatte man erinnert, daß damals der Widerstand gegen staatliche Eingriffe, gegen nationale Planung schwächer geworden war, daß die ungehemmte Konkurrenz sich im Interesse einer »disziplinierten Kooperation« (Rexford Tugwell) hatte kanalisieren lassen. Das erhofften sich die New Deal Anhänger zunächst auch vom Zweiten Weltkrieg: daß durch den Krieg die Bereitschaft wachsen würde, »das Risiko eines positiven Staats auf sich zu nehmen«.[49]

In manchen Punkten wurden diese Hoffnungen erfüllt; z.B. durch das GI Bill of Rights, das den von der Army zurückgekehrten GIs eine Wiedereingliederungshilfe gewährte, die in den Nachkriegsjahren von 7,5 Millionen Veteranen im College-Studium, von anderen im Hauskauf in Vorstädten angelegt wurde, was beides den Aufstieg der ehemaligen GIs in Mittelschichtspositionen ermöglichte (und sich auf den Zusammenhalt der ethnischen Gruppen und das ethnische Selbstverständnis stark ausgewirkt hat – davon genauer später). Aber eine solche Umverteilungsmaßnahme war vor allem möglich, weil sie in engstem Zusammenhang mit der Kriegsführung stand. In anderen sozialen Bereichen mußten die New Dealer große Verluste hinnehmen, und ihre Stellung war gegen Ende des Krieges schwächer als zu Anfang. Roosevelt vertrat die Position, daß »viele soziale Ungerechtigkeiten und Schwachpunkte, die noch 1932 bestanden haben, inzwischen behoben sind, und die erste Priorität der Sieg in diesem Krieg ist.« Die New Dealers paßten sich dieser Argumentation an und verpackten ihre Reformvorschläge in militärische Begriffe (etwa: »Erleichterte Kreditvergabe an der Heimatfront«). Aber in zentralen Fragen unterlagen die New Dealers, wie z.B. in ihren Bemühungen um Anti-Trust-Gesetze: nach Pearl Harbor fielen sofort alle Anti-Trust-Gesetze.

Ein ähnlicher Fall ist die Aufweichung der Kinderschutzgesetze.

Die fünfundzwanzigjährigen Bemühungen von Sozialreformen wurden unterhöhlt durch die immense Knappheit an Arbeitskräften. Von 1940–1944 stieg die Zahl der Arbeitskräfte unter 19 Jahren von 1 auf 2,9 Millionen, der Anteil der 14- und 15-jährigen beschäftigten Mädchen vervierfachte sich während der Kriegsjahre. Deutlich mehr Jungarbeiterinnen arbeiteten am Band (und entsprechend mehr verließen die Schulen ohne Abschluß). In New York soll der Anteil der illegal beschäftigten Kinder und Jugendlichen in den Kriegsjahren um 400 Prozent zugenommen haben.

Der Krieg unterhöhlte auch andere zentrale Errungenschaften des New Deal, vor allem die welfare-Gesetzgebung. Während der kriegsbedingten Vollbeschäftigung waren viele Familien jetzt Doppel- oder Mehrfachverdiener, die Anzahl der welfare-Anwärter reduzierte sich. Die Kurzlebigkeit der Kriegskonjunktur im Auge versuchten New Dealer die Aufhebung der welfare-Gesetzgebung nur für die Dauer der Kriegsjahre zu beschränken, sie unterlagen aber der gewachsenen konservativen Stimmung im Kongreß. Nach den »Amateuren« und »Eierköpfen« der New Deal Ära hatten nun wieder Industrie-Magnaten die entscheidenden Positionen in der Regierung erhalten, das öffentliche Ansehen der Wirtschaft war gestärkt. Die New Deal Institutionen verloren während der Kriegsjahre an Vertrauen.

Die Krise des New Deal wurde auch verstärkt durch die Widersprüche, die in den eigenen Reihen aufbrachen. Gewerkschaftspolitik war während der Kriegsjahre komplizierter geworden. Streiks waren unpopulär, viele Liberale versagten ihnen die Unterstützung in Zeiten hoher Löhne und Vollbeschäftigung, und die Weigerung der Gewerkschaften, schwarze Arbeitnehmer (die jetzt zu Hunderttausenden in den Arbeitsmarkt drängten) zu vertreten, entfremdete sie erst recht den liberalen Kreisen. Entscheidend für ihre Schwächung aber war vor allem: nie war es den Amerikanern besser gegangen. »Jeder ehrliche Liberale muß zugeben, daß es dem Mann auf der Straße besser geht als je zu Zeiten des New Deal«, schrieb ein Kommentator in »Common Sense« 1943. Zwar hatte nicht jeder gleichen Anteil an der neuen Prosperität: immerhin verdienten 1944 noch zehn Millionen Arbeiter Niedrigstlöhne, und weiterhin gab es Marginalisierte, worunter vor allem die Alten fielen.

Aber diese Armut war doch qualitativ anders als zu Zeiten der Großen Depression. Das Problem war nun nicht mehr: kein Arbeitsplatz, kein Essen, kein Dach überm Kopf, sondern: schlechteres Essen, schlechtere Wohnung oder niedrigere Löhne. In den meisten Familien schnellte jedoch das Familieneinkommen in die Höhe, da jetzt mehrere Familienmitglieder verdienten.

»Das Geldproblem ist einfach verschwunden.... Man brauchte kein Genie zu sein, um während des Krieges Geld zu machen. Man mußte bloß ein Geschäft aufmachen und sich nicht allzusehr besaufen. ... Die Kunden hatten Geld und kauften alles weg was es nur zu kaufen gab. Man brauchte kein Köpfchen dazu und hart arbeiten schon gar nicht. Und wenn's so für die kleinen Geschäfte ausgesehen hat, wie dann erst für die großen ...« (1984, S. 316).

»Homefront« und Amerikanisierung

Zwei Ozeane trennten die USA von den Fronten. Vierzig Jahre später erinnert sich ein Ladenbesitzer:

»Ich glaube, der Krieg war für uns hier an der homefront ziemlich unwirklich. Wer keinen an der Front verloren hatte, der konnte sich gut amüsieren. Der Krieg war gar nicht in unserem Bewußtsein als Krieg. Ich bin bestimmt nicht ganz unpolitisch, aber ich hatte nie die persönliche Sorge um jemanden an der Front. Plötzlich waren wir alle ziemlich wohlhabend. Wir haben nicht wirklich gelitten« (1984, S. 209).

Amerika hat 400.000 Menschen im Krieg verloren, die Sowjetunion mindestens 20 Millionen. Die Mobilisierung einer amerikanischen *homefront* wirkt aus dem Abstand von vierzig Jahren zugleich beklemmend und absurd. Während in den Jahren der Belagerung von Leningrad 1 1/2 Millionen Menschen verhungerten und erfroren, wurde in Amerika Mangel und künstliche Kriegsbeteiligung inszeniert, »to make the country war-minded«. Die meisten dieser homefront-Aktivitäten (Zivilschutz, Zivildienst) hatten kaum militärische Bedeutung. Es war vielmehr eine Art nationale *performance,* eine Inszenierung von nationalem Zusammenrücken. Wo kleine Opfer gebracht werden mußten, scheint das nicht ungern geschehen zu sein. »Das Angenehme an diesem Krieg ist, daß er uns im Land Gebliebenen die Möglichkeit bietet, uns ernsthaft am Gemeinwohl zu beteiligen, größere Möglichkeiten als je ein anderer Krieg«, schrieb ein Kolumnist zu den Aktivitäten des Zivildienstes. Alle wurde eingespannt in das große Spiel V, Victory, Win the War! Gummiabfälle sammeln! Benzin sparen! »Der leere Autositz ist ein Geschenk an Hitler«, war auf großen Tafeln an Autobahnen zu lesen. Das heißt: nimm deinen Nachbarn im Auto mit zur Arbeit. Im Auto hat man sich dann unterhalten, neue Kontakte geknüpft. ... Lumpen- und Abfallmaterialien-Sammeln hatte ähnliche national-solidarisierende Funktion. Berge von Gummi, Papier, Metall wurden vor Kinos oder anderen Sammelplätzen aufgehäuft. Die einzelnen Städte wetteiferten in der Übererfüllung von Quoten und waren stolz auf ihre Kinder, die Speicher, Keller und Garagen durchforsteten. Jugendgruppen nannten sich jetzt *»Junior Commandos«* oder *»Tin-Tan-Colonels«,* und sie genossen ihre sportliche Beteiligung am Krieg. All das wird Generations-Konflikte überbrückt und zur allgemeinen Community-Integration noch beigetragen haben. In künstlich geschaffenen »Hilfsfunktionen« (Luftschutzwarte, Feuerwehr, Hilfspolizei, Krankenschwesternhelferinnen) wurde die Bevölkerung mobilisiert. Das brachte den Krieg näher als er wirklich war. Ähnliche Funktionen hatten die Kriegsanleihen (war-bonds), zwar offiziell empfohlen zur Kaufkraftabschöpfung und Inflationsbekämpfung, aber in ihrer ökonomischen Auswirkung so unbedeutend, daß der national-solidarisierende Effekt der vorrangige gewesen sein muß. Wieder einmal, wie schon im Ersten Weltkrieg, wurde an die Verpflichtung der Einwanderer zu besonderer Loyalität appelliert: Plakate zeigten die berühmten Photos von Einwandererschiffen, den Zwischendeckpassagieren auf Bündeln und Strohkoffern, darunter die Aufforderung: »Erinnert Euch an die Freiheit, die Amerika Euch geschenkt hat! Kauft Kriegsanleihen!«[50]

Den Krieg, der auf anderen Kontinenten geführt wurde, symbolisch nachzuvollziehen: dieses Ziel müssen auch die Planspiele gehabt haben, die zum Thema »Luftangriff« in größeren Städten in den Jahren 1942 und 1943 durchgespielt wurden. »Mock air raids« (simulierte Luftangriffe) lösten ein Gefühl der gemeinsamen Gefahr aus, die Abhängigkeit der Menschen voneinander wurde dramatisiert. In Wyoming wurde die ganze Stadt mit Flugblättern in Form von kleinen Bomben bombardiert. (Auf den Flugblättern selbst wurde für Kriegsanleihen geworben.) In Charlotteville, Virginia, war es noch realistischer: Sandbomben wurden abgeworfen. Und in Chicago regneten 1943 aus 200 Flugzeugen Papierbomben, die Schulkinder gebastelt hatten über die Stadt. Sirenen heulten, der Verkehr stand still. ...

Solche spektakulären Aktionen waren seltener als die vielen kleinen Anlässe, bei denen die homefront-Stimmung die Menschen einander näher brachte, überflüssig zu sagen: auch über ethnische Nachbarschaften hinweg. Zum Beispiel fielen eiserne Zäune an Kirchen und Schulen der Metallverwertung zum Opfer und das erhielt oft symbolische Bedeutung: In Chicago feierte eine Frau, die bis dahin in ihrem Haus allein und isoliert gelebt hatte, den Fall ihres Gartenzaunes mit einer Nachbarschaftsparty.[51]

Das V-(victory) Zeichen war allgegenwärtig. Gemüsegärten, sogenannte »victory gardens« wurden als Kooperativen zur Selbstversorgung angebaut. Haus- und Nachbarschaftsgemeinschaften versorgten diese Gärten und die Eßgewohnheiten veränderten sich an der homefront, man aß mehr Gemüse. Wie weit die Rationierung von Lebensmitteln (Kaffee, Butter, Fleisch, Zucker, Konserven und Treibstoff) wirklich militärisch notwendig war, oder auch dieses Gemeinsamkeitsbewußtsein stärken sollte, ist eine offene Frage. Der Krieg trug nicht unwesentlich dazu bei, Oberschichtsstile, zumindest ihre ungehemmte Darstellung, abzubauen. (»Rockefeller und ich kriegen genau gleich viel Zucker, Benzin, Autoreifen ...«). Dienstboten wurden seltener: Die Arbeitsplätze in der Rüstungsindustrie waren besser bezahlt. Demonstrativer Luxus galt als unpatriotisch. Während der Jahre der Depression waren viele Kindere nicht zur Schule gegangen, weil sie sich ihrer abgelegten Kleidung schämten. 1943 organisierte eine Schule in Rockford, Ill., einen »Patriotic Patches Club« (Patriotischer Flickenclub), in den man nur aufgenommen wurde, wenn man geflickte oder abgelegte Kleidung trug.

Fenster und Türen wurden mit dem V-Zeichen versehen und natürlich auch immer mit der amerikanischen Fahne. Angehörige von ethnischen Gruppen, vor allem aus der Ersten Generation, beteiligten sich landesweit an den Sammlungen des Roten Kreuzes.

Der Bildnachlaß von Leonard Covello (Balch-Institute, Philadelphia), dem die hier abgebildeten Fotos entstammen, enthält viele Motive aus dieser Zeit: italienische Mütter mit Kopftüchern schwenken Sammelbüchsen fürs Rote Kreuz, Vertreter der italoamerikanischen community überreichen einem Offizier die Schlüssel für eine dem Roten Kreuz gestiftete Ambulanz ... und natürlich zahlreiche Fotos von Fronturlaubern in Uniform im Kreise der ethnischen Großfamilie.

Nicht immer war solches Zusammenrücken freiwillig-patriotische Solidarität. Der Konformitätszwang erinnert bisweilen an die »Volksgenossenpropaganda« im faschistischen Deutschland. Gegen angebliche Drückeberger ähnliche Töne: »Dir geht's wohl gut, Nachbar! Sollen sich doch die anderen am Krieg beteiligen! Schlaf Du den Krieg nur schön durch. Was geht's Dich an, daß gerade ein junger Mann abgeschossen wurde, weil *Du* Dich nicht an der Materialverwertungsaktion beteiligt hast? ... Los, heb Deinen fetten Hintern. ...«[52] (Man beachte die durch den Krieg gelockerte und legitimierte Kraftsprache.)

Der Krieg hat die Nachbarschaften in Bewegung gebracht, aber er hat alte, ethnische Kontrollen teilweise durch neue ersetzt. Ein slowakischer Ladenbesitzer in Pittsburgh erinnert sich 1980:

»Traurige Fälle gab's im Viertel. Ihr Mann war an der Front. Sie war attraktiv und eines Tages war sie schwanger. Sie war im Viertel gezeichnet. Wenn sie ihr den Kopf hätten rasieren können und öffentlich durchs Viertel führen, sie hätten's getan.« Und: »Wenn ein Typ in eine Kneipe kam mit der Frau oder der Freundin von einem, der an der Front war, war er seines Lebens nicht mehr sicher« (1984, S. 136).

Dennoch: Als nach Kriegsende die homefront sich auflöste und mit ihr alle Pfadfinder-Kameraderie zusammenfiel, trauerten viele. »Nie wieder Paraden. Nie wieder Straßenfeste. Nie wieder Nazi-Flugblätter über Memphis. Nie wieder Gummiberge an den Straßen oder Gummi-Feste im Kinosaal ...«[53]. Und kürzlich erinnerte sich der Journalist Elliot M. Rosenberg anläßlich des 40. Jahrestags der japanischen Kapitulation in einem Leitartikel der New York Times: »Die Erwachsenen mögen mir vergeben, aber mit tat das Herz weh, als in der Wochenschau General Mac Arthur erschien, wie er sein finis unter den Zweiten Weltkrieg schrieb ... ich war gerade acht Jahre geworden, aber es kam mir vor, als wären die besten Jahre meines Lebens nun vorbei.« Freilich haben sich schon während der Kriegsjahre unterhalb des euphorischen homefront-Amerikanismus tiefgreifende soziale Veränderungen ereignet, z.T. verbunden mit erheblichen sozialen Kosten.

Soziale Kosten der Kriegs-Prosperität

Der Krieg, der »war boom« und die Vollbeschäftigung lösten einige Probleme der depressiven Dreißiger Jahre, aber andere traten an ihre Stelle.

In den dreieinhalb Jahren nach Pearl Harbor haben zwölf Millionen Männer ihre Heimatstadt verlassen, um in die Armee einzutreten und über 15,3 Millionen Zivilisten migrierten innerhalb der USA, – die meisten den neuen Arbeitsplätzen in der Rüstungsindustrie folgend, manche Familien aber auch, weil sie in die Nähe von Ausbildungslagern der US-Armee ziehen wollten. Familien hatten Trennung und lange Abwesenheiten von Vätern zu verarbeiten, und Kinder mußten mit erheblich weniger Zuwendung durch ihre Mütter auskommen, da jetzt meist beide Eltern voll arbeiteten, oft auch Überstunden leisteten. Und diese Erschütterungen der Familienstrukturen und des Familienrhythmus konnten nicht wie früher aufgefangen werden durch das Netz der Verwandten und Bekannten, durch die kleinen Institutionen der ethnischen Nachbarschaften, sondern die Familien lebten nun in neuen, aus dem Boden gestampften Industriesiedlungen rund um Rüstungsbetriebe, Siedlungen, die oft nicht mehr waren als Barackenlager oder Wohnwagen-Camps. In den sogenannten »defense cities« existierten kaum soziale Einrichtungen wie Kindergärten oder Jugendclubs, die Schulen waren überfüllt, das Gesundheitswesen improvisiert, in der kürzlich zusammengewürfelten Nachbarschaft kannte man sich kaum und die wenigen ansässigen Bewohner der kleinen Städte standen den Tausenden von Neuankömmlingen oft recht ablehnend gegenüber. Zu den Städten, die durch die Kriegsproduktion am raschesten wuchsen, gehören Charleston (plus 37 %), Norfolk (plus 57 %) und Mobile (plus 61 %). Da viele Männer in der Armee dienten, waren drei von fünf Migranten Frauen. Die Produktivität der Landwirtschaft erhöhte sich rapide, während die erwerbstätige Landbevölkerung abnahm. Großbetriebe (mit mehr als 10.000 Arbeitern) verdreifachten sich während der Kriegsjahre.

Eine der berühmtesten »defense cities« ist »Willow Run« (»bomber city«) bei Detroit. Ford baute hier in kürzester Zeit aus dem Nichts eine Flugzeugfabrik, die in Spitzenzeiten über 43.000 Arbeiter beschäftigte. In einer ähnlichen Siedlung (Seneca, Illinois) erinnert sich eine Verkäuferin 1982: »Seneca wuchs praktisch über Nacht von 1.000 auf 27.000 Einwohner. Morgens wachte man auf und jemand lag im Schlafsack vor der Haustür.... Viele kamen aus dem Süden und hatten komische Akzente.... Ich fand's interessant. Die Kneipen machten das größte Geschäft. Schlägereien gab's eigentlich wenig. Vielleicht weil die meisten ältere Männer waren, die jüngeren waren ja an der Front.... Damals hat der Krieg mein Leben verändert.« »Na, und all diese komischen Polacken! Die ersten Menschen, denen ich begegnet bin, die anders waren als ich. Eine ganz neue Welt.... Sie waren so stolz auf ihre Gewerkschaft, und davon hatte ich noch nie was gehört ...« (1984, S. 310).

Von dieser inneren Migration waren zu einem besonders hohen Anteil Einwanderer der Zweiten Generation betroffen, den damals Zwanzig- bis Dreißigjährigen, vor allem auch Frauen. Die ethnische Bindung, die durch die fixen Strukturen der ethnischen Nachbarschaft bestimmt gewesen war, wurde durch die Mobilität der Kriegsjahre erschüttert, unwiederbringlich, jedenfalls in ihrer traditionellen Form. Vor allem die Frauenerwerbstätigkeit versorgte junge Frauen mit neuen Rollen, die in der ethnischen community ausgeschlossen gewesen waren. Die Zahl der berufstätigen Frauen stieg während 1943 und 1944 von 12 auf 16 1/2 Millionen, das sind 36 % der zivilen Arbeitskraft.[54] Die Veränderungen der Frauenrolle und die neuen Belastungen wirkten sicher auch auf die Kinder zurück. Nicht nur arbeiteten Frauen jetzt volle Arbeitstage außer Haus (oft auch Nachtschichten), dazu kamen noch die durch die Engpässe des Krieges verursachten zusätzlichen Zeiten außer Haus, in denen Frauen für die rationierten Waren anstanden. Dienstleistungen (Wäschereien, Anlieferung von Lebensmitteln) waren in den Kriegsjahren ebenfalls seltener geworden: auch das trug zur Belastung der Frauen bei. Es scheint, als hätten die Frauen diese neue Verantwortung und die neue Macht gern übernommen – der Maskulinitätskult des Krieges fand ein Pendant im neuen Selbstbild dieser aktiven Frauen. Eine Lehrerin erinnert sich 1983: »Fast von einem Tag auf den anderen wechselten die Themen in der Damenrunde am Sonntagnachmittag. Man hat sich ausgetauscht, wie man am besten in der Fabrik den Bohrer scharf hält ...« (1984, S. 143).

Die Presse dieser Jahre blieb jedoch durchzogen von Klagen, daß halbwüchsige Söhne und Töchter nicht mehr versorgt wurden, sich selbst überlassen blieben, daß die Jugendlichen der Kriegsjahre zur Promiskuität neigten (belegt durch die ansteigende Rate von »Jugendkriminalität«. Darunter fielen vor allem »Sexualdelikte«, zu denen in den USA der Kriegsjahre auch die Prostitution zählte). In Reaktion auf diese steigende »Kriminalitätsrate« schlossen 1944 700 Städte ihre Red-light-Distrikte; in der Presse als »Blitzkrieg gegen Bordelle« (»blitzing the brothels«) bezeichnet. Die Scheidungsrate verdoppelte sich fast zwischen 1940 und 1944, Ausdruck der Promiskuität der Kriegsjahre und einer neuen ökonomischen Selbständigkeit von Frauen.

Und ausgerechnet aus dieser im Krieg geborenen Generation (»Schlüsselkinder«), die die neue Unstabilität der Familie und die sozialen Brüche der Boom-Jahre erlebt hat, werden später romantische Verklärer der »ethnischen Nachbarschaften« und von »ethnicity«, von ethnischem Zusammenhalt und von archaischer Nähe. Ob alle Unsicherheiten der frühen Kindheit den Hintergrund für solche Projektionen abgaben? Vielleicht meinten sie in Wirklichkeit auch die Großeltern, deren traditionell-ethnisches Leben sie bei Besuchen erfuhren, und deren Kritik am modernen »amerikanischen« Lebensstil ihrer Eltern sich ihnen indirekt vermittelte. Amerikanisiert sein, das blieb für viele der Ersten Generation lebenslang gleichbedeutend mit »demoralisiert sein«. ...

Amerikas Kampf gegen den Faschismus und der Rassismus im eigenen Land

Roosevelt hat sich bekanntlich nach der Kristallnacht 1938 geweigert, die Einwanderungs-Quoten für Deutsche und Österreicher (28.000 pro Jahr!) zu erhöhen, bzw. eine einzige Ausnahme zu genehmigen zugunsten eines Flüchtlingskontigents von 20.000 jüdischen Kindern unter 14 Jahren. (»FILE, NO ACTION« schrieb er eigenhändig auf den Bericht aus Deutschland.) In dieser Haltung stand er nicht allein. Eine Meinungsumfrage ergab, daß zwei Drittel aller Amerikaner gegen diese Ausnahmeregelung waren. Die Frau des leitenden Beamten der Einwanderungsbehörde soll die herrschende Meinung auf einer Cocktail-Party folgendermaßen zusammengefaßt haben: Das Problem mit diesen 20.000 Kindern sei, daß aus ihnen später 20.000 häßliche Erwachsene würden.[55] Auch noch während der Kriegsjahre wurden immer wieder antisemitische Stimmen laut; es hieß, daß Juden sich nicht aktiv genug am Militärdienst beteiligen.

Amerika führte Krieg gegen den deutschen Faschismus und trug zugleich seine sozialen Konflikte – das scheint eine säkulares Phänomen gewesen zu sein – mit rassistischen Argumenten aus. Im Laufe der Kriegsjahre hat sich dieser Rassismus eher noch verschärft. Zwei krasse Beispiele sind die Internierung der gesamten in Amerika lebenden japanischen Minderheit, und die Konflikte um die fortgesetzte Diskriminierung der schwarzen Amerikaner innerhalb der US-Armee und an der homefront.

Rassismus im Krieg (1): *»enemy race«. Die Internierung der japano-amerikanischen Minderheit*

Der japanische Angriff auf Pearl Harbor am 7. Dezember 1941 löste in den USA anti-japanische Pogromstimmung aus. Rassistische Einstellungen gegenüber Japanern waren nichts Neues. Die Einwanderungsbeschränkungen nach dem Ersten Weltkrieg hatten die sogenannten »Asiaten« (Chinesen, Japaner und andere) bekanntlich am schärfsten getroffen. Die japanische Minderheit lebte fast ausschließlich an der Westküste, 9 von 10 Japano-Amerikanern in Californien. Sie arbeiteten entweder in kleineren ethnischen Unternehmen oder auf Gemüsefarmen (40 %). Zu Beginn des Zweiten Weltkrieges war die japanische Minderheit an der Westküste ökonomisch relativ konsolidiert, sogar expansiv in der Lebensmittelindustrie: 1941 hatten sie gerade begonnen, in das Supermarkt-Geschäft einzusteigen. In diesen Sektoren standen sie in Konkurrenz mit weißen californischen Farmern und Geschäftsleuten – die ihre Chancen durch die politische Ausschaltung dieser Minderheit wohl erkannten.[56]

Der Angriff auf Pearl Harbor löste eine Erwartungsspannung: endlich war den USA die Entscheidung über den Kriegseintritt abgenommen. Die Isolationisten, (z.B. Charles Lindbergh und andere Persönlichkeiten dieser Bewegung), schwenkten sofort um. Die Ambivalenz hatte ein Ende; nun mußte man handeln. Japan hatte Pearl Harbor angegriffen, den USA den Krieg erklärt? Gab es nicht Japaner im eigenen Land? Ohne weitere Überlegung wurden sie die »enemy aliens« par excellence. Alle Kriegsängste (was würde auf die USA zukommen? Die deutschen Armeen waren in Europa noch siegreich!) fanden ein Ventil: die Japaner an der Westküste. Die Fronten in Europa und Asien waren weit entfernt und abstrakt; geographische Kenntnisse sind bei Amerikanern nie besonders weit entwickelt gewesen, und nach Jahren der außenpolitischen Isolation und den inneren Sorgen der Depressionsjahre auf den eigenen Kontinent beschränkt. Ganz offensichtlich brauchte man den Außenfeind *innerhalb* der eigenen Grenzen, auf nationalem Boden.

Die Wahl fiel, wie immer in solchen Fällen, auf eine Gruppe, die ohnehin unbeliebt war, und auf eine Gruppe, die schutzlos war. Die japanische Minderheit lebte an der Westküste weitgehend unter sich, sie war politisch nicht repräsentiert, denn die Japaner der Ersten Generation waren von Staatsbürgerschaft und Wahlrecht ausgeschlossen und die Japaner der Zweiten Generation waren noch zu jung.

Der Argwohn gegen ethnische Enklaven und Muttersprachen, (schon im Ersten Weltkrieg so irrational gewesen), richtete sich im Zweiten Weltkrieg ausschließlich gegen die japanische Minderheit.

Ihre Zurückgezogenheit, die Selbstorganisation dieser Minderheit mochte in den Jahren vorher bequem gewesen sein. Jetzt galt sie als verdächtig und wurde rassistisch interpretiert (»Tarnung«, »asiatische Undurchschaubarkeit«). Daß man den Japano-Amerikanern nichts nachweisen konnte – nicht einen einzigen Fall von Sabotage, Spionage oder »Fünfte-Kolonne-Tätigkeit« – das machte sie noch verdächtiger, war ein zusätzlicher Beweis für die Perfektion ihrer verschwörerischen Tätigkeit.

Auflagen gegen Angehörige von »enemy nations« wie z.B. das Verbot für Deutsche, Italiener und Japaner, eine Kamera oder ein Transistorradio zu besitzen, das Verbot, in die Nähe bestimmter strategisch wichtiger Zonen zu reisen, wurden bald ausschließlich für die Japaner aufrechterhalten. (Toscanini durfte sein Radio behalten und soll es dankbar umarmt haben.) Dieses ausschließlich gegen Japaner gerichtete Verbot wurde rassistisch begründet. Earl Warren, der Generalstaatsanwalt von Kalifornien: »Kaukasische (weiße) Loyalität kann man testen. Bei Japanern bewegen wir uns auf einem ganz anderen Boden und können unserer Methoden nicht mehr sicher sein.«[57] Chinesen fielen allerdings nicht unter diesen rassistisch begründeten »enemy aliens«-Verdacht; China war mit den USA verbündet und Madame Chiangkaichek wurde 1943 in New York jubelnd begrüßt. Die Inkonsistenz schien niemandem aufzufallen. Sie gehört zur Struktur des Vorurteils, wie auch die »Ausnahme«: in diesem Fall waren es die Japaner in Pearl Harbor, (an der Front selbst!), die nicht interniert wurden, weil man sie für die Arbeit brauchte. Sie wurden streng kontrolliert, sie hatten von den in Hawaii stationierten amerikanischen GIs viel einzustecken, aber ohne sie wäre jeder Betrieb auf der Insel zusammengebrochen. An der homefront lagen die Bedürfnisse offensichtlich anders: eine ethnisch so heterogene Nation schien einer deutlich definierten outgroup zu bedürfen, um sich der Loyalität der anderen ethnischen Minderheiten sicher zu fühlen.

Die Regierung – Roosevelt stand mit dieser Maßnahme in vollem Einvernehmen – ordnete nach Pearl Harbor unverzüglich die Evakuierung der japanischen Bevölkerung der Westküste an. Zunächst wurde noch versucht, japanische Familien zum freiwilligen Verlassen der Westküste aufzufordern. 9.000 kamen dieser Aufforderung in kürzester Zeit nach und zogen in den Mittleren Westen. Aber die Staaten des Mittleren Westens protestierten: sie wollten nicht den »Müllabladeplatz für enemy aliens« abgeben. Der Gouverneur von Idaho erklärte dazu: »Eine gute Lösung des Japsen-Problems wäre es, alle zurück nach Japan zu schicken und dann die Insel zu versenken. Sie leben wie Ratten, vermehren sich wie Ratten und benehmen sich wie Ratten.«[58] Daraufhin wurde eine radikalere Lösung gefunden: Barackenlager in Wyoming, Arizona, Wisconsin (siehe Abbildung). Die Evakuierung geschah zügig: schon im Juni 1942, sechs Monate nach Pearl Harbor, waren über 100.000 Japaner interniert. Insgesamt sind in den Jahren 1942 bis 1945 über 110.000 Japaner in Barackenlager umgesiedelt worden; jedes Lager hatte 10.000 bis 12.000 Insassen. Die Regierung bewies der Bevölkerung Aktivität, Durchgreifen und auf die Effektivität der Umsiedlung und Lagererrichtung war man allgemein stolz. Die Richtungslosigkeit dieser Evakuierung – 64 % der Internierten waren immerhin amerikanische Staatsbürger und keiner von ihnen hatte einen Prozeß erlebt, sie waren nur der Kollektivschuld überführt – löste kaum öffentliche Proteste aus.[59] Einzig die schwarze Presse, die »Amsterdam News«, kritisierte die Internierung.

Insgesamt kann man die Internierungslager für die japanoamerikanische Minderheit nicht mit deutschen KZs vergleichen. Wo dieser Begriff von Amerikanern in den Kriegsjahren gebraucht wurde, war dies in Unkenntnis dessen, was in deutschen KZs geschah. Es gab keine Massenerschießungen, keine face-to-face-Brutalität. Die mit der Organisation der Lager betrauten Stellen versuchten so weit wie möglich Selbstverwaltung einzuführen; auf keinen Fall sollten die Lager militärisch geleitet werden. (»Die meisten Offiziere hatten Soziologie gelernt ... sie bemühten sich, zu verstehen ...« Hiroshi Yamada, in Morrison/Zabusky 1980, S. 79.)

Dennoch war die Existenz dieser Lager Ausdruck einer Kriegs-Mentalität in den USA, die sich in einigem nicht von der faschistischen unterschied: der bedenkenlosen Prioritätensetzung für scheinbar »militärische Sachzwänge« gegenüber bürgerlichen Freiheiten, und einer kollektiven Bereitschaft für rassistische Projektionen.

Mit der »Selbstverwaltung« der Lager kam man ökonomisch

allerdings nicht weit. Kleinere Gemüsefabriken und Gemüsegärten entstanden, ein Lagerrat und eine Art Schlichtungsjustiz, es gab Lagerzeitungen und mehr oder weniger selbstorganisierten Schulunterricht. Konnte man einen Arbeitsplatz außerhalb der Westküste (die als militärisch gefährliches Terrain definiert worden war) nachweisen, durfte man das Lager verlassen. 35.000 Japanern ist es während der Internierungsjahre gelungen. Auch wenn man eine »Loyalitätserklärung für die amerikanische Nation« abgab, durfte man das Lager verlassen. 65.000 Japaner haben schließlich diese Erklärung unterschrieben, aber über 9.000 Japaner – zweifellos von ihrer Einstellung her loyale Amerikaner – konnten dieser Aufforderung zur bedingungslosen Loyalität nicht nachkommen, da sie verbunden war mit der Absage an jede Loyalität mit dem japanischen Kaiserreich. Das brachte die Japaner der Ersten Generation in eine ausweglose Situation: Die Issei waren grundsätzlich von der amerikanischen Staatsbürgerschaft ausgeschlossen, sie mußten zu Recht befürchten, damit jeden Schutz zu verlieren.

Gegen die Evakuierung hat die japanische Minderheit keinen Widerstand geleistet. Sie erschien als höfliches Opfer. Die folgende Generation, durch großen Altersunterschied von den Eltern getrennt, weil Japaner erst spät Familien gründeten (weshalb es in den Lagern auch kaum eine Generation im mittleren Alter gab) kann dieses selbstverleugnerische Verhalten ihrer Eltern nicht verstehen. Möglicherweise gab es jedoch angesichts der anti-japanischen Kriegshetze wirklich kaum eine Alternative. »BEAT THE JAP« – »SCHLAGT DIE JAPSE« – »DENKT AN PEARL HARBOR«[60] – das waren die Slogans auf Werbetafeln an den Autobahnen oder, in den Worten von Henry Hopkins, einem engen Berater Roosevelts, in einem Aufruf an Schüler und Studenten: »Dies ist nun nicht mehr die Zeit, seine Lebensjahre mit Chaucer oder mit Latein zu vergeuden. Universitäten müssen zu militärischen Trainingslagern werden. Ein Diplom kann man nur einrahmen und an die Wand hängen. Eine Bombe, an der ein junger Mann oder eine junge Frau mitgearbeitet hat, kann eine ganze Menge Japse erledigen.« Oder noch deutlicher, General de Witt: »Die japanische Rasse ist für uns eine feindliche Rasse.«[61] Daß sich die Erste Generation (die Issei) der japano-amerikanischen Minderheit in Barackenlager abschieben ließ und dabei stets »die Form wahrte«, daß sie ohne öffentliche Proteste geschehen ließ, wie die besonders eng verbundenen japanischen Familienverbände auseinandergerissen wurden, ist den späteren Generationen (den Nisei, der Zweiten Generation, und erst recht den Sansei, der Dritten Generation) so unverständlich und empörend wie vielen Israelis heute die »falsche Würde«, mit der ihre Eltern sich in deutsche Gaskammern schicken ließen. Diese Unauffälligkeit der Issei mag taktisch klug gewesen sein angesichts des allgemeinen anti-japanischen Rassismus, vor allem sind es aber wohl die kulturellen Prägungen der Herkunftstradition gewesen, die sie zu dieser immensen Selbstdisziplin befähigten. Die Schande, die einem Menschen zugefügt wird, ist in dieser Tradition seine »Schuld«. Die Schande existiert in dem Maße, wie sie empfunden wird und für andere sichtbar wird. Deshalb gibt es bis heute wenig Augenzeugenberichte aus den Lagern, die in unserem Sinne »authentisch« oder gefühlsnah sind. Zum Beispiel Hiroshi Yamada, 1901 aus Japan eingewandert, in einem Interview mit Joan Morrison, 1979: Zwar beschäftigt er sich auch heute noch ständig mit den Jahren der Internierung; er hat eine große Dokumentensammlung aus dieser Zeit. Einen Ehrenplatz nimmt darin das Foto ein, das ihn neben dem amerikanischen Lagerkommandanten zeigt.

»Nach Pearl Harbor«, so sagt er selbst, »*mußten* wir interniert werden.« Sein Geschäft, eine kleine Getränkeabfüllfabrik, wurde, wie alle Geschäfte seiner Landsleute, von der Konkurrenz geschluckt. Wie er sich dabei gefühlt habe? »Ach, man fühlt eigentlich nicht viel. Ich fühlte so: Das ist Krieg, das kann man nicht ändern.« »Zu normalen Zeiten wäre man vielleicht empört, aber das war ja eine besondere Zeit, was sollte man machen. . . . Ich denke, es kommt darauf an, wie man mit der Lage zurechtkam. So war es eben. Ich habe versucht, mich nicht aufzuregen.« Fast scheint die Diskriminierung den Patriotismus noch verstärkt zu haben und den Wunsch, die Loyalität zu Amerika zu beweisen. »Eins unserer Projekte der Lagerselbstverwaltung war eine Sammelaktion für das Rote Kreuz. Und wir, im Lagerrat, haben auch die Quoten für die Kriegsanleihe bestimmt. Wir bestimmten zweitausend Dollar jährlich pro Block. Sehen Sie, wir machten ja Geld mit unserer Gemüsefabrik im Lager, und die Leute hatten etwas Geld zum Investieren. Der Lagerrat hat ihnen nahegelegt, es beim Roten Kreuz oder bei den Kriegsanleihen zu investieren« (Morrison/Zabusky, 1980, S. 24).

Japanische Soldaten konnten in die US-Armee eintreten, ihre Familienangehörigen blieben allerdings weiter im Lager. Ein Japaner der Zweiten Generation erinnert sich 1983:

»Es war eigentlich absurd: Hier war ich an der Front, und im Lager warteten mein Vater und meine Schwestern darauf, daß der Krieg zu Ende geht. Meine Fronturlaube verbrachte ich im Konzentrationslager. Ins Lager zurückzukehren, war wie nach Hause fahren, um meine Familie zu sehen. Weihnachten haben wir nach amerikanischer Art gefeiert. ...« (1984, S. 41).

Und noch einmal Hiroshi Yamada:

»Aus unserem Lager sind sechsundfünfzig Männer im Krieg gefallen. Ich hatte ihnen nahegelegt, zur Armee zu gehen. Und als sie gefallen waren, mußte ich es ihren Müttern und Familien sagen, das war meine Pflicht. Nach dem Krieg hielten wir eine Gedenkfeier und setzten ihnen ein Denkmal« (Morrison/Zabusky, S. 24).

Andere bewältigten die Zeit im Lager kontemplativ. Taro Murata, 1907 aus Japan eingewandert:

»Als ich im Camp war, hatte ich genug zu essen und viel Zeit, ich durfte nur nicht aus dem Stacheldrahtzaun hinausgehen. Vier Stunden täglich ungefähr arbeitete ich in der Reinigung im Lager. Ich hatte viel Zeit. Wenn ich lesen, studieren wollte, das konnte ich. Ich studierte viel Philosophie und alles über die japanische Religion. Und ich begann, zur japanisch-buddhistischen Kirche zu gehen. Und ich begann auch, Haiku-Gedichte zu schreiben.« Er deutet auf den Kirschbaum vor dem Fenster: »Jeden Morgen sitzen meine Frau und ich hier und schreiben zusammen Haiku-Gedichte. Das haben wir im Internierungslager gelernt« (1984, S. 31).

Die jüngeren ehemaligen Lagerinsassen sehen diese Zeit kritischer. Ein siebenundfünfzigjähriger Nisei bekennt 1983:

»Meinen Kindern habe ich das meiste aus dieser Zeit nicht erzählt. Wenn man denkt: diese vierzig Jahre Schweigen. ... Ich meine, es kommt von etwas typisch Japanischem: wenn einem Schande zugefügt wird, versucht man das zu verleugnen. Wir wurden ins Lager gesteckt, wir wurden Opfer – also mußte es wohl unsere Schuld sein. Wir verbergen das lieber...«
»Meine älteste Tochter Cathy wollte im letzten College-Jahr eine Arbeit über die Erfahrungen in den Lagern schreiben. Sie fragte uns, ob wir Leute kennen, die sie interviewen könnte. Es war merkwürdig, viele Leute wollten sogar heute noch nicht darüber sprechen. Manche, die dann doch zu

erzählen anfingen, brachen völlig zusammen. Es war das erste Mal, daß sie überhaupt darüber sprachen.« Und: »Die Sansei, die jüngste Generation, kann die Generation der Eltern nicht verstehen. Sie sind empört: Warum habt ihr nicht gekämpft? Sie sind nicht in unserer Kultur erzogen worden. Heute würde ich mich auf jeden Fall wehren ...« (1984, S. 341).

Auch in den Jahren nach dem Krieg vermied die japanische community möglichst jede öffentliche Sichtbarkeit. In Chicago wurde 1949 bekannt, daß sich Friedhofsverwaltungen weigerten, Japaner zu bestatten, selbst wenn sie Christen waren. Als die Presse diese Diskriminierung skandalisieren wollte, traf sie auf geschlossenen Widerstand der japanischen community leaders: man wollte keine »dirty publicity« und würde das Problem schon auf andere, unauffälligere Weise lösen.

Still blieb es auch nach den Atombomben auf Hiroshima und Nagasaki. In der schwarzen Presse wurde schon damals bezweifelt, daß auf Städte mit über 100.000 Menschen Zivilbevölkerung Atombomben abgeworfen worden wären, wenn es *weiße* Städte gewesen wären. Aber die japano-amerikanische Minderheit blieb stumm. »Wir waren sehr erschrocken«, »es war schlimm für uns«, das sind die affektivsten Äußerungen in Interviews noch heute. Eine Ausnahme vielleicht ist das Hausmeisterehepaar, das nach der Zerstörung Hiroshimas die Stellung bei einer weißen Bürgerrechts-Aktivistin kündigte. »Sie haben uns wie Familienmitglieder behandelt. Aber wir können nicht bleiben.« Zwölf Familienmitglieder der Haushälterin waren in Hiroshima in Atom-Asche verwandelt worden, fünfzehn Familienmitglieder des Hausmeisters.

»Sie sind ein guter Mensch, und Sie hätten bestimmt nie die Bombe abgeworfen. Aber wir können danach nicht mehr bei weißen Amerikanern bleiben. Wir müssen unter Japanern leben« (1984, S. 266).

Anfang 1945 wurden die Lager aufgelöst; sie hatten bis dahin schon über 250 Millionen Dollar gekostet, und das Ende des Krieges war in Sicht. Viele Insassen stürzte das in eine neue Krise. Sie hatten Angst vor der Feindseligkeit der amerikanischen Bevölkerung und fühlten sich inzwischen in den Lagern sicherer. Das letzte Lager wurde im März 1946 geschlossen. Viele Japano-Amerikaner der Ersten Generation fanden nie wieder in eine tragfähige Existenz zurück; sie konnten das Trauma der Absonderung und Ächtung nicht überwinden und sich in einer Nation, die zwei japanische Großstädte vernichtet hatte und dies allenthalben mit »Atomic-Cafés« feierte, nicht mehr zurechtfinden. Rückzug in die community, Unauffälligkeit waren die Lehren, die die japanische Minderheit in den Nachkriegsjahren aus der vorangegangenen Diskriminierung zog. Das trug dazu bei, daß das Unrecht gegen Amerikaner japanischer Abstammung längst nicht so tief ins amerikanische Bewußtsein gedrungen ist wie das Unrecht gegen Indianer oder Schwarze. Es ging sozusagen in den größeren Rassenkonflikten unter.

Erst in jüngster Zeit, in den späten siebziger Jahren, wurde die Diskriminierung der Japaner im Zweiten Weltkrieg neu beleuchtet, diesmal unterstützt vor allem durch Aktivitäten der Sansei, der Dritten Generation.

1980 wurde vom Kongreß ein Untersuchungsausschuß für die Aktionen gegen Japaner im Zweiten Weltkrieg eingesetzt (»Ungesetzliche Umsiedlung und Internierung von Zivilisten im Krieg«). Im Juni 1983 machte dieser Ausschuß den Vorschlag, an jeden der noch lebenden 60.000 Amerikaner japanischer Abstammung, die interniert worden waren, eine Entschädigungssumme von 20.000 Dollar zu zahlen, als »Akt einer nationalen Entschuldigung für schwerwiegende Ungerechtigkeit«. Überdies sollte die Nation sich bei den Japano-Amerikanern offiziell durch eine Erklärung des Kongresses entschuldigen. »Eine Nation, die gegenüber ihren Bürgern gerecht bleiben will, darf ihre Verfehlungen nicht vergessen«, sagte Joan Z. Bernstein, die Vorsitzende der Kommission. Der Bericht der Kommission veranschlagte die Verluste der japanischen community durch die Konfiszierung ihres Eigentums in den ersten Kriegsjahren auf 62 Millionen Dollar nach heutigen Preisen.[64]

Diese Initiative – zumindest die Reparationsleistungen – hatten wenig Aussichten im Kongreß und sind inzwischen schon abgelehnt.[65] Über anti-japanische Reaktionen der Öffentlichkeit auf diese Initiative ist jedoch nichts bekannt geworden. Einzig der damals mit der Evakuierung betraute John McCloy, später Hochkommissar in Deutschland, inzwischen 88-jährig, steht heute noch voll hinter der Evakuierung. Er sei »entsetzt« über diese Initiative, ließ er wissen und kündigte eine »Untersuchung des Untersuchungsausschusses« an. Die Zwangs-Umsiedlung sieht er noch heute als »das logische und faire Resultat einer extremen Provokation, die unsere erste Verteidigungsfront im Pazifik binnen fünfzehn Minuten zunichte gemacht hat.« Wenn jemand sich zu entschuldigen habe, dann, so McCloy, die japanische Regierung. Ungerechtigkeiten gebe es in jedem Krieg[66] ...

Wenn also dieser Wiedergutmachungs-Appell kaum materielle Folgen hatte, ist er doch nicht ganz ohne Bedeutung in einem Jahr, wo die Wirtschaftskrise in den USA die anti-japanischen Ressentiments neu belebt. Japan gilt als größte Konkurrenz der amerikanischen Industrie. Monatelang fanden Besitzer japanischer Autos in Detroit ihren Wagen mit eingeschlagenenen Fenstern vor, und auch in anderen Städten des Kernlandes der Metallindustrie haben in den vergangenen Jahren Amerikaner asiatischer Herkunft Feindseligkeiten und Übergriffe erlebt. Deshalb wurde die Wiedergutmachungs-Initiative von der japanisch-amerikanischen Liga als »symbolische« dankbar begrüßt.

Rassismus im Krieg (2): Blutspenden – rassengetrennt

»Ihr seid die ersten schwarzen Panzerführer, die je in der amerikanischen Armee eingesetzt worden sind. Ich möchte, daß Ihr Euch in ehrenvolle Erinnerung bringt, Euch und Eure Rasse. Ich möchte, daß Ihr mich zum Lügner macht. Wenn Ihr in die Kampflinien kommt – und Ihr werdet in die Kampflinien kommen – und Ihr seht diese Schweine von Krauts: dann spart nicht mit Munition« (1984, S. 266).

General Patton zum ersten schwarzen amerikanischen Panzer-Batallion, 1944. Daran erinnert sich eine ehemaliger GI vierzig Jahre später und er fügt hinzu: »Natürlich mußten wir Schwarzen grinsen. Da steht ein Weißer und sagt uns, wir sollen andere Weiße erschießen. Zum Lachen!«

Über eine Million Schwarze hat während des Zweiten Weltkrieges in der US-Armee gedient. Im Gegensatz zum Ersten Weltkrieg jedoch, als der Bürgerrechtler W.E.B. Du Bois die Schwarzen für die Dauer des Krieges aufgefordert hatte, »alle Kritik zurückzustellen«, war ihre Haltung nun differenzierter. Die Werbung um den good will der Weißen hatte sich für die schwarze Minderheit in den zwanziger Jahren nicht ausgezahlt. Während des Zweiten Weltkrieges lautete der Tenor der schwarzen Presse: Der Kampf um rechtliche und soziale Gleichstellung der Schwarzen war die »erste Front«, und in zweiter Linie würde man für den nationalen Sieg kämpfen. Die Haltung war militant – aber sie deckte sich nicht in allen Punkten mit dem Patriotismus des weißen Amerika. Zu Hilfe kam der schwarzen Bewegung, wie Gunnar Myrdal schon vorhergesagt hatte, die Diskreditierung rassistischer Theorien durch die Auswirkungen des deutschen Faschismus, die in Amerika zunehmend bekannt wurden. Es wurde üblich in der schwarzen Presse, zum Beispiel in den »Amsterdam News«, »Rassendiskriminierung und Segregation, überhaupt das gesamte System der Rassenbeziehungen in den USA« mit dem »Nazi-System« gleichzusetzen. Die schwarze Presse führte die »Double V (victory) Kampagne«, sie rief auf zum Kampf für den Sieg im Innern und an der Front. Allen war klar: die Weißen würden einen Preis dafür zahlen müssen, daß die Schwarzen im Krieg ihren Kopf hinhielten.[67]

Zunächst jedoch scheint sich die Segregation innerhalb der Army eher noch verstärkt zu haben. 1941 wurden Regelungen zur Segregation im militärischen Bereich beschlossen, die den massivsten Vorstellungen des Südens entsprachen. Schwarze durften weder in der Marine noch in der Luftwaffe dienen. Die Infanterie ließ schwarze Soldaten nur in der Etappe zu, und die wenigen schwarzen Offiziere durften nur in schwarzen Einheiten befehlen. Nie sollte ein schwarzer Offizier ranghöher sein als ein weißer derselben Einheit. Die radikalste Einschränkung war die Trennung der Blutspenden und die Verteilung von Blutplasma nach Hautfarbe.

Solche Versuche, das alte Kastensystem auch über die Kriegsjahre zu retten, mußten über kurz oder lang an der gewandelten Zusammensetzung der Armee scheitern. 1941 waren es 100.000, aber 1944 schon siebenmal soviele schwarze GIs, und die meisten von ihnen kamen aus dem Norden, wo sie relativ größere Freiheiten gewohnt waren. (Im August 1942 verlangte deshalb der Gouverneur von Alabama, daß Schwarze aus Nordstaaten künftig nur in Ausbildungslager im Norden geschickt würden.) Allmählich begann die Armeeführung einzusehen, daß dieser rassistische Code, der ständige tägliche Reibereien und auch massivere Konflikte in Ausbildungslagern auslöste, die Moral eines immerhin beträchtlichen Teils der gesamten Armee untergrub.

Nachdem Philipp Randolph, der Vorsitzende der Schwarzen Eisenbahner-Gewerkschaft, mit einem Marsch von Hunderttausenden auf Washington drohte – unter der Parole: WIR LOYALEN AMERIKANISCHEN BÜRGER VERLANGEN DAS RECHT FÜR UNSER LAND ZU ARBEITEN UND ZU KÄMPFEN – ergingen ab 1943 erste Erlässe zur Desegregation der Armee. Jetzt durften in Europa zunehmend schwarze Einheiten an der Front eingesetzt werden. »In Louisiana hatte ich soviele Vorteile erlebt – in Europa war es vergleichsweise ein Witz« (1984, S. 166), erinnert sich ein schwarzer ehemaliger GI. Und ein anderer: Als er Buchenwald gesehen hatte, wollte er alle Deutschen umbringen. Nach dieser ersten Reaktion habe er weiter gedacht: »Wenn es in Deutschland passiert ist, kann es überall passieren. Mir könnte es auch passieren. Es könnte den Schwarzen in Amerika passieren.« Beides, so kann man vermuten, wirkte auf das Bewußtsein der Schwarzen zurück: die Erfahrung der relativen Unvoreingenommenheit der zivilen Bevölkerung in Europa und die Greuel des organisierten Rassismus.

Die Kriegsjahre brachten die Rassenbeziehungen in heftige Bewegung. Der Andrang vieler Schwarzer in für sie bis dahin verschlossene gesellschaftliche Bereiche (Kriegsindustrie, Gewerkschaften, Armee) löste Abwehr der Weißen aus und verschärfte zunächst die Gegensätze. Vor allem im Süden wurden die Segregationsgesetze (Jim-Crow-Gesetze) von Schwarzen nun unterlaufen. Die Stadtverwaltung von Charleston, eine für ihre traditionelle Südstaaten-Höflichkeit berühmte Stadt, ließ daraufhin in Bussen folgende Hinweistafeln anbringen:

»Wenn sich die Menschen aus den Rassen dieses Landes nicht zusammennehmen, ist unser Sieg in Frage gestellt. Deshalb wollen wir höflich auf die Gesetze und Gebräuche dieses Staates bezüglich der Segregation hinweisen. Vermeiden Sie Reibereien ... Seien Sie patriotisch. Weiße Passagiere sitzen in den vorderen bis mittleren Reihen, farbige Passagiere in den hinteren bis mittleren Reihen.«[68]

Vierzig Jahre später klingt das unglaublich, aber es zeigt, wie zutiefst *selbstverständlich* die Etikette der Segregation den weißen Südstaatlern noch war, eine scheinbar *natürliche* soziale Form. Wie hätte sich diese Tradition auch binnen einiger Monate umdrehen sollen? Die Bürgerrechtsbewegung war in den dreißiger Jahren noch sehr schwach. Zwischen 1933 und 1935 waren von Lynch-Partys dreiundsechzig Schwarze ermordet worden. Ein von Bürgerrechtsorganisationen eingebrachter Gesetzentwurf, der die bundesstaatliche Verfolgung von Lynchjustiz forderte, wurde 1938 durch parlamentarische Tricks ausgeschaltet. Die Vorlage erhielt im Kongreß keine Mehrheit. Es war also in den Jahren des Nationalsozialismus in Deutschland in den USA unmöglich, ein Gesetz zu verabschieden, das Lynch-Justiz gegen Schwarze als bundesstaatliches Vergehen definierte!

Anfang 1942 gab die Regierung aus Unsicherheit über die Kriegsmoral der schwarzen Minderheit eine Meinungsumfrage in Harlem in Auftrag: Falls die USA den Krieg verlieren würden, würde es dann den Schwarzen unter »deutscher Herrschaft« oder unter »japanischeer Herrschaft« besser, schlechter oder gleich gut gehen? Aus den Antworten sprach eine deutlich negativere Einstellung gegenüber Deutschland als gegenüber Japan. Nur 1 % der Befragten konnten sich vorstellen, unter den Deutschen »besser« zu leben. 22 % immerhin erwarteten sich dadurch »keine Veränderung«, 63 % glaubten, daß es ihnen schlechter gehen würde. Demgegenüber gaben 18 % an, daß es ihnen unter japanischer Herrschaft besser gehen würde, immerhin 31 % waren der Meinung, daß sich »nichts verändern« würde, und nur 28 % glaubten, daß es ihnen unter einer japanischen Regierung schlechter gehen würde. (Die pro-japanischen Äußerungen waren übrigens gegenüber schwarzen Interviewern häufiger.)[69]

Daß sich bei einer Niederlage der USA die soziale Lage der Schwarzen kaum wesentlich verschlechtern könnte, war keine unrealistische Einschätzung. Noch 1940 war die Arbeitslosigkeit anhaltend hoch (über 20 % innerhalb der schwarzen Minderheit), die Arbeitsplätze von Schwarzen waren gekennzeichnet durch niedrigere Löhne, durch schlechte Arbeitsbedingungen und fehlende Aufstiegschancen. 1940 waren von 100.000 Arbeitern in der Flugzeugindustrie nur 240 Schwarze, beschäftigt als Hausmeister oder in der Gebäudereinigung; in anderen Rüstungsbetrieben (elektrische Industrie, Gummi) sah es nicht anders aus. Diskriminiert wurde genauso im öffentlichen Dienst: Schwarze wurden für unqualifizierte Tätigkeiten und nur ausnahmsweise als Büroangestellte eingestellt. Auch 1941 änderte sich daran nichts. Die qualifizierten Arbeitsplätze der Rüstungsindustrie wurden zunächst von den Weißen, darunter viele ethnische Amerikaner, besetzt. Für sie, nicht für Schwarze, waren auch die Berufsbildungsprogramme der Kriegsjahre gedacht. Schwarze rückten nach in die von Weißen verlassenen unqualifizierten Arbeitstätigkeiten, zugleich gingen durch die Mechanisierung und Automatisierung während der Kriegsjahre viele traditionelle schwarze Arbeitsplätze (körperlich schwere Arbeitstätigkeiten) verloren. Die mechanisierten Arbeitsplätze galten weiterhin als Domäne der Weißen und die Gewerkschaften vertraten mit wenigen Ausnahmen nicht die Interessen der Schwarzen. Die Beziehung zwischen Schwarzen und den Gewerkschaften war in der Vergangenheit oft gespannt gewesen; wiederholt waren Schwarze als Streikbrecher eingesetzt worden, und die Mehrheit der schwarzen Arbeiter hatte sich daran gewöhnt, im Boss den Verbündeten und in den Gewerkschaften ihre Gegner zu sehen.

Erst ab 1943, als die Arbeitskräfteknappheit noch akuter wurde, geriet der segmentierte Arbeitsmarkt etwas in Bewegung. Noch im Sommer 1942 war der Anteil der Schwarzen an der Gesamtarbeitskraft nur 3 % gewesen. Drei Jahre später waren es schon 8 %. Insgesamt wurden über eine Million Schwarze, davon zwei Drittel Frauen, während der Kriegsjahre in den Arbeitsmarkt integriert.

Die beginnende Integration von Schwarzen in neue gesellschaftliche Bereiche war während der Kriegsjahre unvermeidlich, sie hat zugleich auch die Widerstände und die Rassenauseinandersetzungen verstärkt. Ein Indiz unter anderem sind die Gettoaufstände während der Kriegsjahre. Zu den militantesten Auseinandersetzungen kam es in den größeren Städten, wo die massenhafte Migration die etablierten Rassenbeziehungen erschüttert hatte. Die Zuwanderung von Zehntausenden Weißen und Schwarzen hatte in diesen Städten auf dem Wohnungssektor und in den öffentlichen und sozialen Diensten zu einer äußerst angespannten Situation geführt. Detroit z.B. war ein Pulverfaß. Von 1940 bis 1943 war eine halbe Million Menschen, davon 60.000 Schwarze nach Detroit gezogen. Die Wohnverhältnisse waren katastrophal: Über 50 % der schwarzen Familien und 15 % der weißen Familien lebten in »unzumutbaren Unterkünften«. In den neuen Gettos der Kriegsjahre lag die Sterblichkeitsrate (Tuberkulose) fünfmal so hoch wie in der gesamten Stadt. Konflikte mit der jüdischen community, und vor allem mit der polnischen community, die den Wertverlust ihrer hart erarbeiteten Häuser befürchtete und die Ansiedlung von schwarzen Familien um ihre katholischen Kirchen herum voll Widerwillen beobachtete, nahmen zu. Im Juni 1943 explodierte das Getto von Detroit (»Paradise Valley«) in einer der blutigsten Rassenauseinandersetzungen der amerikanischen Geschichte.

Der Anlaß war eine Lappalie; am folgenden Tag eskalierten die Kämpfe derartig, daß die Polizei von Detroit Bundeshilfe anforderte. Sechstausend Bundessoldaten marschierten ins Getto von Detroit und erzwangen Ruhe. Fünfundzwanzig Schwarze und neun Weiße waren umgekommen, mehrere Hundert Verletzte und Millionen Sachschäden waren die Bilanz von zwei Tagen Bürgerkrieg an der amerikanischen homefront.[70] Ein schwarzer Lehrer aus Chicago erinnert sich 1983: »als ich in die Armee eingezogen wurde, sagte mein Vater: Was zum Teufel willst du in Europa kämpfen. Der Kampf findet hier statt. Geh lieber nach Detroit!« (1984, S. 278).

Die verschärften Rassenkonflikte der Kriegsjahre (»die erste Front« in der »Amsterdam News«) sind zugleich Ausdruck einer allmählich gestärkten Position der Schwarzen. Eindeutig hatte sich nach dem Krieg ihre Stellung im Vergleich zu den Vorkriegsjahren verbessert, und diese Entwicklung setzte sich auch in den Nachkriegsjahren fort. 1939 hatte das Einkommen der Schwarzen nur 41 % des Einkommens von Weißen betragen, 1947 waren es schon 54 %, und 1960 60 %. 1940 waren unter 12 % der schwarzen Arbeitskraft angelernte Arbeiter, 1950 waren es 21 % und 1960 24 %. Die größten Zugewinne der Schwarzen lagen im öffentlichen Dienst: von 50.000 schwarzen Angestellten im Jahr 1933 zu 200.000 im Jahr 1946.[71]

Exkurs
»GI-Joe«: Modell für den neuen Amerikaner. Die Frontberichterstattung von Ernie Pyle

Weil die Kriegsschauplätze durch Ozeane von den USA getrennt waren, wurde die Frontberichterstattung eminent wichtig für das Bild des Krieges, das die Bevölkerung gewann und gewinnen sollte. Es ging in diesen Reportagen nicht nur um Informationen über den Kriegsverlauf. Unter der Hand nahm in dieser Berichterstattung auch ein neuer Sozialtyp des »durchschnittlichen Amerikaners« (der GI-Joe der Kriegsjahre) Gestalt an. Dieses Modell des »modernen Amerikaners« war ein populäres Angebot, und es wurde wegweisend für Millionen von jungen Männern. Und nicht nur für sie: auch die Bevölkerung im Heimatland, für die die Frontberichterstattung ja gedacht war, wünschte sich offensichtlich diese Identität ihrer Männer im Feld.

Die Nachsozialisation an der Front war eine assimilierende; sie löschte viel von der amerikanischen ethnischen Vorgeschichte. Diese Amerikanisierung schildert – ohne den Begriff je zu gebrauchen – ganz besonders plastisch der Kriegskorrespondent Ernie Pyle.

Ernie Pyle war während des gesamten Zweiten Weltkrieges Amerikas beliebtester Kriegskorrespondent. Seine Kolumne erschien an sechs Tagen der Woche in 310 Zeitungen mit einer Gesamtauflage von zwölfeinhalb Millionen. Millionen Amerikaner an der homefront lasen ihn täglich, schrieben ihm Briefe, beteten für ihn und riefen in den Redaktionen an, um sich nach seinem Wohlergehen und nach seiner Sicherheit zu erkundigen. An der Front war er bekannt bei Generälen und GIs, wurde umlagert, wo immer er auftauchte, und man vertraute ihm. Das Kriegsministerium und das Oberkommando der Front schätzten ihn als wichtige Stütze der Kampfmoral und erkannten in ihm zugleich ein Stimmungsbarometer: zwischen den Zeilen suchte man nach Andeutungen und Kritik. John Steinbeck in Time Magazine: »Wenn Ernie Pyle morgen fällt – womit man ja immer rechnen muß – wird es lange dauern, bis die Amerikaner *Ernie Pyles Krieg* vergessen.«

Ernie Pyle war unscheinbar, klein und kahlköpfig und steckte in abgetragener brauner Uniform. Ihm, »der Kriege haßte und die Männer, die in ihnen kämpfen mußten, liebte und verstand« (Klappentext von »Brave Men«, Ausgabe 1944) gelang es, diesen technisiertesten Krieg der amerikanischen Geschichte und die Kampfschauplätze anschaulich zu machen und mit seinen Reportagen zwischen der Front und der Bevölkerung in Amerika zu vermitteln. Vor ihm hatten schon andere Reporter über die menschlichen Seiten des Kriegs berichtet, aber ihre Geschichten setzten meist an Dramatischem an, an Heldentaten, die aber die unerträgliche Langeweile des jahrelangen Frontalltags in Wirklichkeit nur selten unterbrechen. Ernie Pyle erzählte stattdessen Alltägliches. Er erzählte den Krieg des kleinen Mannes. John Steinbeck über Ernie Pyle:

»Es gibt in Wirklichkeit zwei Kriege, und sie haben nicht viel miteinander zu tun. Es gibt den Krieg der Karten und Logistik, der Feldzüge, Armeen, Divisionen und Regimenter – und das ist der Krieg von General Marshall. Daneben gibt es aber auch den Krieg der einfachen Männer, voller Heimweh, abgeschlafft, oft zu Späßen aufgelegt und manchmal gewalttätig, die ihre Socken im Stahlhelm waschen, sich übers Essen beschweren, arabischen Mädchen, oder überhaupt allen Mädchen nachpfeifen und sich irgendwie durchschlagen durch das schmutzigste Unternehmen, das die Welt je gesehen hat, und das mit Humor und Würde und Mut – und das ist Ernie Pyles Krieg. Er kennt ihn so gut wie irgend jemand und beschreibt ihn besser als irgend jemand« (Klappentext »Brave Men«, Ausgabe 1944).

Geheimnis seines Erfolges war seine scheinbare »amerikanische Durchschnittlichkeit«. Vom »durchschnittlichen GI-Joe« unterschied er sich aber doch durch seine präzise und nur scheinbar zufällige Beobachtung. Seine Berichte wirkten auf den ersten Blick kunstlos (»jeder halbwegs intelligente GI könnte solche Briefe von der Front nach Hause geschickt haben«) dahinter verbarg sich jedoch eine Präzision des veranschaulichenden Details (und auch ein bezeichnendes Weglassen von Details!), die journalistisch höchst professionell ist.

Ernie Pyle traf »den Ton« nicht nur, er schuf ihn auch zugleich. Es gelang ihm, nicht nur realistisch, dokumentarisch zu wirken, sondern »ehrlich«, authentisch. Daß man vom Frontalltag auch noch ein anderes Bild hätte zeichnen können, ein gewiß widersprüchlicheres, menschlich weniger optimistisches, dieser Gedanke kommt einem selbst heute beim Lesen erst spät – so ausgezeichnet beherrscht er die Kunst des »naiv-authentischen Berichts«. Er berichtet zum Beispiel nie über Kritik an der Armeeführung, die doch wohl in jeder Armee alltäglich ist. Auch über Rassenkonflikte kein Wort. Vielleicht war es das Geheimnis seiner Popularität, daß er diese Ebene fand, eine bei allem Realismus harmonisierende, den Krieg vielleicht auch verharmlosende. Was er schrieb, konnten *alle*, auch an der Front, akzeptieren.

Der Sozialtyp des »GI-Joe« entstand erst während des Zweiten Weltkriegs. Es gab bis dahin keine »amerikanische Soldaten-Identität«, die alle GIs hätten teilen können. Viele ethnische Gruppen verfügten überhaupt nicht über solche historische Soldaten-Identitäten. Bei den Calabresen, Sizilianern, in ihrem Familismus, ihrer Feindseligkeit gegenüber zentraler staatlicher Autorität, war der Krieg nicht kulturell besetzt. Eher vielleicht bei den Slawen – jedoch allenfalls aus mittelalterlichen Zeiten. (An die heroische Tradition und Waffenromantik der montenegrinischen Bergkrieger mochte vielleicht Titos Partisanen-Armee anknüpfen, aber ob solche Traditionen die Emigration nach Amerika überlebt hatten, war die Frage; und ohnehin wäre es für den technisierten US-Krieg eine sehr disfunktionale Einstellung gewesen.) Die Juden waren in Europa jahrhundertelang vom Armee-Dienst ausgeschlossen gewesen. An die deutsche Militärtradition wollte man natürlich auch nicht appellieren. So wurde im »GI-Joe« ein neuer Sozialtyp des Soldaten geschaffen, in dem sich alle wiederfinden konnten.

Im Index von Ernie Pyles zweitem Band seiner gesammelten Reportagen (»Brave Men«, 1944) findet man ethnische Namen aus verschiedenen Herkunftsländern: Charles Corte, Pat Donadeo, Red Mueller, Joe Pacucci, Nicholas Kardos, Robert Springmeyer, John Trujillo, George Razevich, Herschel Grimsley, Manuel Gomez, Joseph Samuelson, Steve Ujhelij. Alle werden mit größter Sympathie und Männerfreundschaft beobachtet und beschrieben, im Schützengraben, im Feldlazarett, im Jeep, aber ihr ethnischer Hintergrund wird nie zum Thema. Wo die deutsche Kriegsberichterstattung in der Charakterisierung des »deutschen Kämpfers« mit wenigen Adjektiven auskam, schildert Pyle differenziert und psychologisch, und er läßt immer das Zivile durchschimmern (»Hauptmann Vitale hatte in Philadelphia ein kleines Hotel«, »Seargent Swartz aus Manhattan hatte gerade seine zweite Tochter bekommen«), aber das ist *amerikanische,* nie ethnische Vorgeschichte und Privatleben, das hätte sozusagen jeder andere auch so haben können. Jahrelang aßen an der Front alle dasselbe, sprachen denselben Jargon, besuchten gemeinsam die Front-Kulturveranstaltungen. Auch diese Front-Kulturveranstaltungen hatten keine ethnischen Elemente mehr, sie waren »rein amerikanisch«: Bob Hope und andere Entertainer gaben an einem Abend in Neapel vor zwanzigtausend Zuschauern und am nächsten Abend in Anzio vor sechzehntausend Zuschauern »A touch of America«. Diese Amerikanisierung der Alltagskultur an der Front hat sich auch in den Nachkriegsjahren nie mehr ganz aufgelöst.

In den Ländern und Städten, in die die US-Armee einmarschierte, wurden die Amerikaner meist freudig begrüßt. Aber dort wurden sie schlicht als Amerikaner, nicht als »ethnische« Amerikaner wahrgenommen, nicht als Italo-Amerikaner, Polnisch-Amerikaner etc. Für sie war jeder GI eben Amerikaner. Auch das wird auf die Armee selbst zurückgewirkt haben. Und wie war er nun, der GI-Joe?

GI-Joe ist kein Berufs-Soldat, sondern Soldat auf Zeit. Das betont Pyle immer wieder. Deshalb kann er auch bedenkenlos vom Heimweh des GI-Joe berichten. »Nach Hause: das einzige wirklich tiefe Ziel, das jeden Amerikaner bewegt, der auf fremdem Boden marschiert.« (Laut Pyle geht es sogar den Generälen ähnlich.) »Zuerst kann das Heimweh einen Mann fast umbringen. ... Aber irgendwann lebt der Mann ganz dort wo er ist. Sein Leben hat seinen Körper eingeholt, seine Tage werden ganze Kriegstage, statt amerikanische Tage, die nach Afrika verpflanzt sind.«[53] An die Stelle des Heimwehs tritt eine gewisse Kriegsmüdigkeit, die Pyle nicht verschweigt – man denke an die deutsche Frontberichterstattung zur selben Zeit! Er kolportiert immer wieder kleine Beobachtungen, wie die Männer den Krieg absurd (»crazy«, »silly business«) finden. Auch seine eigene Kriegsmüdigkeit verschweigt er nicht: nach zwei Jahren an der Front spürt er, daß ihn nichts mehr beeindruckt, daß er stumpf geworden ist. Aber was soll man machen, dieser Krieg ist von außen aufgezwungen, man muß ihn so vernünftig absolvieren wie möglich. ... Das ist der gewissermaßen sachliche Patriotismus des GI-Joe. »Rausziehen kann man sich nicht«, das scheint außer Diskussion. »Anfangs war in den Gesprächen der Männer ihr Ziel nur die Freiheitsstatue. Jetzt hört man schon öfters vom Arc de Triomphe und von Unter den Linden« (Pyle, 1945, S. 137). Jeder Hügel vorwärts durch Süditalien auf Rom zu ist ein Schritt »nach Hause«.

GI-Joe ist unheroisch: Militärische Ehren bedeuten ihm nichts. Achselzuckend berichtet Pyle über die Verleihung von Tapferkeitsorden: »Zu solchen Veranstaltungen bin ich eigentlich nie hingegangen: Bloß einmal, als zufällig zwei Freunde dabei waren, habe ich mir das Theater mal angesehen« (»went to see the show«). Die Kerle tun ihm leid, wie sie stramm stehen müssen und sich offensichtlich unwohl fühlen: »Diese Dinger überreicht zu bekommen, war für sie die größere Qual als sie sich zu verdienen« (Pyle 1944, S. 82). Nie ist der GI zackig. Er ist easy, humorvoll, kooperativ, unsentimental. Und gutmütig: bei den Heereskommandos in Sizilien tauchen immer wieder sizilianische Bauern auf, einen Zettel in der Hand, auf dem ihnen quittiert worden war: »Ein Muli requiriert am ... 1943 – Unterschrift: Chuck Johnson.« Die grundehrlichen GIs, das teilt uns Pyle mit, brachten es offensichtlich nicht fertig, den Bauern Tiere und Geräte wegzunehmen, obwohl sie kriegsrechtlich dazu berechtigt waren. Sie vertrauten darauf, daß ihre Armee eines Tages den Schaden schon erstatten würde. Und gerade wenn Pyle von seinen eigenen harmlosen, kleinen Übertretungen berichtet – z.B. steckt er einmal einen Flicken feinster Spitze von der Baronin in einem verlassenen sizilianischen Landsitz ein – teilt er uns damit mit, wie gutmütig und *zivil* die GIs im Grunde sind.

GI-Joe ist nicht militaristisch: »Ich habe in den vergangenen Wochen bestimmt tausendmal die Soldaten sagen hören: wenn wir alle diese Energien bloß in etwas Vernünftiges stecken würden ..!« (ebd., S. 106) Und immer wieder Sympathie für den, der durchdreht, für die Erschöpften, für die Verwundeten und für den, der Angst zeigt. Immer wieder strecken Ernie Pyle die unherorischen Krankheiten der Etappe nieder: Durchfall, Grippe. »Such is Life«, der Krieg wird nicht zum Ausnahmezustand stilisiert.

GI-Joe ist technisch interessiert. Pyles wirkliche Helden, wenn es sie gibt, sind die Ingenieure der technischen Einheiten: (»Sie arbeiteten, als ob der Sieg nur von ihnen abhinge«), aber diese Faszination des Technischen ist unaggressiv, unmilitärisch (im Gegensatz zur »Wunderwaffen«-Propaganda im faschistischen Deutschland). Von der Artillerie erzählt Pyle, wie den GIs das MG (die »Howitzer«), das sie ständig mitschleppen, zuwider ist.

GI-Joe haßt nicht den Feind. Die Deutschen erscheinen bei Pyle als bloßes Hindernis auf dem Weg nach Rom, Paris, Berlin. Sachlich und nicht ohne Sympathie werden die deutschen Gefangenen geschildert.

GI-Joe ist unideologisch. Fanatismus ist ihm fremd. Das gilt vor allem im Verhältnis zur Sowjetunion, der Pyle und alle Soldaten, die er zitiert, größte Achtung entgegenbringt, und von deren unvergleichlich schwererer Belastung in diesem Krieg die amerikanische Armee weiß. »Wenn Uncle Sam mir je sagt, daß ich gegen die Russen kämpfen soll, lege ich mein Gewehr hin und gehe nach Hause. Ich könnte nie gegen Menschen kämpfen, die das geleistet haben«, sagt ein GI (ebd.).

Im Verlauf der zwei Jahre von Ernie Pyles Frontberichterstattung wandelt sich der Tonfall. Immer schreibt er lakonisch und unpathetisch, aber nur in den ersten Monaten nach dem Kriegseintritt der USA mit verharmlosenden Metaphern wie: »Manchmal ist der Krieg wie Hollywood«, »In Tunesien haben wir uns erst für den Krieg aufgewärmt« (Pyle, 1944, S. 47); zwei Zerstörer kreuzen bei der Landung vor der sizilianischen Küste auf und ab, »wie zwei Pferde, die ein Kornfeld pflügen« (Pyle, 1945, S. 24), ein Sanitäterzelt wird abgebaut und wieder aufgeschlagen »geschickt wie im Zirkus« (ebd., S. 52). Dieser saloppe Ton (»a swinging war«) tritt im Laufe der Kriegsjahre mehr und mehr zurück. Seine GIs sind nicht mehr die ausgelassenen Burschen der Landung in Tunesien. Durch die Konfrontation mit dem Nationalsozialismus erhielt der Stolz auf die amerikanisch-demokratischen Prinzipien eine neue Tiefe. Die Feder des populären Reporters bleibt zwar leicht, aber seine Berichte drücken eine neue Ernsthaftigkeit aus. Dieser Lernprozeß der Kriegsjahre war ein gemeinsamer für alle Amerikaner »mit oder ohne Bindestrich«, an der Front wie an der homefront gleichermaßen. Pauline Kael, Filmkritikerin beim »New Yorker« erinnert sich:

»Die amerikanischen Kriegsfilme der frühen vierziger Jahre waren alle gleich; jede Figur war patriotisch und strahlend, jedes persönliche Merkmal ausgelöscht. Die Amerikaner waren wunderbare Typen aus dem Mittleren Westen und ihre Kumpane waren ethnics, Italiener oder Juden aus Brooklyn. ... Die Amerikaner aus dem Mittleren Westen waren so unschuldig, jungfräuliche Burschen. ... Gegen Ende des Krieges nahm niemand diese Filme mehr ab, sie fielen beim Publikum durch« (1984, S. 74).

Als der Krieg vorbei war

Dieser »unschuldige Krieg« war Ausnahmezustand: wie sollte es weitergehen nach dem Sieg? In welches Amerika sollten die schwarzen und die ethnischen Amerikaner zurückkehren?

Gunnar Myrdal[72] hatte für die Jahre nach dem Sieg eine gewaltige »Deflation der großen Ideen« vorausgesagt, »wie nach jedem gewonnenem Krieg«, eine Art Katzenjammer. Die »großen Ideen« verschwanden zwar keineswegs von der Bildfläche, sondern erschienen neu im Gewand der internationalen Führungsrolle der USA. Averell Harriman, ehemaliger Botschafter in Großbritannien und der Sowjetunion erinnert sich an diese Übergangszeit: »Es war Roosevelt, der unsere Politik vom Isolationismus zur führenden Weltmacht im Auge hatte. ... Unser Land ist seitdem nicht mehr dasselbe. Der Krieg hat die Haltung eines jeden verändert. Wir wurden sozusagen über Nacht international«.[73] Und auch der neue, mit dieser Führungsrolle verknüpfte Antikommunismus ließ keinen Mangel an »großen Ideen« erkennen. Aber dieser über Amerikas internationale Machtstellung und den Antikommunismus beschworene innere Konsens unterschied sich wesentlich vom Großen Konsens der Kriegsjahre. Der neue Antikommunismus konnte die Massen nicht recht begeistern. Es mag einzelne fanatische Antikommunisten gegeben haben (vor allem aus den Reihen der neuen Einwanderer aus den Ostblockstaaten, für die in den 50er Jahren die Quoten gelockert wurden), aber Fanatismus ist im amerikanischen politischen Leben stets die Ausnahme gewesen, und »begeisterte

Antikommunisten« kann man sich schlecht vorstellen. Für die amerikanische Bevölkerung kam der Umschlag wohl insgesamt zu rasch. Noch 1944 war allgemein mit Sympathie über die Sowjetunion berichtet worden (Time Magazine: »Die Russen sind fabelhafte Leute ... (»One hell of a people«), im Grunde sehr ähnlich wie die Amerikaner ...«)[74] und eine Umfrage ergab, daß 47 % der befragten Amerikaner die Regierung von »Uncle Joe« (Stalin) die für die Sowjetunion und für ihre Bevölkerung denkbar beste hielten.[75] Der Korea-Krieg (»ein Krieg, der zum ersten Mal für uns irgendwie peinlich war«)[76], ein Krieg um einen Breitengrad, konnte erst recht keine gefühlsmäßige Zustimmung mobilisieren. Insgesamt war der Kalte Krieg vor allem eine politisch-bürokratische Bewegung – die Anlässe blieben irgendwie nebelhaft, es gab ja keine »Grenze« im eigenen Land, keine »Mauer«. ...

Möglicherweise kam jedoch die Politik des Kalten Krieges einer verbreiteten Grundstimmung der Nachkriegszeit auf andere Weise entgegen: Sie vermittelte, daß Politik grundsätzlich unerfreulich ist, daß große politisch-utopische Entwürfe notwendig in häßliche staatliche Kontrollen und Autoritarismus münden, wie es die in diesen Jahren übliche Gleichsetzung von Faschismus=Kommunismus nahelegte. Die Ideologie des Kalten Krieges mag in den USA keine aktive Massengefolgschaft gefunden haben, aber ihre Wirksamkeit lag woanders: sie legitimierte den Rückzug aus der Teilhabe am »Großen Ganzen« ins Unpolitische, in Familiengründung, Hausbau und individuellen sozialen Aufstieg. Der Kalte Krieg wurde innenpolitisch mit Kontrollinstanzen geführt, die einschüchterten und politisches Handeln unterdrückten. Das verwies auf die Sicherheit und Überschaubarkeit des Privaten: Nestbau nach Expansion und den Materialschlachten in entlegenen Winkeln der Erde.

Wie wurde der Übergang erlebt, die Auflösung der unkonkurrenten Kameradschaften an der Front? (»Da waren 15 Kerle, die zum ersten Mal im Leben nicht in Konkurrenz zueinander standen ... wir waren eine Art Stammesgesellschaft gewesen, wo jeder dem anderen ohne Angst helfen konnte ...«) (1984, S. 7). Konnte es nach der Amerikanisierung der Alltagskultur für alle an der Front eine Rückkehr in die alten ethnischen Tagesläufe geben?

Zweifellos hat es Anpassungskrisen gegeben. Ein Bestseller der Nachkriegsjahre, »Der Mann im grauen Flanell«[77], schildert die Reintegrationsprobleme eines Fallschirmspringers in den Alltag eines Angestellten und Familienvaters. Aber der Neuanfang im Privaten scheint das Bedürfnis aller GIs gewesen zu sein. Mario Puzo: »Warum bin ich dann doch wieder in die Falle gegangen, mit Frau und Kind und einem Job im Öffentlichen Dienst, über den ich auch noch froh war? Nach fünf Jahren dieses Traumlebens: viel Frauen, viel Alkohol, kaum Arbeit, interessante Kumpels, Reisen usw. – warum bin ich da in den Käfig von Familie, Pflicht und regelmäßiger Arbeit zurückgekehrt? Aus dem einfachen Grund, weil ich nie wirklich entkommen war. Weder meiner Mutter, noch meiner Familie, noch dem moralischen Druck unserer Gesellschaft. Wieder einmal hatte die Zeit gearbeitet. Ich war zurück im Käfig und war, glaube ich, glücklich.«[78]

Aber der Käfig sah äußerlich etwas anders aus. Schauplatz der massenhaften Familiengründungen (baby boom der Nachkriegsjahre) und der nächsten Etappe der Amerikanisierung waren nicht mehr die alten innerstädtischen ethnischen Quartiere, sondern vor allem die berühmten amerikanischen Vorstädte.

Die Vorstädte der 50er Jahre: Amerikanisierung in Eigenheim, Schule und Kirche

William Levitt, der Vater der rationalisierten Eigenheimproduktion – nach dem die vielen amerikanischen »Levittowns« (Vorstädte) benannt sind – soll einmal gesagt haben: »Kein Hausbesitzer wird je Kommunist. Er hat zuviel zu tun«.[79]

In den 50er Jahren wuchsen die Vorstädte vierzigmal schneller als die großen amerikanischen Städte. Die Betriebe folgen der »weißen Flucht« aus den Stadtkernen in die Vorstadtgürtel, und ein dichtes Straßennetz entstand. Parallel zur Expansion der Vorstädte erlebte die Autoindustrie einen Boom, der bis in die 60er Jahre andauerte. Starthilfen für Veteranen des Zweiten Weltkrieges (GI Bill of Rights) und langfristige Kredite machten den jungen Familien den Eigenheim-Kauf möglich. »Die Jungs kamen nachhause und wollten die verlorene Zeit einholen. Frisch verheiratet. Ein Levittown-Haus kostete 6.000 oder 7.000 Dollar, 4 % Zinsen, keine Anzahlung ...« (1984, S. 184).

Die »Levittowns« – bis zu 18.000 fast identische Häuser, fertig eingerichtet bis zum Gemälde über dem Kaminsims – zogen reichlich Kulturkritik auf sich. Die Soziologen der 50er Jahre charakterisierten sie als konformistisch-repressiv, öde und monströs zugleich. Die Frauen – zurück im nun elektrifizierten Haushalt – waren angeblich nur in Gespräche über Kinder verwickelt (»diaper talk«), die Kinder ihrerseits galten als frustrierte Konsumkinder (»gimme-kids«). Der allgemeine Anpassungsdruck symbolisierte sich im Begriff des »picture window« (dies auch der Titel eines Bestsellers aus diesen Jahren: »Der Sprung im Wohnzimmerfenster«)[80], dem großen, für alle einsehbaren Wohnzimmerfenster, hinter dem sich das heile Familienleben der frisch gegründeten Kleinfamilie der Nachkriegsjahre abspielte.

Diese »Flucht in die Vorstädte« war ein historischer Einschnitt im Alltagsleben Amerikas, sie hat die gesamten sozialen Beziehungen, die Rassenbeziehungen und die ethnische Bindung der Einwanderer-Minderheiten entscheidend verändert. Die Kritik am »Konformismus« der Vorstädte – aus deren Bewohnern sich die Schicht herausbildete, die man heute das »mittlere Amerika« nennt – lag nicht ganz falsch. Die soziale Schichtung der Vorstädte repräsentierte nur einen Ausschnitt der Gesamtgesellschaft, nämlich die Mittelschicht, die sich in den Vorstädten jedoch alsbald differenzierte in »untere Mittelschicht«, »mittlere Mittelschicht« und »obere Mittelschicht«. Es fehlte die Oberschicht, und es fehlten alle marginalisierten Gruppen.

Und vor allem fehlten die Schwarzen. Bis in die 60er Jahre hinein wurden Schwarze vom Hauskauf in den Levittowns und anderen neuen Vorstädten durch unterschiedlichste Tricks und Geschäftspraktiken ausgeschlossen. Diese neue Segregation der Wohnquartiere war im Norden mindestens so ausgeprägt wie in den Südstaaten.

In den 50er Jahren errang die Bürgerrechtsbewegung erste Erfolge im Kampf um die Desegration in den Südstaaten; ein Meilenstein ist 1954 das Urteil des Obersten Gerichtshofes »Brown vs. Board of

Education, Topeka«, das acht Jahrzehnte Segregation an öffentlichen Schulen aufhob, und nach dem Busstreik von Montgomery 1958 wurde sie auch in öffentlichen Verkehrsmitteln aufgehoben. Aber gerade in diesen Jahren, als der Kampf um Rechtsgleichheit von Schwarzen erstmals seit Jahrzehnten Erfolge hatte, kam es gleichzeitig zu einer neuen massiven Rassentrennung der Wohnquartiere, und damit verbunden natürlich auch zur ungleichen Verteilung von Bildungschancen, von Chancen auf dem Arbeitsmarkt. Dieser neue, moderne Rassismus des segregierten Lebens in weißen Vorstädten einerseits und den zunehmend verfallenen Stadtkernen oder den ebenfalls zu Slums absinkenden »alten« Vorstädten, wurde später in den 60er Jahren »struktureller« oder »institutioneller« Rassismus genannt. Man fragt sich, wie beides zusammenhing: Ob die ersten Erfolge der Bürgerrechtsbewegung auf formalrechtlichem Gebiet nicht nur deshalb möglich waren, weil mit der »Flucht in die Vorstädte« die von einer erkämpften Chancengleichheit für Schwarze sozial besonders betroffenen Schichten einen Ausweg gefunden hatten? Oder verstärkte sich die Flucht in die Vorstädte, als die Konkurrenz mit Schwarzen Realität zu werden drohte?

Der Exodus in die amerikanischen Vorstädte veränderte auch die ethnische Bindung, die Selbstdefinition der Einwanderer-Minderheiten der Zweiten und Dritten Generation. Die Nachkriegsjahre waren Neuanfang in verschiedener Hinsicht. Man zog einen Strich unter die Erfahrungen der Kindheit und Jugend in den Poletowns, Slovak Hills oder Little Italys von Detroit, Pittsburgh oder Manhattan. Die jungen Familien, die »Pioniere der Vorstadt«, steckten bis über die Ohren in dem, was man Aufbau einer neuen Existenz nennt. Sie mußten Darlehenszinsen aufbringen, sie sparten für ein College-Studium der Kinder, sie mähten den Vorgarten und schoben ihre Kleinkinder im Buggy zum Einkaufszentrum. Der Blick der ethnischen Verwandtschaft ruhte zwar weiterhin auf den jungen Familien in der Vorstadt, an Wochenenden und Feiertagen besuchte man sich (mit ambivalenten Gefühlen auf beiden Seiten, ähnlich wie damals beim Wiedersehen von Auswanderern und Familienangehörigen im Heimatland), aber im Alltag mußte man ohne die Stützen der ethnischen Verwandtschaft auskommen – die Kinderversorgung z.B. lag nun bei den jungen Frauen allein.

In diesen neuen normierten Fertig-Heimen der Vorstädte war nicht viel Platz für Tradition, für Ethnisches, und das scheint niemand besonders vermißt zu haben. Durch elektrifizierte Haushalte und Fertiggerichte vom Supermarkt änderten sich Eßgewohnheiten. Das Ethnische wirkte obsolet, es wurde sozusagen entrümpelt (worüber 20 Jahre später die »new ethnics« Klage führen werden). In den Jahren der Wachstumsindustrien, der allgemeinen Automobilisierung, in den Hochzeiten des amerikanischen Produktivismus war man von anderem fasziniert als von Kalendern mit dem Aufdruck eines ukrainischen Begräbnisinstituts oder von Mamas Waschbrett (ein Prozeß, der sich, als »Amerikanisierung«, einige Jahre später ebenso in den europäischen und asiatischen Herkunftsländern wiederholte). Soziologen kritisierten die kulturelle Nivellierung (»Einsame Masse«) und auch von Europa aus betrachtete das Bildungsbürgertum das amerikanische Alltagsleben mit Abscheu und Überheblichkeit (während die Amerikanisierung der Bundesrepublik de facto voranschritt).

Die 50er Jahre sind die Jahre des massenhaften Sprachwechsels von Muttersprachen zum Amerikanischen.[81] Die ethnische Presse hat sich vom Leserschwund dieser Jahre nie wieder erholt. Die 50er Jahre sind auch die Jahre der sprunghaft ansteigenden Einbürgerungen. War 1946 die durchschnittliche Aufenthaltsdauer der Eingebürgerten 24 Jahre in den USA, so sank sie 1956 bereits auf durchschnittlich 7 Jahre!

An den »Wurzeln«, den Herkunftskulturen, schien niemand recht interessiert. Sicher nicht der maßgebliche Grund, aber doch auch ein Grund unter anderem, war die Diffamierung der ethnischen Herkunft in den Jahren der McCarthy Ära. 1947 war das gesamte ZK der amerikanischen KP verhaftet und zu längeren Gefängnisstrafen verurteilt worden. (Nachdem die KP im Krieg so loyal gewesen war! Nachdem sie während der Kriegsjahre ihren Mitgliedern jede Beteiligung am Streik verboten hatte!) 1947 wurde eine Untersuchung von 4.984 der »militantesten« Mitglieder der KP (bis auf 217 waren alle amerikanische Staatsbürger!) durchgeführt. Sie erbrachte, daß 78,4 % Einwanderer, oder Kinder von Einwanderern waren.

Weitere 13 % waren mit Partnern nichtamerikanischer Herkunft verheiratet. Beides zusammengezählt (!) ergab ganze 91,4 %.[82] Demnach: der Kommunismus (das sollte damit bewiesen werden) war im Grunde kein *inneramerikanisches* Problem, er war eine »von außen« importierte Gefahr. Ethnische Herkunft konnte zum ersten Indiz für politische Unzuverlässigkeit werden.

Im Alltag der Vorstädte verheimlichte man nicht gerade die ethnische Herkunft – man zog ja manchmal in größeren Gruppen um, z.B. die jungen Italiener nach Long Island, die jungen Polen in eine bestimmte Vorstadt von Detroit, die Slovaken nach Parma, Ohio, oder Columbia Heights, Minnesota. In diesen »ethnischen Vorstädten« fand man sich häufig in derselben ethnischen Zusammensetzung wieder, die man glaubte, im Getto zurückgelassen zu haben. Der Nachname verriet zwar die ethnische Vorgeschichte. Aber: »man achtete nicht so darauf«, das Ethnische wurde Privatsache, oder es wurde ganz vergessen.[83]

Nivellierende Wirkung hatte auch die *Schule,* die gesteigerte Bedeutung von Erziehung für soziale Mobilität. In den Nachkriegsjahren verwandelte sich die ehemals kapitalbesitzende Mittelschicht zunehmend in eine Angestelltenschicht. Positionen wurden über Bildungserfolg vergeben, die Schule wurde zur fast ausschließlichen gesellschaftlichen Aufstiegsleiter. Das begann schon mit dem massenhaften College-Besuch der Veteranen des Zweiten Weltkriegs, finanziert über das GI Bill of Rights. Ein Italo-Amerikaner erinnert sich:

»Wir gingen zum College. Alle in unserer Nachbarschaft wurden Akademiker. Die ganzen Typen, deren Mütter noch Italienisch sprachen – jeder ist heute Ingenieur oder Apotheker. Jedes Arschloch konnte Apotheker werden. Mein Bruder ist z.B. »Metallurge«. Wir hatten noch mehr Ellenbogen as die Juden. Wir waren Italiener mit Ellenbogen. Jetzt sind wir gestandene Bürger«.

Und:

»Man verlor alles Italienische. Es gab vorher vier oder fünf italienische Bäckereien im Viertel. Wir haben Italienisch gesprochen. Als Kind habe ich mich geschämt, Italienisch zu sprechen, aber trotzdem . . .. An heißen Tagen saßen sie in New York vor den Häusern und redeten Italienisch. . . . Plötzlich ist was passiert. Es gab jetzt »Bond Brot«, und jetzt redeten sie auch miteinander Englisch. Zum Kriegsende tauchte der Supermarkt auf. Wir haben einiges Geld gemacht. Wir wußten was die Gesellschaft jetzt will und wir haben uns darauf eingestellt, wir haben eben genau das geliefert. Wir wurden rechts. Respekt, Respekt, respektabel. Wir machten die Augen auf und: siehe da, wir waren reich. Italiener hatten »Kaufkraft«. Das GI-Bill, der amerikanische Traum . . . die Typen in meinem Alter waren jetzt richtig voll amerikanisiert. Alle zogen in die Vorstädte« (1984, S. 142).

Die Vorstadt, der »amerikanische Traum der Nachkriegsjahre«, hat einen Kulturverlust eingeleitet, vergleichbar dem Bruch mit der Herkunftskultur durch die Emigration. Ein Italo-Amerikaner beklagt heute die Kosten des Aufstiegs:

»Nicht ein einziger von meinen Freunden in der Vorstadt macht heute irgend etwas Intellektuelles oder was mit Kultur zu tun hat. Der Krieg und die Vorstadt, das hat uns die Kultur abgewöhnt. Die Oper, die ganzen schönen Sachen. Mein Vater konnte jede Oper pfeifen, die es überhaupt nur gab. Und natürlich gab es in jedem Haushalt Platten von Caruso. Keine Familie, die nicht ein Grammophon zum Aufziehen gehabt hätte. Die Oper war für uns wie das Auto. Was den Amerikanern ihr Auto, war für uns die Oper. Meine Freunde in den Vorstädten heute, die wissen nichts von der Oper, auch keine Ahnung von Jazz. Bloß großes Geld machen . . . (1984, S. 144).

Der »Schmelztiegel« funktionierte in den 50er Jahren am reibungslosesten in den amerikanischen Vorstädten. Jedoch: wenn auch die ethnischen Bindungen schwächer und unbewußter wurden, andere Bindungen assimilierten sich nicht zu gänzlich amerikanischer Einheitlichkeit. Die Religionszugehörigkeit blieb soziale Definitionsgrenze und viel von der ursprünglichen »ethnicity« ging in die Gemeindepraxis ein. Das berühmte Buch von Will Herberg *Protestant, Catholic, Jew* (1955) ging aus von der Beobachtung, daß Ehen zwischen Angehörigen verschiedener ethnischer Gruppen zunahmen, während dies zwischen Angehörigen verschiedener Konfessionen nicht der Fall war. Die Identifikation mit der Religion, schlußfolgerte Herberg, ist für Einwanderer der Dritten Generation die bequemste Lösung, ein Kompromiß zwischen der Herkunftskultur der Vergangenheit und der amerikanischen Gegenwart. Die Religion der Einwanderer war, im Gegensatz zu ihrer Sprache und zu ihren Organisationen, in den vergangenen Jahrzehnten nie mit

Mißtrauen betrachtet worden. So wurde die aktive Beteiligung am Gemeindeleben der Kirchen ein Weg, sich zugleich anzupassen und »dazuzugehören«.

Daß das Gemeindeleben in den Vorstädten blühte und die jungen Familien sich fast ausnahmslos den verschiedenen Kirchen anschlossen, hatte auch noch andere Gründe. Das Leben der jungen Vorstadtfamilien war vor allem durch Kindererziehung bestimmt; und Amerikaner haben schon immer der Religion in den Jahren der Persönlichkeitsbildung viel Bedeutung beigemessen. Darüberhinaus waren die Kirchen in den Vorstädten, im Gegensatz zu den traditionsreicheren Pfarreien und Synagogen in den Stadtkernen, neue Institutionen, es schien leichter, und war auch notwendiger, sie zu unterstützen, und man entwickelte Anhänglichkeit an diese sozialen Zentren (die so manche Funktion der alten ethnischen Organisationen, Kneipen oder Kulturzentren übernahmen).

»Die Rückkehr zur Religion« in den Vorstädten wurde, nicht zuletzt von Theologen, häufig kritisch beurteilt. Die Kirchen der Vorstädte, so die verbreitetste Kritik, waren zu stark säkularisiert und dienten zu ausschließlich sich selbst, d.h. der eigenen Gemeinde; sie zeigten kein soziales Engagement für allgemeinere, amerikanische Probleme, sie waren selbstzufrieden und konsumorientiert. Puritanische Kritiker verglichen die Vorstadtkirchen mit »Supermärkten« oder »Vergnügungs- und Freizeitzentren«, denen jede innere Ernsthaftigkeit abhanden gekommen war. [84] Ob das wirklich in den Kirchen der Innenstädte so anders war, ist schwer zu sagen – sie gerieten weniger in den Blick der Soziologen als die Vorstädte. Zweifellos ließ sich in den Vorstädten der Übergang von den alten ethnischen Bindungen zu konfessioneller Bindung am deutlichsten beobachten, und dieser Prozeß ist eine weitere Etappe in der Transformation von nationalen und kulturellen Minderheiten zu »Amerikanern«.

Zwanzig Jahre später, eine Generation später, hat sich dieser Prozeß wiederholt, aber in entgegengesetzter Richtung. Das »ethnic revival« der 70er Jahre, die Identifikation mit der ethnischen Gruppe und ihren »kulturellen Wurzeln« ist mit guten Argumenten als eine Art Religionsersatz, als Suche nach Transzendenz, beschrieben worden. Doch davon genauer im folgenden Teil.

Die ethnische community: Begräbnis von Tony Ricci, Philadelphia, 1929. (Balch Institute)

Der »Mazzini-Club« in der Benjamin Franklin High School, einer Reform-Schule für italo-amerikanische Kinder. Harlem, 1955. (Balch-Institute)

In der Benjamin Franklin High School. (Balch Institute)

Italo-amerikanischer Fleischerladen in Greenwich Village, N.Y.C., 1980.

Kapitel III

»Ethnicity«

Ethnicity (1): Ein Kongreß über Chicano-Kultur

»Somos Aztlan e somos sin fronteras . . .! « rief der Vortragende. Der Ort war eine kleine Außenstelle einer süddeutschen Universität, wo im wesentlichen Aufbaustudiengänge und Fremdsprachenausbildung angeboten werden. Hier fand im Somme 1984 ein größerer Kongreß über »Chicano-Kultur« statt. 33 Referate an zwei Tagen waren angekündigt, und mehrere Podiumsdiskussionen. Das Publikum – über 100 Teilnehmer – setzte sich zusammen aus einerseits einer Gruppe vorwiegend weiblicher deutscher Fremdsprachenstudentinnen, die die Referate und Diskussionen stumm verfolgten, und den über dreißig Referenten, die zum größten Teil aus Universitäten und Colleges der Südwest-Staaten der USA angereist waren, aber auch aus Paris und Italien. Auch vereinzelte deutsche Puertorikanisten und »multikulturelle Pädagogen« befanden sich im Publikum. Die Veranstaltung war finanziert durch verschiedene amerikanische Stiftungen wie Fulbright u.a.

Der Kongreß lief eigentlich ab unter den Referenten, sie schienen unter sich, »die Stimmung war gut«, Einverständnis vorab. Das Publikum der deutschen Studentinnen verfolgte höflich, aber nie aktiv beteiligt oder angesprochen, gewissermaßen unbeachtet, das Schauspiel drei Tage lang.

Eröffnet wurde die Tagung durch das Referat des gastgebenden deutschen Institutsvorstandes, eines älteren Amerikanisten. Er gab einen kurzen Überblick über die amerikanische Einwanderungsgeschichte, das Selbstverständnis und den Anspruch des Einwanderungslandes Amerika. Das Ethnische war ihm gleichbedeutend mit Freiheitlichkeit (»ethnics are a vanguard for liberty in America«) und die Wiedergeburtspotentiale der dominanten Gesellschaft, des amerikanischen »mainstream«, siedelte er auch im Ethnischen an. Die Anliegen der ethnics, so führte er aus, könnten sogar positive Rückwirkung auf die amerikanische Außenpolitik haben, denn sie seien grundsätzlich jedem »Ethnozentrismus« und »Stammesdenken« entgegengesetzt. Er schloß mit der These: »Das Ethnische harmonisiert Mythos und Realität des Neuen Menschen«. Zwar hätten die USA in ihrer Geschichte das Ethnische zweifellos oft unterdrückt, immerhin gäbe es jedoch in der amerikanischen Idee den *Anspruch* auf kulturelle Diversität (Verweis auf das Motto im amerikanischen Wappen: E Pluribus Unum) und dieser Widerspruch berge große Hoffnungen für die Zukunft des Ethnischen, insbesondere auch der Chicano-Kultur.

Diese wahrlich pro-ethnischen Geleitworte waren jedoch den aktiven Kongreßteilnehmern offensichtlich noch nicht parteilich genug; ein deutscher Referent hielt es für nötig, sofort darauf zu verweisen, daß die amerikanische Freiheitsliebe und kulturelle Toleranz letztlich zu nichts anderem geführt habe, als daß wir in der Bundesrepublik »auf dem Pulverfaß sitzen« – einem offensichtlich von jedem ernstzunehmenden Kongreßteilnehmer vorausgesetzten Antiamerikanismus aus der Seele gesprochen und vom Publikum mit Beifall bedankt.

Danach wurde der erste Chicano-Referent eingeführt und vorgestellt als »eine starke Stimme unseres Bewußtseins und unseres Gewissens«. Seine Situationseinschätzung der Chicano-Kultur – immer wieder durch Beifall unterbrochen – begann mit den Worten: »Wir haben schon immer gewußt, daß wir Mexikaner sind, aber jetzt sagen wir's laut und das fühlt sich gut an. Ja, das fühlt sich gut an, wir sind *da.* Man spricht jetzt ÖFFENTLICH über uns«. Die gegenwärtige Situation der Chicanos charakterisierte er vor allem dadurch: daß man die alte Bevormundung der Anglos (gar: *»des* Anglos«) nicht mehr hinnehme, sondern nun selbstbewußt genug sei, die kulturelle Umklammerung der Anglokultur abzuschütteln.

Dies, wie auch alle anderen Referate, war Englisch vorgetragen, obwohl der Referent eingangs, wie nach ihm fast ausnahmslos alle anderen Referenten auch, sich zum Spanischen als seiner *eigentlichen* Sprache bekannte und abfällige Bemerkungen über das »Englische an sich« einstreute (»English is all right for Christmas«). Nur im Spanischen verfüge der Chicano über seine eigenen Metaphern, nur das Spanische sei seine Verteidigungswaffe. Auf dem Kongreß allerdings blieb das Spanische nur vertreten durch eingestreute spanische Wendungen, die gewissermaßen subversiv auf die alle vereinende tiefe Gemeinsamkeit deuteten, und grundsätzlich wurden die letzten Sätze eines Referats spanisch vorgetragen (mit etwas erhöhter Stimme), was immer längeren Beifall garantierte.

Die Referate, zu verschiedenen Themen von Chicano-Literatur und bildender Kunst, blieben recht informationsarm, offensichtlich war das nicht ihre Absicht, man wußte ja ohnehin Bescheid. Das Interesse schien nicht analytisch, kein Interesse an Widerspruch, an Diskussion. Die Referenten wurden vom Veranstalter, einem zur Zeit in Deutschland als Forschungsstipendiat lebenden Chicano, vorgestellt als: »Mister xy, eine weitere starke Stimme für unsere Sache ...« oder »ein weiterer Propagandist, der uns das Feld in Frankreich eröffnet hat«. Insgesamt folgten mit diesen viertelstündigen Beiträgen eine Revivalpredigt auf die andere, Appelle an das aufrechte Bekenntnis zu »Aztlàn«, dieser neuen, wenn auch »mythisch-uralten« spirituellen Nation der Chicanos.

Die Einheitsarchitektur westdeutscher Hochschulneubauten war ein merkwürdiger Rahmen für diese vorwiegend aus den USA eingereiste Gruppe von aufrechten Chicano-ethnics. Die Unwirklichkeit dieses Milieus ging zumindest an einem Referenten nicht ganz vorbei, er sagte: »Es ist geradezu ironisch, daß diese Konferenz in Deutschland stattfindet, während der Chicano in Amerika schon eine gefährdete Spezies ist. Da nennen sich Mexikaner schon Hispanics und gehen mit Cubanern ins Bett, was es vor zehn Jahren noch nicht gegeben hätte«.

Aus meiner Schilderung ist bisher sicher schon deutlich geworden, daß mir die gesamte Veranstaltung unbehaglich und unsympathisch war. Ich fühlte mich zum Publikum gemacht für die Selbstdarstellung einer bestimmten Art von ideologischer ethnicity, für eine

Demonstration künstlichen Selbstbewußtseins, das für mich um so unglaubwürdiger wirkte, je pathetischer es beschworen wurde.

Die Referenten standen ja sämlich im Brot verschiedener größerer oder kleinerer Universitäten und Colleges in den USA und reisten offensichtlich häufiger zu Kongressen, gefördert von all-amerikanischen Stiftungen. Distanzierungen von eben dieser all-amerikanischen akademischen Mittelschichtkultur schien sie jedoch vor allem zu beschäftigen. »Unsere Chicano-Philosophen, Chicano-Anthropologen und geistigen Führer korrigieren nun die Verzerrungen, die die Anglo-Sozialwissenschaftler hinterlassen haben«. Oder: »Anglo-Kritiker nennen unsere Kunst »Volkskunst«. Wir sind stolz auf dieses Etikett! Aber wir scheuen uns auch nicht davor, Computer in unserer Kunst einzusetzen ...«. Das ambivalente Verhältnis zur akademischen Mittelschichtkultur, die Rivalität mit den arrivierten Kollegen des akademischen Establishment (»Anglo« war für das Kürzel) schien das vereinende Band dieser Chicano-Forscher (was für alle gleichbedeutend war mit Chicano-Aktivisten). »Wir haben keine Zeit, uns in den Luxusapartments von intellektuellen Berufsästheten herumzutreiben ...« verkündete ein Referent. Auf Status in der akademischen Arena wollte man andererseits aber auch nicht verzichten, und so betonte er ein paar Sätze später: »Wir haben längst internationales Ansehen erlangt ...« Und weiter: »Mit allem nötigen Respekt vor Professoren – wir sind nicht rückständig. Der Gringo ist rückständig, wenn er uns nicht anerkennt.« So wurde die Diskriminierung einfach umgedreht: alle Nicht-Chicanos wurden zur Out-group, homogenisiert zu einem Typ, dem »Gringo«, dem »Anglo«, kulturell unterlegen. Mit einiger Verachtung und Herablassung: »Der Anglo wird schon zunehmend latinisiert, er latinisiert sich selbst, allein schon durchs Essen: er ißt unsere Tortillas« (Akklamation aus dem Publikum).

Der Affekt gegen die »Anglo-Kultur« schien für die Selbstdefinition der Chicanokultur unverzichtbar, ganz unabhängig davon, wie das »Anglo-Establishment« heute real mit der Chicanokultur umgeht. Vor allem am Beispiel der *Sprache* wurde das immer wieder durchgespielt: Die Anglo-Amerikaner seien dem Spanischen ausschließlich mit linguistischem Chauvinismus begegnet. Historisch ist das bestimmt nicht zu leugnen. Jahrzehntelang war es in den Staaten entlang der mexikanischen Grenze in den Schulen verboten, Spanisch zu sprechen, und noch 1983 wurde den Mitarbeitern von Burger King sogar in Miami verboten, im Dienst Spanisch zu sprechen. Zugleich wird aber spätestens seit den 70er Jahren in den USA versucht, diese Tradition zu korrigieren, den Forderungen von Hispanics nach kultureller Autonomie durch zweisprachige Programme u.a. entgegenzukommen. Aber das schien wenig willkommen: »Wir kümmern uns nicht um bilinguale Programme, weil wir immer schon bilingual gewesen sind« verkündete ein Referent. »Die Regierung hat den Bilingualismus zerstört, indem sie bilinguale Programme mit korrupten Chicanos eingesetzt hat« – behauptete der nächste.

Korrupt: das war gleichbedeutend mit assimiliert. So zum Beispiel die jüdische Literatur: sie galt als Inbegriff von »assimilierten Romanen«. Chicano-Literatur, das galt demgegenüber als ausgemacht, war der »American mainstream-Literatur« (was man sich darunter vorstellen sollte, blieb im Dunklen) moralisch und künstlerisch überlegen; es sei ein politischer Akt, die Chicano-Literatur zu lesen, denn die Chicano-Literatur erwecke zu ethnischem Bewußtsein. Daß die Chicano-Literatur wesentlich spanisch ist, oder spanisch-englisch (code-switching vor allem in der Chicano-Lyrik), also keinesfalls in einer »Ursprache«, etwa einer indianischen Sprache geschrieben, sondern daß das Spanische ebenso eine historisch aufgezwungene Erobererspráche ist, das wurde mit pragmatischer Unlogik als Faktum hingenommen. Dieses europäische Erbe habe man nun einmal mitbekommen »und wir werden das Beste daraus machen«. (Warum dann nicht ähnlich mit der Amerikanisierung umgehen, fragt man sich?)

Ähnlich wie in der Ethnicity-Propaganda vieler weißer ethnischer Gruppen in den siebziger Jahren wurde auch hier das Ethnische immer wieder gleichgesetzt mit »menschlicher Gesundheit«, »echter Zwischenmenschlichkeit«, mit »gesunden Familienbeziehungen«, konfliktlos, wertkonservativ und respektabel.

Kriminalität von Chicanos konnte nur Zuschreibung der undrükkerischen Anglo-Maschinerie sein. Und so verstieg sich ein Referent gar zur Ansicht: Die Wurzeln der heutigen Chicano-Kunst seien die Tätowierungen von Chicanos in amerikanischen Gefängnissen.

(Schaudernd konnte man sich schon die Fotobände, herausgegeben von einem der inzwischen zahlreichen kleinen Chicano-Verlage vorstellen, in denen solcher Polit-Kitsch produziert wird – natürlich vorwiegend für interessierte »Anglo-Käufer«.)

Das zugleich Traditionalistische und dennoch kulturell so merkwürdig Unsichere erschien für mich auch in der äußeren Erscheinung dieser Chicano-ethnics. Unausgesprochenen Verabredungen folgend waren sie zugleich elegant, durchaus im konventionellen Sinn (Hemd, Krawatte, Anzug, nicht wie die deutschen multikulturellen Pädagogen in Cordjeans und T-Shirt), dazu aber reichlich »mexikanischer Schmuck«, d.h. schwere silberne Ringe und Ketten mit Türkis-Amuletten.

Trotz aller Beschwörung der kulturellen Autonomie von Chicano-Kultur schlug für den unbeteiligten Beobachter in diesen Räumen einer kleinen süddeutschen Universität vor allem das *Amerikanische* durch. Mir wurde es am deutlichsten bei den Vorträgen der Frauen: Hier erkannte ich besonders plastisch einen gewissen Tonfall, die Präsentationsweise und die Begriffe vieler Departments für »Women's Studies« an Universitäten der USA wieder. Die Referentinnen hielten Vorträge zu »Frauenthemen« und *nur* zu solchen ... Anschließend hieß es vom Veranstalter »Wir danken für deine Chicana-Perspektive.« ...

Was ging vor in den deutschen Teilnehmern, den Aktiven, die sich schon auch einmal in der Diskussion äußerten, Puertorikanisten, multikulturellen Pädagogen? Sie schienen voll auf der Linie zu liegen, »sie gingen mit«. Wie kommt eine solche pauschale Gleichsetzung von Antiamerikanismus mit Fortschrittlichkeit zustande? Und wie das Bedürfnis nach Parteilichkeit für eine doch im wesentlichen so *amerikanische* und in vielem offensichtlich reaktionäre Bewegung, die aber die Unterdrückung der gesamten Dritten Welt moralisch für sich reklamiert? Sind ethnische Bewegungen immer so? Oder war dies ein besonders absurdes Beispiel für die Quasi-Religiosität, den Konformismus, die Provinzialität mancher ideologisch-ethnischen Wiedererweckungsbewegungen?

Ethnicity (2): Ein Name für ein puertorikanisches Kind

In einem Familienzentrum in der New Yorker Upper West Side, wo einst vor allem Schwarze, inzwischen fast nur noch Puertorikaner leben (meist von welfare), besuche ich ein Familienzentrum mit Kindergarten. Die Eltern – fast ausnahmslos sind es mit ihren Kindern alleinlebende Mütter – gehören dazu, und da sie meist arbeitslos sind, halten sie sich viele Stunden am Tag in den Gemeinschaftsräumen des Kindergartens auf. Sie haben dort einen kleinen Etat für eigene Anschaffungen, sie haben einen gemeinsamen Eisschrank, sie können dort kochen und sind nicht so allein mit den kleineren Kindern in den engen Wohnungen.

Die Sozialarbeiterin führt mich durch die Räume und stellt mich vor. Eine puertorikanische Mutter, hochschwanger, begrüßt mich erfreut: aus Deutschland komme ich? Ihr Schwiegervater ist auch Deutscher. Aber ihr Mann ist schon in Amerika geboren. Ob ich ihr nicht einen deutschen Namen aufschreiben kann für ihr viertes Kind? (zwei kleinere spielen um ihre Knie). Ich setze mich neben sie aufs Sperrmüllsofa, etwas ratlos. Mädchenname, Jungenname? Mädchenname: »Ich habe schon drei Jungen, deshalb wird es jetzt ein Mädchen«. Meine Freundinnen in Deutschland heißen Bettina, Susanne, Sabine – das sind doch keine echt deutschen Namen – meine Ratlosigkeit wächst. Akademisch gründlich suche ich nach »germanischen« Namen; aber Gudrun, Kriemhild für ein puertorikanisches Mädchen in der Upper West Side? Die Frau spürt, wie sie mich in Schwierigkeiten gebracht hat. Um mir zu helfen schlägt sie vor, doch einfach meinen eigenen Namen aufzuschreiben. Das tue ich dann auch, und er gefällt ihr, und sicher, meint sie, wird er auch ihrem Mann gefallen, der deutsche Name, Donata, und auch ich finde das die beste Lösung und wir verabschieden uns herzlich.

Was war hier »ethnicity«? Der Inhalt scheint beliebig, auf ihn, auf den historisch korrekten kommt es nicht an. Gesucht wurde ein Symbol für Hoffnung, für offene Grenzen, für unbegrenzt Mögliches. Die Welt ist weit für dieses Kind, der Name, der ethnische, verheißt es ihm und erinnert die Eltern daran, in aller Enge einer Welfare-Existenz in New York City.

Etablierte Ethnicity in Amerika, heute

Heutzutage kann sich jeder in Amerika, zumindest jeder mit Collegeausbildung, etwas vorstellen unter »ethnicity«. Man forscht über ethnicity wie über Stadtentwicklung, Gesundheitspolitik und Arbeitsplatzentwicklung. Das ist noch nicht lange so. Bis in die sechziger Jahre sprach man allenfalls von »Minderheitenproblemen«, von »Problemen von Einwanderer-Gruppen«.

Ethnicity: *daß* es sie gibt, eine Summe von ethnisch bestimmten spezifischen Verhaltensweisen, Einstellungen, Institutionen, individuellen und kollektiven Erfahrungen, und daß die USA eine multiethnische Gesellschaft sind – das stellt heute niemand mehr in Frage. Ethnicity gilt in Amerika als selbstverständlich vorhanden, als schiere Tatsache, geradezu als natürlich, jedenfalls in den Worten eines der bekannten ethnischen Propagandisten der siebziger Jahre, Andrew M. Greeley: »Ethnicity ist Teil von Amerika wie die Rocky Mountains oder der Mississippi«.[85] Diese primäre ethnicity ist sozialem Wandel unterworfen – deshalb die Forschung darüber. Aber auch den Herausgebern der *»Harvard Encyclopedia of American Ethnic Groups«* war ethnicity ein Faktum – obschon sie gegenüber den in den siebziger Jahren noch verbreiteten ethnischen Euphorien eine eher distanzierte Haltung vertraten.

Vorurteile, Sterotype, Einschätzungen über die verschiedenen ethnischen Gruppen waren natürlich stets lebendig gewesen im amerikanischen Alltagsbewußtsein. Inzwischen sind sie aber verfeinert und mit gewissermaßen wissenschaftlichem Anspruch abgesichert. Das hat die Popularisierung der Ethnicity-Forschung durch zahlreiche Museen, Wanderausstellungen, Wochenendbeilagen, revidierte Schulbücher usw. geleistet. Man hat heute zu »ethnicity« ebenso allgemeine begriffliche Ansichten wie zu dem, was typisch »Mittelschicht« oder typisch »middlewest« oder typisch »puritanisch« ist.

Der Höhepunkt des populären Interesses an »ethnischen Wurzeln« und Traditionen – etwa Mitte der siebziger Jahre – ist inzwischen überschritten. Diese Bewegung, die das sogenannte Hansen'sche Gesetz (»was die Väter vergessen wollten, möchten die Enkel wiederentdecken«)[86] vierzig Jahre später zu bestätigen schien, ist inzwischen durch andere Moden ersetzt. Damals bestätigte das polnische Reisebüro in Chicago verdoppelte Umsätze für Reisen ins »Heimatland Polen«, andere Tourismusveranstalter boten Charterflüge mit »Bustour durch die ehemaligen Emigrationsgebiete« nach Schweden, Norwegen, Italien und Griechenland an. Das Fernsehen startete einen »ethnischen Quiz« nach dem anderen, Alex Haileys Buch »Roots« wurde in 22 Sprachen übersetzt, und die gleichnamige Sendung versammelte mehr Amerikaner vor dem Fernsehen als je eine Sendung zuvor. Der Sohn des Schriftstellers Irving Wallace war einer von vielen der Dritten Generation, die ihren amerikanisierten Nachnamen re-ethnisierten: Wallechinsky ließ er wieder in seinen Paß eintragen. Eine Serie von genealogischen Ratgebern leitete das neue Hobby (»Wurzeln-Jagd«) an: »How to find your roots ...«, oder gar mit einem neuen Substantiv für den neuen Sport: »How to be a successful rooter ...«.[87]

In diesen Jahren wurden, wieder einmal, die Schulbücher umgeschrieben. Die neuen Geschichtsbücher behandelten ethnicity als Schlüsselelement in der historischen Analyse. Das war nicht überraschend, und es war auch notwendig: der Geschichte der Einwanderer-Gruppen und anderer Minderheiten wurde nun mehr Raum gewidmet als in älteren Geschichtsbüchern. Eine neue Hierarchie ethnischer Bedeutung wurde hergestellt: Schwarze, Indianer, süd- und osteuropäische Gruppen rückten auf. Hispanics, und asiatische Gruppen, blieben allerdings in den siebziger Jahren noch vernachlässigt.[88] Einem platten Dualismus (gut/schlecht, Indianer/Weiße), der unter anderen Vorzeichen fortsetzte, was in den vorangegangenen Geschichtsbüchern ebenso übereindeutig gewesen war, entgingen dabei die wenigsten.[89]

Die Begeisterung für alles Ethnische hat in den 80er Jahren nachgelassen; etabliert ist jedoch eine Reihe von Instituten, Archiven und Forschungszentren zu verschiedenen Aspekten von »Ethnicity«. So etabliert solche Institutionen in Amerika eben sind: in den seltensten Fällen auf Dauer finanziell abgesichert, sondern in der Regel angewiesen auf die Kombination von Stipendien und Spenden von Förderern.[90] Zum Teil sind diese Institute Universitäten angegliedert, die spezielle eigene Studiengänge aufgebaut haben (»Ethnic Studies«).

Die Civil Rights-Bewegung der 60er Jahre hat das erhebliche Ausweiten staatlichen Eingreifens zugunsten von Minderheiten in wesentlichen gesellschaftlichen Bereichen (Beschäftigungs-, Wohnungs-, Bildungsbereich) erreicht. Solche Maßnahmen wurden, vor allem seit der Regierung Kennedy, durch wissenschaftliche Politikberatung motiviert und begleitet. Inzwischen, in den 80er Jahren, ist die Gleichstellung von ethnischen Minderheiten in den USA rechtlich weitgehend abgesichert; da sie de facto aber natürlich keineswegs durchgesetzt ist, sind die (eigens dafür geschaffenen) Bürokratien mit einer Flut von Bürgerrechtsklagen beschäftigt, Prozesse, deren Beweisführung immer auch auf historisch-soziologischer Grundlage geführt werden muß.

Seitdem nicht nur gegen »intentionalen Rassismus«, sondern auch gegen »strukturellen Rassismus« geklagt werden kann, akzeptieren die Gerichte statistische und historische Beweisführung für Diskriminierung. (Etwa: der Nachweis, daß die Grenzen eines Schuleinzugsbereichs verändert wurden, als Schwarze ins Viertel zogen. Oder der Nachweis, daß die ethnische Beschäftigungsstruktur eines Unternehmens deutlich von der ethnischen Zusammensetzung der Arbeitssuchenden im Umkreis des Unternehmens abweicht ...). Diese Gutachter-Literatur ist immens.

In den Regalen der Spezialbibliotheken (z.B. dem Center for Migration Studies in New York) stehen Publikationen, die zu ca. 70 % in den vergangenen zwanzig Jahren entstanden sind. Das entspricht offiziellen Schätzungen: über die Hälfte der Ethnicity-Studien entstanden nach 1965. Daß diese Ethnicity-Literatur so umfangreich ist, liegt an der erwähnten Gutachtertätigkeit, liegt auch an den bekannten akademischen Publikationszwängen, schließlich aber auch daran, daß der Höhepunkt des Interesses für ethnicity mit den Jahren der Hochschulexpansion zusammenfiel. Angesichts dieser Flut von Literatur und Projekten kann es nicht verwundern, daß vieles redundant ist.*

---

* Von Deutschland aus ist diese Literatur gut zugänglich; die Bibliotheken der Amerikahäuser haben einen Grundstock von Ethnicity-Klassikern (die in Amerika nach wie vor hohe Auflagen haben, Glazer/Moynihan, 1968, z.B. über 300.000). Die Bibliotheken der sozialwissenschaftlichen

Seit den 60er Jahren, vor allen in den 70er Jahren, begannen auch die maßgeblichen Fachzeitschriften zu Problemen von Einwanderungsgeschichte und ethnicity heute zu erscheinen.[91] In jüngster Zeit scheint das Interesse an Ethnicity-Studien, zumindest an den renommierten Universitäten der East Coast, nachgelassen zu haben. Das Dissertationenregister der New School for Social Research, New York, verzeichnet z.B. seit 1982 keine einzige Ethnicity-Dissertation mehr.**

Ist also der Höhepunkt der Ethnicity-Konjunktur wohl überschritten (die Arbeiten an der *Harvard Encyclopedia of American Ethnic Groups,* Ende der 70er Jahre, markieren diesen Höhepunkt) – so erfreuen sich die Departments for Ethnic Studies doch weiterhin ihrer Beliebtheit. Sie bieten eine Art Heimatgeschichte an, und neuerdings führen sie vorwiegend die sogenannten »Ethnicity und –« – Forschungsprojekte durch, Studien, die die Frage der Ethnicity verknüpfen mit den bekannten sozialen Fragen, wie Frauenbewegung, Geschichte der Arbeiterbewegung, Mobilität, Mental Health, etc.

Schwer einzuschätzen bleibt nach all dieser Lektüre, was ethnicity wirklich im Alltag bedeutet. Wieweit ist es ein akademisch produziertes, ein durch das Eigeninteresse von Instituten und Experten am Leben gehaltenes Problem? Was ist heute »ethnicity« außerhalb der Welt des Gedruckten?

Zunächst aber noch einige Eindrücke aus einer Institution, die sich weiterhin der Pflege des ethnischen Erbes widmet, und das mit wachsender Popularität und effizient wie wenig andere: das *»Balch-Institute for Ethnic Studies«* in Philadelphia.

Abteilungen an deutschen Universitäten sind seit dem Zweiten Weltkrieg mit amerikanischer Literatur gut ausgestattet, und eine Spezialbibliothek wie die John-F. Kennedy-Bibliothek in Berlin kann sich mit jeder amerikanischen Spezialbibliothek vergleichen.

** Es gibt in den USA eine akademische Arbeitsteilung zwischen den großen Universitäten und den Regionaluniversitäten. Die Community Colleges popularisieren jetzt die ethnicity-Forschung und bereiten sie auf für den Anwendungssektor.

Das Balch-Institute for Ethnic Studies

1971 gegründet, hat das Balch heute einen Mitarbeiterstab von 28 ständigen Mitarbeitern. Mit dieser geringen Zahl von Angestellten kann das Institut nur arbeiten, weil es durch einen großen Stab freiwilliger Helfer unterstützt wird, die Karteikarten schreiben, Ausstellungen auf- und abbauen, die Museumsbestände katalogisieren und andere laufende Arbeiten des Hauses übernehmen. Dafür wird diesen »ethnischen volunteers« manchmal auch ein Orden vom geschäftsführenden Direktor überreicht, oder sie werden im monatlich erscheinenden Organ des Museums ehrenvoll erwähnt: »Charles Krkosta und Matthew Soska haben uns bei dringend notwendigen Reparaturarbeiten unterstützt« (d.h. etwa: zwei slowakische Rentner haben beim Entlüften von Heizungsventilen geholfen ...).

Das Balch ist ein sehr populäres Unternehmen. Es veranstaltet laufend publikumswirksame Tagungen wie »Making it in America«, »America looks at Ethnic Women«, »Ethnicity and Aging«, »Die xy Dance Company zeigt, wie sechs ethnische Gruppen Gott verehren«. In regelmäßigen Abständen finden Empfänge (welcome cocktails) für frisch naturalisierte Amerikaner statt (die Einwanderungsbehörde, das Immigration Office von Pennsylvania, liegt quer über der Straße), und regelmäßig Cocktails zu ethnischen Jahrestagen. Dem Institut ist ein Museum angegliedert, das mindestens drei Ausstellungen pro Jahr zeigt – die erfolgreichste 1984 war »Ethnische Stereotype in der Werbung«. Diese Ausstellungen werden von Schulklassen und anderen Gruppen besucht, anschließend wandern sie durch ganz Amerika. Das Balch organisiert auch Sprachkurse (slowakische, polnische, italienische ...), Tanzkurse, Hobbykurse (»Rentner lernen neue ethnische Hobbies im Balch«), Exkursionen (»Ethnic Church Tour«).

Wie die meisten amerikanischen Institutionen dieser Art muß sich das Balch ständig um die Finanzierung seiner Arbeit selbst kümmern. Die hauseigene Zeitschrift »New Dimensions« druckt regelmäßig Spendenaufrufe (»Helfen Sie uns, *Ihr* kulturelles Erbe zu erhalten. Werden Sie Mitglied des Balch«). Mitglied kann man werden in drei Klassen: Mit tausend Dollar wird man »lebenslang Mitglied« und hat freien Eintritt, mit hundert Dollar ist man

»unterstützendes Mitglied«, mit fünfzig Dollar nur »beitragendes Mitglied«, und auch ein »Familientarif« von 25 Dollar ist vorgesehen.

Das Institut verfolgt eine geschickte Politik der öffentlichen Beteiligung am Museum, z.B. wenn bei Aktionen zur »Rettung des kulturell-ethnischen Erbes« ganze Schulklassen als freiwillige Mitarbeiter aufgerufen werden, Interviews zu führen, bei Bekannten und Verwandten nach ethnischen Exponaten zu forschen usw. Im Sommer 1984 konnten 120 Schüler mit kleinen Stipendien Wanderausstellungen für Schulen und Stadtbibliotheken zusammenstellen. »Bevor mein Geschichtslehrer uns vorgeschlagen hat, im Balch mitzuarbeiten, hatte ich noch nie das Wort ethnicity gehört. Das Forschen nach all diesen ethnischen Sachen hat erst richtig meine Augen geöffnet. ... Es war ein riesiger Spaß«.[92]

Die Bestände des Museums werden liebevoll ergänzt durch das ethnische Publikum. Als Neuzugänge werden z.B. für Mai 1984 verzeichnet: Eine bestickte slowakische Weste, ein Bierseidel, ein Kalender mit Aufdruck eines ukrainischen Sterbevereins, türkische Zigarettenspitzen, Brautschuhe, zwei Passahleuchter, eine Handwerkerbluse, Hüte, Instrumente, eine Zugfahrkarte nach Sibirien....

Kürzlich wurde mit dem Aufbau eines Fotoarchivs begonnen. Fotodokumentationen sind bisher ein merkwürdig unterentwickeltes Gebiet der Ethnicity-Forschung gewesen. Neuerdings gibt es einige schöne Bildbände (aber selbst die Harvard Encyclopedia of American Ethnic Groups läßt einen Beitrag über Bildmaterial zur Geschichte der Einwanderung vermissen). Das – längst über Forscherkreise hinaus – lebendige Interesse an ethnischer Geschichte wurde deutlich an der Fülle von Familienfotos, die dem Balch in kürzester Zeit überlassen wurden.

In der Eingangshalle des Museums hängen verschiedene Wandteppiche mit Motiven aus Herkunftsländern und Einwanderungsgeschichte vieler Einwanderergruppen. Dort versammelt man sich dann (beim Familienausflug, beim Ausflug des Vereins) zu einem Gruppenbild vor dem entsprechenden Teppich. Und anläßlich z.B. der »slowakischen Woche« oder der »jüdischen Woche« wird ein Cocktail veranstaltet, anschließend ein Foto vor dem passenden Teppich: Der geschäftsführende Direktor, und ein community leader (meist ein ethnischer Politiker oder ein Rabbi oder auch schon mal ein namhafter ethnischer Wissenschaftler) und manchmal sogar der (z.Zt. schwarze) Bürgermeister von Philadelphia, denn das Institut ist in dieser geschichtsbewußten amerikanischen Stadt hoch angesehen. . . .

Das Balch liegt in einer bestimmten Weise richtig in seinem harmlos-affirmativen Verhältnis zu ethnicity. Das ethnische Erbe muß erforscht, archiviert, den Leuten nahegebracht und die Ethnicity-Forschung popularisiert werden! Problematisiert wird hier wenig. »Platz ist für alle« – diesen Optimismus und diese unverbindliche ethnische Toleranz strahlen die Ausstellungen aus und die Newsletters. Ein riesiges Spielzeug in der Eingangshalle gefällt jedem: es ist eine Reihe von großen durchsichtigen Plastiksäulen, jeweils durch die Aufschrift einer bestimmten ethnischen Gruppe gekennzeichnet. Man kann nach dem Besuch des Museums ein Kügelchen in einen Schlitz der Säule für die eigene Nationalität werfen, es gibt dafür 40 Möglichkeiten. Das Kügelchen springt in die Säule, und man kann sehen, wie viele Angehörige der eigenen ethnischen Gruppe in diesem Jahr schon das Balch besucht haben (1984 waren es am meisten Italiener und Schwarze). Solche Spiele verharmlosen und verbinden.

Das Ethnische ist nichts Beunruhigendes, es ist integrierte amerikanische ethnicity jenseits von Konflikten. Ein Betrieb, respektabel wie andere Forschungs- und Serviceeinrichtungen auch, auf vor allem *amerikanische* Weise publikumswirksam, hygienisch, komfortabel. Wieviel von der realen ethnischen Geschichte wurde unterwegs abgelegt, vom Versammlungslokal der ethnischen Organisationen für Einwanderer der Ersten Generation bis zu solchen Instituten (andere Kulturinstitute zur Pflege der jüdischen, schwedischen etc. Geschichte sind ähnlich) mit ihren Spannteppichen, modernem Ausstellungsdesign, kommunikativen Public Relations!

Bevor nun der Frage theoretisch und ausführlicher nachgegangen wird, was »ethnicity« in Amerika heute bedeutet, soll deshalb in einem kurzen Rückblick noch einmal in Stichworten daran erinnert werden, was ethnische Bindung für die *Erste Einwanderergeneration* bedeutet hat, und welche Inhalte des Ethnischen auf den
modernen »multi-ethnischen Amerika« stillschweige

worden sind; und woran man sich heute so recht nicht erinnert, was nicht gemeint ist, wenn man sich auf eine »ethnische Tradition« beruft, oder die »Ethnische Vergangenheit« rekonstruiert.

»Ethnisches Leben« der Ersten Einwanderergeneration in Amerika

»Ethnisch« war vor allem zunächst: die Gewöhnung an nicht endenwollende Arbeit, von früh bis spät, erbarmungslos, auf den kleinen Bauernhöfen, den Pachthöfen, mit kargem Boden in Südschweden, in Kalabrien, in Serbien. Das brachten sie mit nach Amerika und lebten es dort weiter, in den Farmen im Mittleren Westen, den Hochöfen und Gießereien, in den Fabriken der Jahrhundertwende, den sweatshops, und in den Schlachthöfen: Schinderei aus unserer heutigen Perspektive, aber ihnen war es selbstverständlich wie die Jahreszeiten. Die Frauen versorgten wie gewohnt die großen Familien, sie nahmen Wäsche ins Haus, und häufig versorgten sie dazu noch Untermieter, alleinstehende Landsleute. Nicht selten weitete sich solch ein Betrieb aus in ein »ethnisches Wohnheim« (boarding house) mit bis zu 20 Personen, für die gekocht, geputzt, gewaschen und geheizt werden mußte. Für dieses Leben brachten alle die nötigen Eigenschaften mit, sie waren ihnen schon von Kind an mit Härte anerzogen worden: Anspruchslosigkeit, Sparsamkeit, Härte gegen sich selbst (und gegen die nächsten Familienangehörigen, auch gegen die eigenen Kinder). Dabei gab es natürlich Unterschiede zwischen den Herkunftskulturen (dem schtetl oder dem paese siciliano . . .) aber auch in den ersten Jahren der Emigration verbindende Erfahrungen.

Das Leben wart hart, aber die Arbeit war nicht degradierend. In oral history interviews erinnern sich Einwanderer der Ersten Generation (um die Jahrhundertwende eingewandert) heute mit Stolz an das Durchgestandene.[93] Im Alter, zurückblickend, verleiht die Härte des Lebens eine gewisse Würde – dies sicher auch im Vergleich zur heutigen, modernen Armut, die weit stärker stigmatisiert ist und verbunden mit Apathisierung durch die Almosen des Sozialstaats.

»Ethnische Eßgewohnheiten«: mitgebracht vor allem die Eßgewohnheiten des betäubten Hungers, mit Kartoffeln, Bohnen, Kohl. Interessant wäre, genauer zu verfolgen, wie sich die ethnische Küche erst in Amerika entwickelte. Olivenöl, Salami, Parmesan waren Köstlichkeiten, die viele Italiener erstmals in Amerika kennenlernten. Nach einigen Jahren der Arbeit in Amerika reichte es für etwas mehr als das Allernotwendigste und man begann, die aus Italien oft nur vom Hörensagen bekannten Delikatessen über den Atlantik kommen zu lassen. Frauen, die in dieser Generation vor allem Arbeit als Hausangestellte in den amerikanischen Oberschichthäusern fanden, lernten erst dort die verschiedensten Speisen kennen, lernten, den Tisch zu decken, lernten Ansprüche an Eßkultur. Aber ebenso verbreitet war in diesen Jahren das Halten von Schweinen und Hühnern zur Selbstversorgung, auch um die industriellen Betriebe, die Glashütten, Hochöfen, herum. Und ein Schlachttag war ein Fest, denn reichlich zu essen war auch in Amerika noch nicht selbstverständlich (wenn es auch häufiger geworden war als im Herkunftsland).

»Ethnische Kleidung«: man brachte mit, was man sich im Heimatdorf unter *amerikanischer* Mode vorstellte, so wie man es auf Fotos gesehen hatte oder bei Rückkehrern. Das sollte der Dorfschneider nachschneidern – die Gamaschen, das Jackett. Am Hemd (mit hohem Kragen, oder mit »angenähtem Kragen«) versuchten sich die Mutter und die Schwester. Nur noch diese Kleidung zählte. Die ethnicity der Auswanderer war auch das: Amerikanisierung schon im Heimatland. Das klingt vielleicht paradox, aber aus allen zeitgenössischen Quellen und aus Autobiographien und Erinnerungsinterviews kommt es einem so entgegen: Zukunftshoffnung und Amerikanisierung waren eins.

»Ethnische Beziehungsmuster«: in den Partnerwahl amerikanisierte man sich weniger schnell. Die Ehen wurden, meist über Vermittlung von Dritten, mit Partnern aus dem Heimatdorf oder der Region geschlossen; es waren selten Liebesheiraten.

»Ethnische Lebenserfahrungen für Frauen«: das blieben in der Ersten Generation auch noch in Amerika *viele Kinder:* vier oder fünf, nicht mehr zehn oder zwölf wie im Heimatland, aber auch nicht zwei oder drei wie in der folgenden Generation. Auch das Verhältnis zu den eigenen Kindern hat sich erst allmählich amerikanisiert in eine moderne, emotionalisierte Eltern-Kind-Beziehung. Die Kindersterblichkeit blieb hoch. Kindheit war vor allem *kurz* – Jungen wie Mädchen traten früh in den Arbeitsprozeß ein, so verlangten es die Gesetze der Familienökonomie, sei es zum bloßen Überleben oder um sparen zu können. Es fehlten Zeit, Anlässe und Traditionen für die Kultivierung eines emotionalisierten Familienklimas.

In Amerika lebten viele der eingewanderten Gruppen in ähnlicher Enge und Abgeschiedenheit wie in der Provinz in Osteuropa oder Mazedonien. Manche Gruppen – z.B. einige schwedische Sekten – fielen durch ihre noch stärkere Isolation als in Schweden jahrzehntelang kulturell zurück hinter das Niveau ihrer Herkunftsregion. (Auch für mexikanische Siedlungen im Südwesten der USA trifft das lange Zeit zu.) Wenn man z.B. im Bergbau arbeitete, spielte sich das Leben ab zwischen der Grube, dem gemieteten Haus und dem Einkaufsladen, die sämtlich der Bergbaugesellschaft gehörten. Geld für Reisen war nie übrig – und wohin hätte man auch fahren sollen? Wieder lebte man in einer Siedlung mit Russen oder Slovaken oder Ungarn oder Polen aus demselben Heimatdorf, man war wieder unter sich.

Unter sich, aber nie allein: auch das ist »ethnische Lebenserfahrung« der Ersten Generation. Es gab keine Privatsphäre – nicht während der langen Arbeitsstunden, auch nicht in den überfüllten Wohnungen, nie Rückzug, ständig soziale Nähe, soziale Kontrolle und Aufeinanderangewiesensein. Und dabei dennoch *Stummheit,* vor allem der Frauen, Stummheit in sexuellen Dingen, keine Beziehungsintimität.[94]

Ähnlich abhängig war man in der Ersten Generation von Einwanderer- Organisationen. Sie verliehen eine gewisse Sicherheit, aber sie verlangten Gefolgschaftstreue. In den 20er Jahren unterhielten z.B. die Italiener in Chicago 110 solcher »mutual aid societies«, mit insgesamt etwa 150.000 Mitgliedern. Diese Mitglieder mußten – bei Strafe eines Bußgeldes – an der Beerdigung eines Mitglieds teilnehmen.

Die »new ethnics« verklären in ihrer Kritik der mobilitätssüchtigen und zukunftsbesessenen modernen amerikanischen Gesellschaft der 50er und 60er Jahre die Generation der Großeltern, ihr »Leben im Augenblick«, ihr »Sein«. Aber die Gegenwart, das »Sein«, kann eigentlich für diese Generation nicht die wirklich bevorzugte Zeit gewesen sein. Sie lebten hin auf eine Zukunft der nächsten zehn Jahre: Ausziehen aus den beengten Quartieren der Lower East Side von New York, Möbel anschaffen (vielleicht jedem Kind ein eigenes Bett?), die Eltern, die Brüder nachkommen lassen können mit dem ersparten Ticket für die Schiffspassage. Die Vergangenheit in Europa wurde erinnert mit Heimweh, vielleicht aber auch das Zurückgelassene nur abgespalten und verdrängt.[95] Wahrscheinlich also Heimweh, aber keinesfalls Nostalgie, nach den Lehmhütten in Irland, den schmalen Holzhäuschen des Schtetl. Wenn man sich in die Einwanderungserfahrung der Ersten Generation versetzt, wird die ethnische Nostalgie der Dritten und Vierten Generation in Amerika vollends zum Phänomen einer Überfluß-Gesellschaft.

Ethnische Bindung: Konstitutionsmerkmale

Bisher haben wir verschiedene Stationen von »ethnischer Bestimmtheit« in Lebenssituationen von Einwanderern kennengelernt. Die für die »klassische Einwanderergeneration« vor und nach der Jahrhundertwende typische, die vorgefundene, die »gelebte Etnizität« einer Kultur der Anspruchslosigkeit und Zukunftshoffnung in einem harten Arbeitsleben. Dann die Amerikanisierung der Zweiten und Dritten Generation während des Zweiten Weltkriegs und während der 50er Jahre in den Vorstädten. Und einiges wurde auch schon gesagt über das »ethnic revival« der 70er Jahre, das symbolische »Wiederaufleben« von Ethnizität in der Dritten und Vierten Generation – und was davon heute Gestalt angenommen hat in Form von »öffentlicher Anerkennung« des Ethnischen, als Kulturpluralismus im Bildungswesen, als »Pflege des ethnischen Erbes« in Institutionen des amerikanischen Kulturbetriebes.

Nur in diesem letztgenannten Stadium wird »das Ethnische« zum Thema. Nur die Generation des »ethnic revival« hat dieses Bedürfnis nach Identität qua ethnischer Geschichte. Es soll nun genauer untersucht werden, wie diese Rekonstruktion von vermeintlicher ethnischer Tradition verläuft – und wie sie in Wirklichkeit ausgelöst und bestimmt wird durch die *Gegenwart*.

Zunächst: Was ist ethnische Gemeinsamkeit? Zur Frage der »ethnischen Gemeinschaftsbeziehungen« gibt es einige interessante, bruchstückhafte Definitionsversuche in Max Webers »Wirtschaft und Gesellschaft«. In der Diskussion über die Ausländerminderheiten in Deutschland hat man sich bisher nur selten darauf berufen[96], in Amerika ist dieses kurze Kapitel allerdings bekannt und vor allem die Kritiker des »ethnic revival«[97] haben sich unter anderem auch auf Weber bezogen.

Weber verfolgt in diesem nur elf Seiten langen Kapitel die Entwicklung und Folgen des ethnischen Gemeinschaftsglaubens. Ein Gemeinschaftshandeln, so Weber, ist ethnisch bedingt, wenn einer sein Handeln an dem Glauben an ethnische Gemeinsamkeit orientiert. Ethnische Gemeinschaftsgefühle entzünden sich an rassischen Merkmalen, Lebensweisen, die zu Brauch, Sitte und Konvention verfestigt sind, d.h. zum Beispiel an Besonderheiten von Küche und Kleidung, an Eigenarten zwischengeschlechtlicher und ökonomischer Beziehungen, an Vorstellungen von gemeinsamer Abstammung, an Sprachgemeinschaft usw. Der verbindende Anlaß ist austauschbar und willkürlich, es muß nur ein Merkmal der persönlichen Erscheinung oder Lebensweise sein. Damit wird ein Gefühl ethnischer Gemeinsamkeit erzeugt und eine bestimmte Abgrenzung zu den nicht dieser Ethnie Zugerechneten. Das Verhältnis zu den Außenstehenden, so betont Weber, ist regelmäßig durch Ablehnung und Verachtung geprägt, oder, wo sie übermächtig bleiben, werden sie als höherstehend verehrt. Toleranz, Verstehen und wechselseitige Anerkennung sind in der ethnischen Handlungsorientierung demnach die Ausnahme. »Wer seinem äußeren Habitus nach andersartig wirkt, er mag leisten und »sein« was er wolle, wird schlechthin als solcher verachtet oder umgekehrt, wo er dauernd übermächtig bleibt, abergläubisch verehrt. Die Abstoßung ist dabei das Primäre und Normale«.[98]

Die Definition der eigenen Gruppe durch die Abgrenzung von außen geht der positiven Bestimmung dessen, was die Besonderheit der eigenen Gruppe denn nun ethnisch ausmacht, nicht nur historisch voraus, sondern auch strukturell. »Sie«, die anderen, kommt immer vor »wir«, die eigene Gruppe. Jede Selbstdarstellung von ethnisch bewußten Gruppenmitgliedern wird immer indirekt die Außenstehenden ausgrenzen. (»Kein Außenstehender kann uns verstehen« – d.h. auch: »Kein Außenstehender soll uns verstehen«.) Das macht auch verständlich, warum *Stil,* Ästhetik, äußere Erscheinung für ethnische Gruppen so wichtig, geradezu das Vereinende werden kann. (Z.B. »Soul«, der Afro-Look der amerikanischen Schwarzen in den 60er und 70er Jahren, oder die »Zoot Suit«-Bewegung der amerikanischen Mexikaner an der Westküste in den 40er Jahren.)

Die ethnische Gruppe braucht zu ihrer Selbstverständigung immer eine Sprache der Verwandtschaft. Sie ist deshalb *im Prinzip* endogam, wenn auch durchaus nicht in der Praxis. Aber wegen der Bedeutung der Verwandtschaftsassoziationen (»Wir von derselben Art«) muß das Prinzip von der Gruppe aufrechterhalten werden.

Solcher Glaube an ethnische Gemeinsamkeiten läßt die tatsächlichen Gründe und Formen einer Vergemeinschaftung im Dunklen. Er erleichtert sie aber und kommt vor allem der politischen Vergemeinschaftung entgegen. Zugleich, und das ist für die amerikanische Situation auch interessant, betont Weber, daß die Verursachung genau in die umgekehrte Richtung laufen kann: daß nämlich politische und andere Zusammenschlüsse erst den Glauben an ethnische Gemeinsamkeit wecken. Seine zentrale Aussage dazu:

»Die ethnische Gemeinsamkeit (im hier gemeinten Sinne) ist demgegenüber nicht selbst Gemeinschaft, sondern nur ein *die Vergemeinschaftung erleichterndes Moment.* Sie kommt den verschiedensten, vor allem freilich erfahrungsgemäß der politischen Vergemeinschaftung, fördernd entgegen. Andererseits pflegt überall in erster Linie die politische Gemeinschaft, auch in ihren noch so künstlichen Gliederungen, ethnischen Gemeinschaftsglauben zu wecken und auch nach ihrem Zerfall zu hinterlassen. ... Die künstliche Art der Entstehung eines ethnischen Gemeinsamkeitsglaubens entspricht ganz dem uns bekannten Schema der Umdeutung von rationalen Vergesellschaftungen in persönliche Gemeinschaftsbeziehungen«.[99]

Ethnischer Gemeinschaftsglauben ist künstlich entstanden: Zwar wird sich die ethnische Gruppe durch »gemeinsame Ahnen«, durch »gemeinsame Geschichte«, durch »gemeinsames Schicksal«, durch »gemeinsame Sprache oder Sprachstile« definieren. Aber in Wirklichkeit ist sie – in Daniel Bells schönen Worten – »eine Gemeinschaft des Gedächtnisses«. Das ist ihre Basis. Von der »Sippengemeinschaft« scheidet sich die ethnische Gemeinschaft dadurch, daß sie eben an sich nur (geglaubte) Gemeinsamkeit ist, nicht aber »Gemeinschaft« ist wie die Sippe, zu deren Wesen ein reales Gemeinschaftshandeln gehört«.[100]

Ist »ethnische Bestimmtheit«, »ethnicity«, demnach also nicht primär? Napoleon sagte: Geschichte ist Schicksal. Für die »new ethnics« ist ethnische Bestimmtheit Schicksal. In ihrer Argumentation gibt es dabei einen merkwürdigen Widerspruch: Einerseits soll man sich zu seiner ethnischen Bestimmtheit *bekennen* – und das hieße doch, daß man die *Wahl* hat, sich zugehörig zu fühlen oder nicht – andererseits gilt ethnische Bindung jedoch auch als primär, als Schicksal, oder wie es zwei Kritiker des ethnic revival genannt haben: »Es gilt der ethnische Imperativ«.[101] Ethnische Zugehörigkeit wird einerseits vorausgesetzt, andererseits soll man seine »Identität finden«, sich bemühen, zugehörig zu sein. Genauer zu untersuchen ist nun die Dynamik dieses Zugehörigkeitskults. Ist er ein Krisenkult? Geteilte Reaktion auf die Isolation der Einzelnen: »Wir lösen diese Krise gemeinsam?« Was sind die Wurzeln dieser kollektiven Gruppenphantasien, oder gar »kollektiven Halluzinationen«?[102]

Ethnische Identität versus ethnische Persönlichkeit

Devereux hat in der Beschreibung und Einschätzung von ethnischen Gruppen und Bewegungen zwischen ethnischer Identität und ethnischer Persönlichkeit unterschieden. Die ethnische Persönlichkeit ist im wesentlichen unbewußtes Handeln, d.h. kulturell geprägtes, früh gelerntes Verhalten, das inzwischen spontan *wirkt.* Ethnische Identität bezeichnet demgegenüber die bewußte Zugehörigkeit zu einer sozialen Gruppe.

Zwischen ethnischer Identität und ethnischer Persönlichkeit können Widersprüche auftreten: Eigenschaften, die in der ethnischen Identität unterdrückt werden müssen, können Teil der ethnischen Persönlichkeit bleiben. Zum Beispiel sagte ein Orakel den Spartanern voraus, daß sie wegen ihrer Gier untergehen würden. Danach war es allen Spartanern verboten, Wertgegenstände zu besitzen; ihre Häuser konnten daraufhin durchsucht werden. Zugleich waren Spartaner außerhalb ihrer Grenzen, z.B. als Gouverneure von besiegten Städten, berüchtigt für ihre Habgier, die offensichtlich Teil der ethnischen *Persönlichkeit* geblieben war. Und ähnliche Widersprüche kann man in modernen Zeiten auch in den Führerpersönlichkeiten der neuen ethnischen Organisationen erkennen: als oft scharfsinnige Kritiker von Amerikanisierung und Mobilitätssucht repräsentieren sie doch oft gerade das, was sie in ihrer ethnischen Programmatik verdammen (davon genauer später).

Historisch haben oft ethnische *Persönlichkeitsmerkmale* unter veränderten Lebensbedingungen erst ethnischen *Identifikationswert* erhalten. Zum Beispiel haben die Juden, solange sie in Halbwüsten lebten, nie Schweine gezüchtet, einfach deshalb, weil es sich mit ihrem nomadisierenden Lebensstil nicht vereinbaren ließ. Als sie seßhafter wurden, aßen sie weiterhin kein Schweinefleisch. Aber nun wurde das zum Abgrenzungsmerkmal gegenüber den um sie lebenden sozialen Gruppen. D.h.: Ethnische Identität ist wesentlich dissoziative Identität.

Daß in einer Gruppe alle Angehörigen ein vergleichbares kulturelles Schicksal teilen, macht sie nicht notwendig zu einer ethnischen Gruppe. Erst der Diskurs über das Ethnische, die Vergewisserung gemeinsamer Traditionen leistet das. »Ethnicity« ist ein Öffentlichkeitsphänomen. So wurde z.B. die Baptistenkirche der Südstaaten erst unter Martin Luther King zu einer ethnischen sichtbaren Organisation der Schwarzen, nachdem sie das jahrzehntelang vorher, obwohl ebenso von Schwarzen getragen, nicht gewesen war. Ein anderes Beispiel: Die Zeitschrift »Commentary Magazine« war lange Zeit getragen von einer Gruppe nicht-ethnischer, wenn auch vorwiegend jüdischer Autoren. Inzwischen ist sie eindeutig und in hohem Maße ethnisch-jüdisch.

Ein Verhalten, das sich in Richtung auf ethnische Identität hin organisiert, ist immer deutlich daran zu erkennen, daß es stärker ritualistisch und monotoner ist, »reiner«, »stimmiger« als das Alltagsverhalten auf ethnischer Persönlichkeitsebene. »Die Geschichte wiederholt sich (so könnte man das Verhalten auf der ethnischen Persönlichkeitsebene charakterisieren), aber nur das Ritual wiederholt sich *exakt* (und daran ist das ethnisch Identitätshafte zu erkennen).«[103] Jede »Reinheit« von »ethnischen Lebensäußerungen« ist ein Hinweis auf den Identitätsaspekt dieser ethnischen Bindung.[104] Nur die Renaissance kann rein sein. Revitalisierte ethnicity ist päpstlicher als der Papst. Diesen Perfektionismus kann man sich heute leisten.

Die Unterscheidung zwischen ethnischer Persönlichkeit und ethnischer Identität haben Kritiker der neuen Ethnicity-Bewegung verschiedentlich übernommen; Stein und Hill unterscheiden in ähnlichem Sinn zwischen Verhaltens-Ethnizität und ideologischer Ethnizität. Kein Zweifel, daß man »irisch« oder »polnisch« denken und fühlen kann, aber eben ohne dieses Etikett zu verwenden. Ob nicht allerdings auch diese »unbewußte ethnicity« inzwischen schon »kreolisiert« ist, d.h. den amerikanischen Bedingungen unmerklich assimiliert, ist eine andere Frage.

Den ethnischen Ideologen entgeht, daß das Etikett die Sache selbst verändert. Wenn man sich »seiner Identität bewußt wird« verändert sich dadurch auch die Identität. Ein Beispiel: die new ethnics klagten, daß »noch nicht einmal« die ethnischen Organisationen der 20er und 30er Jahre die Einwandererpresse archiviert hatten, die jetzt für sie so unschätzbaren Wert hat. Aber warum hätten sie es tun sollen? Diese Zeitungen hatten für sie eine andere *Funktion.*

Ethnische Bindung auf der Persönlichkeitsebene ist oft schwieriger als »ethnisch bedingtes Verhalten« zu erkennen, als Verhalten, das durch die ethnische Identitätsebene gesteuert wird. Wahrscheinlich deshalb, weil es »unreiner« ist, unlogischer, mit dem Alltag verknüpft, in gewissem Sinne unartikulierter als das ethnisch Identitäthafte. De Vos veranschaulicht diese Beobachtung an einem Experiment: In einer Fotoserie sind Personen abgebildet, die Schmerz und Trauer empfinden, und in einer anderen Serie Schauspieler, die Schmerz und Trauer *darstellen.* In aller Regel erkennen die Beobachter in der zweiten Serie viel genauer das Gemeinte, und verwechseln die Gemütsbewegungen der ersten Serie mit Lachen, mit Ärger, mit Erschöpfung usw.

Die »new ethnics« halten ethnische Bestimmtheit für etwas von vorneherein *Gegebenes,* für sie ist die Welt an sich eine ethnische, sie sind überzeugt, daß unabhängig vom Bewußtsein und vom Lebensstil des Einzelnen das Universum gewissermaßen ein ethnisches ist. Wenn man das ethnische Prinzip derart universalisiert, werden »die Anderen« natürlich ebenfalls zur »ethnischen Gruppe« und als solche definiert, auch wenn diese selbst sich überhaupt nicht so empfinden. Ein Beispiel für diese Projektion sind die sogenannten WASPS* – wer wird sich schon bewußt dazu zählen, zu dieser »ethnischen Gruppe« mit abstraktem Etikett! Auch die »ethnische Literaturgeschichtsschreibung« sieht häufig in der sogenannten »American mainstream-Literatur« nur noch eine »amerikanische« Literatur.

Unterstellt wird in der Ethnicity-Diskussion vorab, daß migrierte Gruppen ethnische Gruppen sind. Aber ob migrierte Gruppen sich ethnisch definieren, hängt von vielerlei Faktoren ab. Keinesfalls hängt es zusammen mit dem vorangegangenen Entwicklungsstand ihrer Herkunftskultur (etwa: »Um so differenzierter die Herkunftskultur, desto stärker der Versuch, an ihr im Auswanderungsland festzuhalten«). Die Deutschen in Amerika sind dafür ein Gegenbeispiel. Und auch Diskriminierung durch die dominante Gesellschaft muß keineswegs zu ethnischer Selbstdefinition führen. Dafür gibt die Geschichte der Schwarzen in den USA ein deutliches Beispiel: Stark segregiert, waren sie dennoch als Gruppe atomisiert, ein physisches Nebeneinander in Gettos, ein gesellschaftlicher Aggregatzustand, aber lange Zeit keine Anzeichen einer Organisation auf ethnischer Grundlage. Auch für die Chicanos in den USA trifft das weithin zu.

Ethnische Gruppen sind »self-defining in-groups«. Als Kategorien zur Selbstbeschreibung – wie sie später kollektiven Ausdruck fanden in Form von Kirchen, Organisationen und Bewegungen – waren die ethnischen Etikette keine Importe aus den Herkunftsländern. Sie sind amerikanische Neubildungen. Bekanntlich sind Polen, Rumänen, Italiener, Jugoslawen nicht unter diesen Etiketten eingewandert, sondern sie verstanden sich eher als »Bauern«, als »Katholiken«. . . . Ethnische Identität setzt Amerikanisierung voraus, ethni-

---

* (White Anglo Saxon Protestants)

sche Identifikation ist etwas Amerikanisches. Keine »biologische Kontinuität«[105] verbindet die ethnischen Gruppen in Amerika mit den Herkunftsländern; als ethnische Gruppen konstituierten sie sich in Amerika, oft erst in Reaktion auf die erfahrene Ausgrenzung durch einheimische Amerikaner.

Folklore ist häufig keineswegs nur Selbstdefinition einer ethnischen Gruppe, sondern sie erfüllt, darauf hat H. Stein[106] verwiesen, kollektive Funktion, sie ist Teil der »shared fantasy« der ganzen Nation, delegiert an bestimmte Regionen oder Gruppen. Stein beschreibt das am Beispiel der Klapperschlangenjagd in Oklahoma und im Südwesten. Die »rattlesnake hunts« sind dort ein wichtiges expressives Ereignis der Männerkultur. Klapperschlangen sind Schädlinge. In den Wochen, in denen die Ernte durch Tornados und andere unbeeinflußbare Naturkatastrophen gefährdet ist, kann man die Passivität in Aktivität verkehren. Diese Klapperschlangenjagden haben eine längere Tradition. *Neu* sind aber die »ethnischen Symbole«: daß Männer die Klapperschlangenhaut am Stetson tragen. Das sieht man erst seit 1980: seit John Travoltas »Urban Cowboy«.

Die neue ethnicity ist also etwas anderes als die von ihr reklamierten ethnischen Phänomene. Es ist eine kulturelle Bewegung, die selektiv ethnische Inhalte und Bruchstücke verwendet; der Schlüssel zu ihrem Verständnis ist weniger die Vergangenheit als gegenwärtige Bedürfnisse. »Nicht die Fortdauer von Traditionen ist Erkennungszeichen der new ethnicity, sondern ihre wissenschaftliche Suche nach ihnen«.[107]

Was wäre dagegen einzuwenden? Warum sollten Menschen, Einwanderer, deren Alltag und deren Lebenserfahrungen Gemeinsamkeiten aufweist, Ähnlichkeiten, nicht auch symbolische Formen suchen, diese Gemeinsamkeit auszudrücken? Problematisch wird es, wenn diese Gemeinsamkeiten vor allem durch *Abgrenzungen* beschworen werden. Es kann dann ein ethnisches Bedeutungssystem konstruiert werden (von Aktivisten und Ideologen), das mit den realen ethnischen Traditionen nur wenig zu tun hat. Barth[108] hat besonders auf die Bedeutung der *Grenzen,* der Abgrenzungen nach außen hingewiesen als das entscheidende an ethnischen Gruppen, entscheidender als die kulturellen Inhalte. Ein Indiz für pathologische Identitätssuche ist demnach die Frage: Wer bin ich *nicht?* statt: Wer bin ich. Erikson sieht in diesem Identitätskult, der Suche nach Kontinuität, »Ganzheit«, der Angst vor »Zersplitterung«, »Atomisierung«, ein Indiz für innere und äußere Fragmentierung und nennt die ethnischen Ideologien »infantile Gruppenphantasien«. Das grandiose Selbst ist mit dem Fremdbild der Außenwelt nicht in Einklang zu bringen. Ethnisch – nicht-ethnisch: ein Sammelbecken für Projektionen und Delegationsprozesse. Je stärker die Regression, um so schärfer die Grenzen, um so unerbittlicher der Konflikt. Um so ausschließlicher die ethnische Gemeinsamkeit und um so heroischer die halluzinierte ethnische Vergangenheit.

Dazu ein, längeres, Beispiel aus einem frühen Roman von Orlando Patterson (1967), »An Absence of Ruins«. Der Erzähler des Romans wandert, auf der Suche nach seiner Geschichte, am frühen Morgen durch ein Armenviertel seiner Heimatstadt in Jamaika.

»Als ich die schmale Gasse entlang ging, entwarf ich Phantasien einer wirklichen Vergangenheit. . . . Es muß hier eine Vergangenheit geben. Meine Stadt reicht tausend Jahre zurück. Wenn man nur tief genug gräbt, wird man die Spuren von noch älteren Epochen finden. Man sagt mir, daß ich nur die Knochen von verkrüppelten, massakrierten schwarzen Sklaven finden würde oder, wenn ich noch tiefer grabe, die Leiber von Arawak-Indianern, von spanischen Besetzern geköpft, halb aufgefressen zurückgelassen von den Karibiern. Aber das sind alles Lügen, Lügen. Ich werde das nicht glauben. Und wenn sie mir eine Million verstaubte Dokumente zeigen. Diese Kuratoren im Britischen Museum, im Einwohnermeldeamt, im Institute of Jamaica und in den Archiven von Spanish-Town – sie sind alle gemeine, verräterische, hinterhältige Propagandisten, Gehirnwäscher, Erfinder von Märchen, die es nur darauf abgesehen haben, daß ich mich unterlegen fühle, die mir mein Wissen über mein ruhmreiches Erbe vorenthalten wollen, ein Erbe, das doch vorhanden sein muß, irgendwo verborgen.

Denn es ist ja unmöglich, es kann nicht sein, daß alles was ist, und je war, nur harte Peitschenhiebe sind, rohe Flüche von grausamen und unmenschlichen Herren, der Rhythmus von beschlagenen Hufen, die in die widerwillige jungfräuliche Erde schlagen. Und was haben sie mit meinen unsterblichen Kunstwerken getan? Soll ich wirklich glauben, daß mein kulturelles Erbe nicht mehr zu bieten hat als diese spröden, dürftigen Melodien mit ihren monoton-melancholischen Refrains?

Ich werde ihnen nicht glauben. Eines Tages werde ich diese böswilligen Institute mit ihren Korridoren und Gewölben völler Lügen zerstören, und ich werde sie bis auf den Grund verbrennen. Ich, Alexander Blackman,

werde die Wahrheit meines Erbes erlösen, meine große Vergangenheit, die irgendwo verborgen ist. Vielleicht sogar hier. ... Ich habe sie endlich gefunden, die Straßen und die Häuser meiner antiken Stadt«.
(Kurz darauf, nach Sonnenaufgang):
»Ich stand in einer Sackgasse, machtlos, spürte die aufsteigende Sonne. Viel zu rasch war alles verschwunden. Der Tau, seine sanfte feuchte, tröstliche Weichheit löste sich plötzlich auf. Der Mantel der Dämmerung hob sich, Seitenwände, Vorderwände und die Dächer der kleinen Hütten waren dem Licht ausgesetzt. Nackt in ihrer Vernachlässigung; häßlich und elend in ihrer schmutzigen Ärmlichkeit.
Die schwebende traumhafte Schönheit der Morgendämmerung war vorbei und meine Vergangenheit mit ihr; meine kleine antike Stadt nahm sie mit; meinen Frieden und meinen Stolz: Nun mußte ich der Wahrheit des neuen Tages begegnen; der harten Wirklichkeit der grausamen Sonne ...« (S. 37).

Aber kann die geträumte Tradition dem Einzelnen wirklich das geben, was er sich von ihr erwartet? »Identität«? Im Pathos der »geschändeten Ethnie« der Unterworfenen hört der klinische Psychologe eine andere Geschichte: Die Wiederholung frühkindlicher Geschichte, einen ödipalen Rettungsversuch. Der böse Vater (dominante Kultur) und die vergewaltigte Mutter (die ethnische Gruppe ist ein weiblicher Schoß: Wärme, Nähe, Essen, Aktzeptiertwerden ohne Leistung wird mir ihr assoziiert).

Aber die in aller ethnischen Ideologie als harmonisch und symbiotisch beschriebene Einheit Ich – ethnische Gruppe, (Ich – Mutter) war und ist in Wirklichkeit ambivalent und angstbesetzt. Das in dieser Symbiose und *Abhängigkeit* Ängstigende wird abgespalten auf die böse, »dominante« Gesellschaft. Durch diese Delegation soll die Ursprungsfamilie von Aggression freigehalten werden: Feindschaft, Konflikte, Pathologie innerhalb der ethnischen Gruppe darf es nicht geben. Die suggerierte Kontinuität der Generationen darf nicht erschüttert werden. Aber die behauptete Symbiose Ich – ethnische Gruppe geht in Wirklichkeit nicht auf. Sie muß beschworen werden durch Konformitätsdruck. Der Abweichler, der Aussteiger, der angepaßt Amerikanisierte, wird gehaßt und verfolgt. Trotz aller Pluralismus-Forderungen und der beschworenen »kulturellen Diversität« sind ethnische Gruppen in aller Regel nach innen sehr konformistisch. Als Beispiel wurde der Chicano-Kongreß in Deutschland zitiert (innere Widersprüche wurden moralisch unterdrückt: das waren eben die angepaßten, unsolidarischen Chicanos) – und allgemein tut sich ethnische Selbstdarstellung schwer mit der Pathologie in der eigenen Gruppe. Lange hat es gedauert bis ein Buch wie »Ethnicity und Familientherapie«[109] erscheinen konnte. Und auch die Herausgeber der *Harvard Encyclopedia of American Ethnic Groups* haben die Erfahrung gemacht, daß die Autoren der Beiträge zu den 110 vertretenen amerikanisch-ethnischen Gruppen lieber die Erfolgsgeschichten, den »kulturellen Beitrag« ihrer Gruppe darstellen wollten, und Konflikte, Rivalitäten, Pathologie der eigenen Gruppe verdrängten. Mit Fremdheit innerhalb der eigenen Familie, innerhalb der eigenen ethnischen Gruppe, tut man sich schwer. Der Kryptokonformismus der Ethnicity-Bewegung läßt nur *bestimmte,* autorisierte Unterschiede zu. »Unterschiedlichkeit *um* unterschiedlich zu sein, ist die Form des Narzißmus, die in Form von Gruppenverständigung zum Beharren auf *Gleichheit* führt und somit zur Auslöschung wirklicher individueller Unterschiede«.[110]

Kryptokonformismus von Ethnicity

Hören wir als ein Beispiel für Konformitätsdruck im Namen von ethnischer Loyalität den schwarzen Schriftsteller Mike Thelwell, Autor des berühmten »The Harder They Come«, und Gründer des Dubois Department der University of Amherst, Massachusetts. 1983 rechnet er unter dem Titel »Die soziale Verantwortung des schwarzen Schriftstellers« ab mit »modernistischen« schwarzen Schriftstellern, die mit der Bourgeoisie liebäugeln, statt aufrecht zu »ihrer« Gruppe zu stehen. »Verantwortung« sei ein aus der Mode gekommener Begriff. Dekadenter Modernismus (»keine *Aussage«)* habe sich in der schwarzen Literatur verbreitet. »Statt die Welt einzufangen, wird »Kunst« der Gegenstand der Kunst .... Das darf nicht sein, ist »Brunnenvergiftung der schwarzen Welt«. »Die Arbeiter« hätten längst aufgehört »dieses Zeug« zu lesen. Im 19. Jahrhundert haben sie noch Dickens gelesen, jetzt, wegen des Modernismus der Literatur (!) der nur »die Neugier der Bourgeoisie kitzelt« lesen sie »das Zeug« nicht mehr. Weiter: »Jeder schwarze Autor, der über schwarze Gesellschaften und Kulturen schreibt, aber dessen Werk sich nicht an die Menschen richtet, die er zum Gegenstand seines Schreibens macht, ist nichts mehr oder weniger als ein Ausbeuter der Seinen«. Er setzt damit eine kolonialistische Tradition fort, die von »den Kiplings« und »den Conrads« des imperialistischen Zeitalters begonnen wurde. Und die Forderungen parteilicher ethnicity an den schwarzen Schriftsteller: »Wir stehen Auge in Auge mit der Notwendigkeit, die Arbeit fortzusetzen, die mit großem Ernst in unserer Generation begonnen wurde .... Wir müssen in der schwarzen Welt immer noch mit der Herausforderung umgehen, das neue nationale Bewußtsein aus uralten Werten und moralischen Ansichten unserer Kulturen zu formen und ihm Ausdruck zu geben in literarischen Begriffen, die aus Mythen, Metaphern und der Sprache der kollektiven Erfahrungen unserer Rasse entstanden sind ...«. Romanschriftsteller müssen sich dieser »Pflicht« bewußt sein, sie müssen »engagierte, verantwortungsvolle und ehrliche« Romane schreiben ... sich nicht jeden Flausen der westlichen Avantgarde anpassen ... »sinnvolle Romane« (»Purposeful novels«) ... und weiter so auf der Linie des dogmatischsten sozialistischen Realismus. Ein rotes Tuch ist dem Wächter der ethnischen Moral konsequenterweise das Werk von V.S. Naipaul: »ein Hohn auf solches Engagement und Opferbereitschaft ...«.[111]

Dieses schwarze Pathos vom Katheder verrät schon den Verlierer. Inzwischen, in den 80er Jahren, ist solche fanatische, ethnische Parteilichkeit nicht mehr wirklich an der Tagesordnung. Die Beschwörung von unerschütterlicher Loyalität hat etwas von Don Quichotterie.

Die Festlegung auf die Zugehörigkeit zur »schwarzen Community« als einzig leitender Kategorie verhindert jede persönliche Autonomie. Kennzeichen von Modernität und Individualität ist, daß ein Individuum verschiedenen Klassen gleichzeitig angehört. Ethnische Identität ist nur eine dieser Klassenzugehörigkeiten. Wenn sie zur ausschließlichen und einzigen wird, wird sie zur Zwangsjacke, wird jede individuelle Besonderheit zugunsten der »kollektiven Besonderheit« ausgelöscht. Und es macht keinen wesentlichen Unterschied mehr, wer diese Zuschreibung vornimmt, ein Vertreter der eigenen Gruppe (wie in diesem Fall) oder der Außengruppe: wenn z.B. die Juden aller anderen Klassenidentitäten beraubt und nur auf die jüdische festgelegt wurden. Wenn man sich, wie in diesem Beispiel M. Thelwell, nur noch über eine einzige Klassenzugehörigkeit definieren kann, ist das ein Hinweis auf beschädigtes Selbstwertgefühl, darauf, daß hier eine Krücke, eine Hilfsidentität, gebraucht wird. »Wenn man nichts anderes ist als Spartaner, Kapitalist, Prolet oder Buddhist, ist man schon beinahe gar nichts mehr und existiert auch bald nicht mehr«.[112]

Jedoch macht man es sich zu leicht, wenn man die Ethnicity-Bewegung nur über die Äußerungen ihrer dogmatischsten Nachzügler kritisieren wollte. Komplexer war vielfach die Diskussion noch in den 70er Jahren.

Das »ethnic revival«

Eine der bekanntesten Gestalten des ethnic revival in den 70er Jahren wurde Michael Novak. In den 60er Jahren war er aktiv in der Bürgerrechtsbewegung. Heute ist er Mitarbeiter am American Enterprise Institute for Public Policy in Washington (einem neokonservativen Forschungsinstitut) und Mitglied verschiedener Aufsichtsräte von ethnischen Institutionen. Sein Buch »The Rise of the Unmeltable Ethnics« (1972), war jahrelang ein Bestseller. Dieses Buch ist vielerlei: eine oft sehr einfühlsame Beschreibung der Zumutungen von »Anglo-Kultur«, ein Protest gegen Mobilitätssucht und Wachstums-Euphorie im Amerika der 70er Jahre, es formuliert den Basisprotest der »übergangenen Minderheiten«, der weißen ethnischen Einwanderergruppen, die durch die neue Bevorzugung der rassischen Minderheiten in der amerikanischen Reformpolitik sich benachteiligt fühlten, und es ist eine recht publikumswirksame Phantasie ethnischer Kultur heute.

Nach Jahren der Black Consciousness-Bewegung und nachdem sich die liberale Öffentlichkeit schuldbewußt den Schwarzen und Indianern zugewandt hatten formuliert endlich einer das ethnische Selbstverständnis der sogenannten PIGS (Polen, Italiener, Griechen und Slowaken). Die ethnische Kultur wird definiert aus der Kritik am modernen Amerika, aus dem, was die weißen ethnischen Gruppen angeblich *nicht* sind. Eine Gegenüberstellung der Schlüsselwörter, mit denen beide Kulturen charakterisiert werden, ergibt folgendes:

Ethnisch-katholisch

Sein, Sein wichtiger als Tun, Wirklichkeit, Individualität untrennbar von Gemeinschaft, Bindung, Wurzeln, echt, Kontinuität, Transzendenz, gegenseitiges Aufeinanderangewiesensein, gemeinschaftlich, Familie-Gemeinde-Nachbarschaft, Land-Blut-Religion, Harmonie mit Natur, Verwandte sind ein Teil des Selbst, Welt ist ein Teil des Selbst, das Selbst ist untrennbar von anderen, nah, natürlich, Herz, Instinkt, Reflexe, subjektiv, organisch, emotional, nicht rational, rhythmisch, sinnlich, vorbewußte Bindungen, Solidarität mit denen von der eigenen Art, Pessimismus, Wirklichkeit, Wahrhaftigkeit.

Amerikanisch-protestantisch

Handeln, Tun, Zukunft, initiieren, intervenieren, logisch, analytisch, einsam, Individuum, Markt, unpersönliche Logik, atomisierte Menschen, Macht über andere, Kopf, Gedächtnis, standardisiert, Verachtung für Geheimnis, neu, allein, modern, vereinzelt, entfremdet, künstlich, aufgeklärt, bürokratisch, konkurrent, imitierend, Position, Pragmatismus, Selbstzufriedenheit, Geschichte siegt über Natur, der nordische Mensch ist dem mediterranen überlegen, Privatsphäre und Isolation, Körper durch Bewußtsein kontrolliert, Zurückhaltung, Distanz, Scheinbeziehungen, körperfremd, unabhängig, Funktionalität, progressiv, Optimismus, Produktivität.

In seiner Kritik der atomisierten, über das menschliche Maß hinaus wachstumsbesessenen amerikanischen Gesellschaft hat Novak viel vorweggenommen, was später alternative Bewegungen in anderem Kontext wiederholen werden. »Unsere alten Träume von Produktivität, Industrialisierung und Fortschritt sind schal geworden« schreibt er. »Wie können wir das moderne Leben verlangsamen, damit es wieder zum menschlichen Maßstab zurückfindet?«[113] Seine Zivilisationskritik kippt jedoch um ins Nostalgische. Die oben zusammengestellte Gegenüberstellung von ethnisch-katholischer und amerikanisch-protestantischer Kultur kann man nur als »imaginäre Ethnographie« bezeichnen. Er verdrängt den unbedingten

Amerikanisierungswunsch der ethnisch-katholischen Schichten in den vergangenen Jahrzehnten, und er verdrängt noch entschiedener die repressiven Aspekte ethnischer Lebensstile von Polen, Italienern, Slowaken auch noch heute. Seine Utopie einer pluralistischen Gesellschaft ist in hohem Maße autoritär. Ganz dick kommt es im letzten Kapitel »Politische Träume für jeden Finger meiner Hand«. Hier schlägt er unter anderem vor, (»Traum der umgekehrten Belohnungen«), daß in Zukunft Professorenkinder in Schulen von Kindern mit weißen ethnischen Arbeiterkindern gebust werden, daß Kinder von Intellektuellen nur noch in Colleges und Universitäten in Präriestaaten zugelassen werden, daß in Schulen, wo Gewalttätigkeit an der Tagesordnung ist, vorzugsweise »emanzipierte Mädchen« unterrichtet werden, daß politische Aktivisten, deren Bücher die Auflagenhöhe von 20.000 überschreiten, ihre Mehreinnahmen an Familien von Polizisten abführen müssen, die umkamen oder verletzt wurden, während sie »die Autoren beschützten« ... Studenten sollen als Polizisten in Gebieten mit hoher Kriminalitätsrate dienen ....

Solche Vergeltungsträume erinnern schier an Regimes wie Pol Pot. Wie läßt sich ihre Popularität in den 70er Jahren erklären? Welche Ressentiments der kleinen Leute artikulierte Novak so lebendig?

Die Ressentiments der »übergangenen Minderheiten«

Die weißen ethnischen Minderheiten, die Slowaken, Griechen, Italiener, Polen der Zweiten und Dritten Generation fühlten – in den 70er Jahren deutlicher als noch in den 60er Jahren, als sich viele Führer ihrer Organisationen aktiv an der Bürgerrechts-Bewegung beteiligt hatten – daß die Geschichte an ihnen vorüberzugehen schien. Das »ethnic revival« dieser weißen ethnischen Gruppen war auch eine Reaktion auf erneute Ausgrenzung, eine Ausgrenzung diesmal unter liberalem Vorzeichen. Es war eine Reaktion auf die neue staatliche Fürsorge und auf die liberale Parteilichkeit für Schwarze und Indianer. »Die symbolische Botschaft aller Reformprogramme im letzten Jahrzehnt war: nur für Schwarze«.[114] Und auf dieser Linie äußert sich auch ein anderer berühmter Protagonist des »ethnic revival«, der Reverend Andrew Greeley: »Für Schwarze und Chicanos und amerikanische Indianer ist ethnisches Bewußtsein eine anerkannte Sache, aber für andere amerikanische ethnische Gruppen ist es anscheinend ... unmoralisch«.[115]

Novak klagt, daß die liberale, d.h. in erster Linie die akademisch gebildete Öffentlichkeit der amerikanischen Ostküste, vorzugsweise Verständnis aufgebracht habe für Schwarze, Indianer und für andere Armutskulturen, darüber hinaus sei Amerika jedoch für sie »zwei Küsten, verbunden durch »United Airlines«. Das »mittlere Amerika«, das weiß-ethnische Arbeitermilieu, sei ihnen unbehaglich, weil es nicht ins romantische Klischee dieser Progressiven paßt. Das scheinbar reaktionäre politische Verhalten der weißen ethnischen Gruppen habe diese liberale Öffentlichkeit nie versucht zu verstehen. Martin Luther King wurde mit Steinen beworfen, als er 1965 an der Spitze eines Demonstrationszuges durch ein ethnisches Viertel Chicagos marschierte. Blue-Collar-Arbeiter mit einem Arbeitsplatz, Letten, Italiener, Polen: sie haßten ihn. »Two-four-six-eight – we don't want to integrate«. Und: »I wish I was an Alabama Trooper, that's what I'd really want to be. Coz if I was an Alabama Trooper I could kill the niggers legally«. Und Novak verteidigt: Die Taktik der Demonstration an sich war den weißen Ethnics eine Beleidigung, eine Anklage. »Menschen, die unsicher sind, soll man nicht anklagen. Ihre Schuld zu verstärken, das ist problematisch ... aber die liberale Öffentlichkeit wollte die Blue Collar Community provozieren, sie hat merkwürdige Aversionen gegen ihre ethnischen Lebensstile«.

Nicht ohne Plausibilität interpretiert Novak die politische Gegenreaktion der White Ethnics auf die Reformbewegungen der 60er. Für die Integration der Schwarzen – in Schulen, in Betrieben, in Wohnvierteln – schien es für sie keinerlei Kompensation zu geben. Im Gegenteil, es brachte sie in zusätzliche Schwierigkeiten. Ihre Häuser – wieviel bedeuten sie den polnischen Familien, die vor einigen Generationen noch in Leibeigenschaft gelebt haben, für die das eigene Haus oft das Lebensziel überhaupt war, viel eher als »Konsum« oder »Aufstieg«! – diese Häuser verloren nun rapide an

Wert, wenn Schwarze ins Viertel zogen. Daß die Schwarzen die Häuser überbezahlen müssen, die sie selbst unter Wert verkaufen mußten, ist für sie kein Trost. Alle sind bitter. Sie sehen vielleicht ein, daß es Schwarze historisch härter gehabt haben und daß sie auch aktuell noch stärkerer Diskriminierung ausgesetzt sind. Aber sie können nicht einsehen, daß ausgerechnet sie den Preis dafür zahlen sollen. Und dieser Protest, mit dem Rücken zur Wand, erscheint in rassistischem Gewand. Und auch das haben die weißen ethnischen Gruppen nicht erfunden: Das Idiom des sozialen Ressentiments in Amerika ist eben der Rassismus.

Dazu kam noch die neue Infragestellung des Leistungsprinzips durch die Bevorzugung von Schwarzen und anderen Minderheiten in der Förderung durch Affirmative Action. Das traf besonders, dagegen revoltierte das Leistungsdenken, das Wertsystem der Polen und Slowaken, wie sie es aus Euopa mitgebracht hatten aus den unerbittlich bäuerlich-feudalen Arbeitszwängen und wieder neu bestätigt hatten im Industriekapitalismus der 20er und 30er Jahre. »Man kriegt nichts geschenkt« – daran hatte man sich unter Versagungen soweit gewöhnt, daß man nun auch nichts geschenkt kriegen *wollte.* Und Schwarzen sollte jetzt alles in den Schoß fallen? Slowaken, Polen, Serben hatten ihr Leben lang gearbeitet und dabei immer das Leistungsprinzip anerkannt. Durch die Inflation reichte nun das Ersparte nicht fürs Collegestudium der Kinder – was inzwischen fast zum einzigen Weg zum Erfolg geworden war. Und den Schwarzen wurde es »nachgeworfen« .... Sie, die immer so patriotisch gewesen waren, stets überproportional mehr Freiwillige in der US-Armee gestellt hatten, sie, denen die amerikanische Flagge soviel bedeutete: sie wurden übergangen. Nicht nur übergangen, auch beschimpft, von den Nestbeschmutzern, den College-Kids, die Amerika wegen seiner Verwicklung in den Vietnam-Krieg in den Schmutz zogen, (ein Krieg, in dem wieder überproportional mehr Söhne aus den weißen Unterschichten an der Front dienten und fielen). Diese illoyalen Bürgersöhnchen diffamierten den amerikanischen Traum als Lüge, sie beschimpften ungarische Familien, die vor einer Generation noch als »Honkies« diffamiert worden waren, nun als »Hunkies« (Reaktionäre), sie verbündeten sich mit schwarzen Habenichtsen im Afro-Look und bunten Flatterkleidern, und sie trugen alle Siege davon. Diese Ressentiments sind heute noch lebendig. Wirkungsvoll kann sie z.B. Peggy Noonan formulieren, die als Ghostwriter im Reagan-office sehr beliebt ist. Sie stammt aus einer irisch-katholischen Arbeiterfamilie. Als Schülerin hat sie an Demonstrationen gegen den Vietnam-Krieg teilgenommen. Aber: »Es ging mir irgendwann gegen den Strich, daß diesen Oberschicht – Studenten, die mehr als je eine Generation zuvor die Nutznießer von Amerika, vom Kapitalismus, von der Freiheit waren, nie anzumerken war, daß sie Amerika liebten. Kein Anzeichen von *Trauer* über Vietnam . . . nur alles herunterreißen wollten sie . . .«.[116]

»Wie einen gußeisernen Stock fühlen die White Ethnics die Autorität der Akademiker (»educated«) auf ihrem Rücken. Von ihnen werden sie immer wieder als unaufgeklärt, als dumm, unmoralisch und rückständig dargestellt«[117] – diese Klage trägt Novak im gesamten Buch in Variationen mindestens achtmal vor. Aber: Jetzt in den 70er Jahren wird es anders werden. »Nehmen wir mal an, die Jugendlichen und die Schwarzen haben in den 60er Jahren ihren Platz an der Sonne gehabt. Sie hatten die ganz große Publizität. Aber jetzt sind die Ethnics dran«. Das hört man nicht ohne Unbehagen. Weil insgeheim unterstellt wird – und diese Ressentiments sind der Motor der weiß-ethnischen Gegenreaktion – daß die anderen, die Schwarzen, nur »dran« waren auf Kosten der anderen Minderheiten.

Das stimmt so aber nicht. Die 70er Jahre waren zugleich auch die Jahre der Gründung und des Ausbaus von community colleges (was Kindern aus einkommensschwachen weißen Schichten zugute kam), sie waren auch die Jahre des Ausbaus von sozialstaatlichen Leistungen (z.B. Medicare und Medicaid). Der rassistische Populismus verdrängte das. Statt z.B. mehr community colleges zu fordern, was im Klasseninteresse gestanden hätte, bezog sich die politische Rhetorik immer nur gegen »Quoten« für Schwarze, gegen »affirmative action«. Aber, wie man in den 80er Jahren ganz deutlich sah, geht der Abbau von affirmative action immer auch einher mit Abbau von Sozialleistungen für arme weiße Schichten.

»Die den Erfolg haben, verdienen ihn moralisch nicht, und die keinen haben, verdienen ihn eigentlich wirklich«: bei dieser Logik liegt nahe, daß jetzt die white ethnics, die ihrer Meinung nach endlich »dran« sind, dies *auf Kosten* der ehemals privilegierten Anderen sein werden. Das alte amerikanische Thema: »Making it« – um jeden Preis, auf Kosten von anderen? Der Verteilungskampf um öffentliche Aufmerksamkeit, und das heißt letztlich um Ressourcen, beginnt in einer Zeit, da die Verknappung der gesellschaftlichen Ressourcen allmählich nicht mehr zu übersehen ist.

Das »ethnic revival« – eine typische Bewegung der 70er Jahre

Die 60er Jahre waren die Jahre der *Söhne* gewesen. Auch demographisch: Die geburtenstarken Nachkriegsjahrgänge waren jetzt Schüler und Studenten. Die Kultur der Jugendlichkeit war auf einem Höhepunkt. Kennedy hatte seinen Platz neben Christus-Statuen. Der amerikanische Traum erreichte wieder das sizilianische Dorf, und auch Berlin (»Ich bin ein Berliner« machte uns alle zu Amerikanern). Über allen ethnischen Unterschieden stand Aufbruch, Optimismus, die Hoffnung, mit kollektiver Anstrengung endlich soziale Ungleichheit abzubauen. Damit identifizierten sich die Jungen und »die im Herzen Jungen«. Die Bewegung ergriff alle Bereiche der Kultur, auch als ökumenische Bewegung innerhalb der Kirche Johannes XXIII. Eine Ethik der Situation triumphierte über allen Dogmatismus.

Aber der Sieg der Söhne war von kurzer Dauer. Waren die 60er Jahre noch Jahre der Libertinage, der Autoritäts-Verweigerung, der Gotteslästerung (wenn man will auch hysterische Zeiten), folgte in den 70er Jahren die Buße, die Rückkehr des verlorenen Sohnes. Die Sohn-Gestalten waren umgebracht worden, einer nach dem anderen: Malcolm X, John F. Kennedy, Robert Kennedy, Martin Luther King. Angst und Schuldgefühle kamen auf: War die Freiheit zu weit gegangen? »Das konnte nicht gut gehen«. Ideale waren offensichtlich nicht dafür gut, in die Tat umgesetzt zu werden. »Das ist nicht machbar« – die Strafe folgt auf dem Fuß, die Ideale holt man besser zurück. Diese Demoralisierung bereitete den Boden für die »Wende zum Ethnischen«.

Die 70er Jahre sind bekanntlich die Jahre des neu erstarkten Wertkonservatismus: Suche nach Maß, Zurückstecken, freiwilligkonservative Unterwerfung unter höhere Werte. Nach den gescheiterten Omnipotenz-Phantasien der 60er, dem Schwung der Söhne und Töchter, wurden nun neue Selbstbilder gesucht. Während die Selbstbilder in den 60ern noch durch *Aktivität* (Zukunft) bestimmt gewesen waren, wurden die 70er besessen von der Suche nach *Identität,* die anti-utopisch, rückwärtsgewandt, »historisch« abgeleitet wurde. *Doing* (60er Jahre) gegen *Being* (70er Jahre). Bescheidenheit, Respekt, fatalistisches Gewährenlassen wurden die neuen Tugenden. War die charakteristische Droge der 60er die psychodelische Droge, nahmen typischerweise in den 70ern die Opiate überhand.

Dazu paßt die neue romantische Hinwendung zum amerikanischen Süden in den späteren 70er Jahren. Die neuen Sekten im Süden haben nichts mehr gemeinsam mit den Kommunen der 60er Jahre, sie sind vielmehr nach dem Muster Baghwanscher Orthodoxie und Disziplin organisiert. Die »country music« war kein lokales Phänomen mehr, sie wurde als »white man's blues« auf reaktionärste Weise populär und allgemein. Die Stadt Nashville erlebte ihren großen Aufstieg.

Die nationalen Politiker sollten nun nicht mehr »Experten« sein, keine Intellektuelle, sondern mit *Macht* ausgestattet sein und einem einfachen Herzen. (Einfachheit und Reinheit werden in der anti-intellektuellen ethnischen Ideologie gleichgesetzt.) Ähnlich die Tendenz des Kultfilms »Einer flog über's Kuckucksnest«. Der katatone (stumme) Indianer rechnet ab zum Schluß, er zerstört die Technologie und geht über die Berge nach Kanada, *einsam.*

Aufschlußreich für das gewandelte Verhältnis zu staatlichem Handeln ist auch der Erfolg von Mario Puzos »Godfather« (1972): der Rückzug auf »ethnische«, familistische, anti-staatliche Regeln. Man nannte das die »Sizilianisierung Amerikas«: die geschwundene Hoffnung auf staatliche Lenkung. (Zu einer Zeit, in der die Forderungen der 60er Jahre auf staatlich-bürokratischer Ebene erst begannen umgesetzt zu werden! Die 70er Jahre sind die Jahre von »Affirmative Action«. Aber diese Maßnahmen waren nun nicht mehr gestützt vom großen optimistischen Konsens in Bürgerrechtsfragen, wie noch in den 60ern, sondern sie erschienen isoliert, bürokratisch-formal, sie waren weithin unpopulär und sind es bis heute, s. dazu genauer Kap. IV.)

Dieser Umschlag läßt sich alles in allem nur begreifen als Folge des »Endes der Wachstumsgesellschaft«, die sich Anfang der 70er Jahre ankündigte. Vieles in der Wende zum »privaten Maß« – die oral history-Bewegung, die Suche nach »Wurzeln«, die Romantisierung von »Nachbarschaft« – ist sicher Reaktion auf die Erschütterung des amerikanischen Produktivismus. Die white ethnics fühlten die Bedrohung am stärksten; ihre traditionellen Arbeitsbereiche – Stahl, Automobilindustrie – waren durch die Rezession und Computerisierung besonders bedroht.

Anfang der 70er Jahre wurden Wahlanalysen zunehmend in ethnischen Kategorien, und immer seltener in Schichtkategorien vorgenommen. Die Identifikationskraft von blue collar Tätigkeiten nahm weiter ab. In den 40er Jahren war es etwas gewesen, Arbeiter zu sein! (James Dean, Marlon Brando, Clark Gable, Humphrey Bogart: sie spielten Arbeiter im Film, und das war eine Charakterrolle.) In den 60er Jahren war der blue collar Arbeiter in Verruf geraten: die akademische Mittelschicht, die liberale Öffentlichkeit assoziierte mit ihm »Reaktionär«, »Rassist«. Nun, in den 70ern, nannte man sich lieber »Italiener«, »Pole«, als »blue collar worker« (20 Jahre vorher lief die Diskriminierung noch genau umgekehrt)!

Aber die ethnische *Vergangenheit* kann kaum eine stabile Basis für dauerhafte Bindungen abgeben. Die Zerbrechlichkeit der heutigen ethnischen Institutionen wurde nicht erkannt. Die Frage nach der Qualität, nach der *Tiefe* solcher rekonstruierter Ethnizität wurde selten grundsätzlich gestellt. In den Jahren der Suche nach »roots«, in den Jahren nach der Verabschiedung des »Ethnic Heritage Program« (1972), das Bundesgelder für die Pflege des ethnischen Erbes bereitstellte, ging zugleich die Destruktion von ethnischer Erinnerung und ihrer materiellen Stützen voran.

Ein Beispiel hierfür ist die Zerstörung von Poletown, Detroit. In den 70er Jahren plante General Motors eine neue vollautomatisierte Produktionsanlage in Detroit. Vorgesehen wurde dafür das Areal des historischen »Poletown« von Detroit. In Poletown lebten damals ca. 40 % Polen, meist in der älteren Generation, dazu ein großer Anteil von Jugoslawen und einige Schwarze.

Die Produktionsanlage, das war bekannt, würde nur wenige Arbeitsplätze bieten. Stattdessen sollte ein baulich und sozial weitgehend intaktes Viertel – mit 16 Kirchen, an denen viele Bewohner mit eigener Hand gebaut hatten, mit 2 Schulen und einem Krankenhaus mit 1.500 gepflegten kleinen Häusern und Gärten – eingeebnet werden. Der Protest der Bewohner begann erst, als schon viele Entscheidungen gefallen waren. Die Bevölkerung war isoliert. Die UAW (Gewerkschaft der Automobilarbeiter) ließ sie im Stich, der Bischof (der polnische, nicht der irische!) verkaufte rechtzeitig zwei Kirchen mit Gelände an die Stadtverwaltung von Detroit, und auch der schwarze Bürgermeister Coleman stand auf Seiten von General Motors. Der Widerstand der Bevölkerung wurde auch dadurch erschwert, daß vorwiegend ältere Menschen in dem Viertel wohnten – die Jüngeren waren in die Vororte gezogen, und identifizierten sich offensichtlich nicht so eindeutig mit ihrem ethnischen Erbe, d.h. mit dem Wohnviertel ihrer Eltern und Großeltern und ihrer Kindheit. Einzig der Pfarrer einer der vielen Kirchen unterstützte die Bevölkerung im Widerstand; mit Argumenten, die zum Teil auf uns recht seltsam wirken: »Wenn unsere Brüder und Schwestern in Polen den Kommunisten widerstehen, dann werden wir uns doch nicht vor den Bulldozern von General Motors fürchten ...«. Oder: »Ich sage Euch, General Motors ist noch schlimmer als die Kommunisten. Die Kommunisten in unserem Heimatland Polen haben zumindest keine Kirchen eingerissen ...«, und Bewohner sagten: »Jetzt kann ich mir vorstellen, wie sich die Indianer gefühlt haben müssen – von einer Ecke in die andere getrieben ...«. Eine Delegation der »Mütter von Poletown« zog zur Villa des Generalmanagers von General Motors und überreichte seiner Frau einen großen Blumenkranz mit der Aufschrift: »Unsere Häuser sind für uns das Wichtigste im Leben«.

Aber die Stadtverwaltung blieb taub gegenüber den Appellen dieser traditionsreichen ethnischen Community. Und auch die katholische Kirche ließ die treue Großgemeinde im Stich. Der Pfarrer, der die Gemeinde unterstützt hatte, wurde entlassen. Daraufhin besetzte die Gemeinde die Kirche; nach drei Tagen wurde sie durch Polizei geräumt. Poletown wurde abgerissen. Nicht einmal der Name der Stadtautobahn, die jetzt das sanierte Gelände durchschneidet, durfte an das ehemals polnische Viertel erinnern: sie heißt »General-Motors-Boulevard«.[118]

Die Zerstörung von Poletown war ein Beispiel dafür, wie die Öffentlichkeit mit ethnicity umging, wo die Pietät endete und die Prioritäten lagen, wenn ökonomische Interessen im Spiel waren.

»Wiedergefundene Ethnicity« – Rettungsanker oder Zwangsjacke?

Kann eine rekonstruierte, in vielem aber doch neu konzipierte Ethnizität die kulturelle Kontinuität folgender Generationen absichern? Wohl kaum. Die Frage nach der Qualität, nach der *Tiefe* solcher rekonstruierter Ethnizität wurde selten grundsätzlich gestellt. Die in den 70er Jahren so verbreitete Angst vor »Anglozentrismus« – der Relativismus Lévi-Strauss ist bei den Ethnics sehr populär – erschwerte eine kritische Einschätzung und Bewertung der wirklichen sozialen Bedeutung ethnischer Phänomene. So wurde die Literatur der 70er Jahre auf weiten Strecken zu einem Teil des Phänomens, über das sie schrieb.

»Die Menschen versuchen, sich ethnisch zu fühlen, weil sie nicht mehr ethnisch sind«, schreibt St. Steinberg in »The Ethnic Myth«.[119] Wie dünn ist ethnische Bindung innerhalb der amerikanischen Gesellschaft geworden?

Die Einwanderer kamen im 20. Jahrhundert in eine Gesellschaft, in der die Institutionen, die ethnische Bindung materiell stützen können, schon im Rückzug begriffen waren (Familie, Kirche, lokale Gemeinschaften, Produktion für lokale Märkte). Selbst Sozialfürsorge und Freizeit, die letzten Säulen der ethnischen Organisationen, sind inzwischen weitgehend verallgemeinert und amerikanisiert. So unterscheidet sich die Identitätssuche der »ethnics« der Dritten und Vierten Generation nicht mehr wesentlich von der der »Einheimischen«, der »Anglos«, deren traditionale Bindungen ebenfalls weitgehend aufgelöst sind.

Die ethnischen Gruppen und Organisationen müssen, um ihre aufgestiegenen und einflußreichen Mitglieder nicht zu verlieren, sich ständig neu der Gesamtgesellschaft anpassen. Um ihre ethnicity zu bewahren, müssen sie sie in kleinen Schritten immer wieder aufgeben. Ein gutes Beispiel ist die Haltung der jüdischen Orthodoxie gegenüber Ehen mit nicht-jüdischen Partnern: In den letzten zehn Jahren mußten, aus Überlebensinteresse der Organisationen, die Widerstände gegen »intermarriage« fallen. (Insgesamt steigt die Rate der bi-kulturellen Ehen in Amerika erheblich – außer zwischen Weißen und Schwarzen. Und wenn ethnische Bindung schon bei der Partnerwahl nur eine geringe Rolle spielt – wie erst ist es für die Kinder aus diesen ethnisch gemischten Familien?)

Allerdings können, dafür gibt Gordon[120] interessante Beispiele, ethnische Subsysteme auch fortleben, die in für Außenstehende kaum erkennbarem kulturellem Abstand zur dominanten Gesellschaft stehen. Aber solche gruppenspezifischen Eigendefinitionen sind gewissermaßen privat, die soziale Bedeutung von solcher ethnicity für die Gesellschaft ist gering.

Es sieht heute so aus, als sei eine reale ethnische Bindung in der amerikanischen Gesamtgesellschaft nur erhalten bei Gruppen, die stark marginalisiert sind. (Puertorikaner mit ihrer erdrückend hohen Arbeitslosigkeitsrate sind ein Beispiel.) Und bei den mobileren Minderheiten sind es stets die unteren Schichten, die als kultureller Anker für die wohlhabenderen Gruppenangehörigen fungieren. (Ähnliche Zusammenhänge kommen im Kapitel »Sprache und ethnische Bindung« noch zur Sprache.)

Ist die »neue ethnicity« ein letztes Stadium im endgültigen Assimilationsprozeß? »Der letzte ethnische Mythos ist vielleicht die Annahme, daß kulturelle Symbole der Vergangenheit mehr als eine bequeme Illusion liefern können, um uns vor alltäglichen Problemen abzuschirmen«, schreibt Steinberg (1981, S. 262). Interessanterweise waren es in Amerika gerade jene Sozialforscher, die in Feldstudien während der 60er Jahre durchaus Inseln von fortdauernden ethnischen Alltagskulturen beschrieben hatten – entgegen der damals so verbreiteten Sicht von Amerika als bald gänzlich homogenisierter Gesellschaft – die dem »ethnic revival« so besonders skeptisch gegenüberstanden. Gunnar Myrdal war einer der ersten, der zur Vorsicht mahnte: In seinem Aufsatz »The case against romantic ethnicity« (1974)[121] beschreibt er das, was Novak die neue »Kulturrevolution« nannte, als bloßes Überbauphänomen, als Mode einer amerikanischen Mittelschicht. Und Herbert Gans sah in der ethnischen Revitalisierungs-Bewegung einen »Todesseufzer« der großen ethnischen Einwandererminderheiten, eine Bewegung, die die Trends der Gesamtgesellschaft (Nivellierung durch Arbeitsmarkt, Massenmedien, Erziehungsinstitutionen und Alltagskultur) nicht umdrehen würde. Und Irving Howe, einer der berühmtesten Einwanderungshistoriker, verwies auf die Grenzen des ethnischen Zugehörigkeitskults:

»Die zentralen Probleme unserer Gesellschaft sind nicht ethnische Gruppen, sondern ökonomische Fragen, soziale Macht, Klassenbeziehungen. Sie entstehen durch die enorme Ungleichheit von Einkommen und Besitz, durch die schändliche Vernachlässigung eines wachsenden Subproletariats, durch die Bereitschaft von Politikern, hohe Raten von Arbeitslosigkeit als normal zu akzeptieren. Es sind Probleme der »Krise unserer Städte . . . was eine höfliche Bezeichnung ist . . .. Gegenüber Problemen dieser Art und dieses Ausmaßes – welche Antworten hält da Ethnizität bereit? Nur äußerst begrenzte, fürchte ich«.[122]

Begrenzt oder nicht – die ethnischen Lobbies, offensiv geworden in den 70er Jahren, haben einiges erreicht. Ihre Institutionen sind, wie wir gesehen haben, Teil des amerikanischen Kulturbetriebs geworden. Ob das nicht letztlich eher zur *De-ethnisierung* der vertretenen ethnischen Gruppen beiträgt, ist eine andere Frage.

Die Museen, Forschungsinstitute, ethnischen Materialien usw. sind wesentlich amerikanische Museen, Institute, didaktische Materialien. Der Kampf der ethnic leaders um Anerkennung in der amerikanischen Arena Nr. 1, den Universitäten, und all ihre Finanzierungs- und legalen Erfolge (Zweisprachigkeitsgesetz, »Ethnic Studies Departments« usw.) haben sie möglicherweise noch weiter von den gemeinten ethnischen Inhalten entfernt. Diese Aktivisten repräsentieren auch am deutlichsten amerikanischen success und Lebensstil. Durch all ihre Plattformen und Institutionen, durch Formulierung und durch Organisation, haben sie ethnicity möglicherweise leichter kooptierbar gemacht für den amerikanischen mainstream und dadurch die De-ethnisierung von Minderheiten noch befördert. Wo ethnicity kanonisiert wird im mainstream, ist das meist gleichbedeutend mit *Flucht* aus dem Getto.

»Während reale ethnische Eigenart die Assimilation verhinderte, setzte symbolische Ethnizität diese voraus.«[123] Harlem akzeptierte einen schwarzen Dichter erst, wenn er anderswo schon berühmt war: die Definitionsmacht des mainstream wurde von den Minderheiten nicht angefochten.

Besonders deutlich wird das auch an den »multikulturellen didaktischen Materialien«, die in großer Zahl seit Mitte der 70er Jahre in den Schulen verwendet werden. »Unglücklicherweise kann die kulturelle Gleichwertigkeit, die die multikulturelle und bilinguale Erziehung behaupten, recht illusorisch sein. Wie uns die Anthropologen sagen, bestehen Kulturen nicht nur aus Faktensammlungen oder Vokabularen. Wenn diese Aspekte der Kultur aus ihrem ursprünglichen Kontext gerissen werden und als Curriculum-Bausteine neu zusammengesetzt, ist es unwahrscheinlich, daß sie das Gefühl von Zugehörigkeit und Selbstachtung herstellen können, das eine kulturell intakte Community ausbildet. Reduziert zu Curricula in der Hand professioneller Erzieher stellen sie möglicherweise einen ironischen Sieg der dominanten kulturellen Formen dar.«[124]

Auch in den 80er Jahren gibt es weiterhin das Phänomen einer mit Mittelschichtstilen gut vereinbarten Ethnicity, die allgemein sichtbar ist. Als Beispiel soll die neue »Italo-amerikanische Ethnicity«, an der sich die »Weekend-ethnicity« am anschaulichsten beschreiben läßt, vorgestellt werden.

Wochenend-Ethnicity: Die Zeitschrift »Attenzione«

Von den zahlreichen italo-amerikanischen Zeitschriften, die während des »ethnic boom« der 70er Jahre erschienen, hat nur eine überlebt, aber das mit steigenden Auflagenziffern: die Zeitschrift »Attenzione«. Ihre Leserschaft ist überwiegend akademisch vorgebildet und wohlhabend, 80 % leben in eigenem Haus, sie lesen nebenher noch andere Mittelschicht-Zeitschriften wie »Vogue« oder »Esquire«. Fast überflüssig zu sagen: Attenzione erscheint in englischer Sprache. Im Gegensatz zur alten Einwandererpresse richtet sie sich nicht nur an Italo-Amerikaner, sondern laut Untertitel an »alle, die alles Italienische mögen«.

Was Attenzione so erfolgreich macht, ist die Modernisierung und Anpassung des ethnischen Erbes. Italiener, das vergißt man heute, so populär ist das Land und seine Geschichte geworden, waren um die Jahrhundertwende neben den Polen die am heftigsten diffamierte Einwanderergruppe (weshalb ihnen auch nach den Einwanderungsbeschränkungen von 1924 nur minimale Quoten zugestanden wurden). In den 20er und 30er Jahren versuchten die wenigen aufgestiegenen Italo-Amerikaner in Greenwich-Village oder anderen Mittelschicht-Stadtteilen möglichst Distanz zur Gruppe zu halten, um nicht mit ihnen identifiziert zu werden. Aber inzwischen haben es die Italo-Amerikaner längst zum »Vorstadt-Profil« gebracht. (In den Vorstädten von New York sind sie die größte ethnische Gruppe.)[125]

Mittlerweile ist es längst kein Statusdilemma mehr, sich zu den italienischen Vorfahren zu bekennen. Vor allem deshalb, weil heutzutage »das Italienische« mit Mittelschichtkultur assoziiert wird. Über die neue Orientierung der Italo-Amerikaner gibt es noch relativ wenig Studien – während Studien über das alte »Urban-Village«[126], d.h. die traditionellen italienischen Einwanderer-Enklaven, zahlreich sind.[127]

Neu an dieser jungen ethnicity ist die Identifikation mit »Italien«, statt mit dem Dorf, oder mit der Region (das war das erste Stadium). Das zweite Stadium, und das wird in dieser Zeitschrift noch entschiedener übergangen, war eine ethnische Bindung, die sich bis in die 60er Jahre hinein vor allem über das »Urban Village«, d.h. das amerikanische Einwanderer-Soziotop in der Großstadt definierte. Und »Attenzione« ist auch keine ungebrochene Fortsetzung der Trends des Ethnic Revival der 70er Jahre – damals wurden ja vor allem die Ressentiments und Ansprüche von Arbeitern und unteren Mittelschichten artikuliert. Der gegenwärtige italo-amerikanische Gruppenstolz bezieht sich weniger auf die Leiden (oder Leistungen) der Einwanderergeneration, als auf die *Hochkultur Italiens,* und die erscheint als Mischung von Dante, Renaissance, »Europa« an sich und reichlich auch der Firmen Martini, Armani, Benetton, Alfa Romeo. Italien bedeutet nicht mehr »paese e pietà« (etwa: das Dorf und seine Heiligen), sondern ist Status und Prestige. Der alte Lebensstil der bäuerlichen Einwanderergeneration vertrug sich nicht mehr mit dem neuen Individualismus und Konsumismus, wohl aber anscheinend das »Renaissance-Motiv«. Aufschlußreich zu verfolgen auch die Verwandlung des ethnischen Essens: Die alten bäuerlichen Gerichte, arme-Leute-Rezepte wie Pasta e fagioli, nunmehr schick fotographiert auf Glanzpapier, in handgetöpferten Schüsseln, mit Heiligen-Statuetten daneben. Man kann auch für die ganze Familie T-Shirts bestellen mit dem Logo von »Attenzione«: Mit diesem T-Shirt – deutlicher kann die Einheit von symbolischer ethnicity und amerikanischem Lebensstil nicht formuliert werden – kann man laut Anzeige vieles machen: »Joggen, Roller-skate fahren, oder den Rasen mähen« – durchweg unitalienische grund-amerikanische Freizeitbeschäftigungen.

Diese ethnicity »auf Abruf«, nicht mehr 24 Stunden am Tag, ist eine »Situations-Ethnicity«. Wenn man nun kritisiert, daß sie recht »unauthentisch« sei, und sich über die wirkliche italo-amerikanische Geschichte hinwegsetze, hat man von einem absoluten Standpunkt aus gewiß recht. Man übersieht dabei aber, daß die Konstruktion von Moden, Trends und Lebensstilen eben ein durchgehender Zug der amerikanischen Mittelschichtkultur ist. Nachdem andere symbolische Systeme nicht mehr existieren, kann ethnicity als ein symbolisches System unter anderen, als eine Mode unter vielen das moderne Alltagsleben aufhellen.

In Wirklichkeit sind die Italo-Amerikaner natürlich stolzer auf ihre Häuser in den Vorstädten als auf die alten ethnischen Nachbarschaften, wo sie jetzt unter Lampen (Design: Ettore Sotsass) ihren Espresso trinken, und niemand kommt ernsthaft auf die Idee, in die Viertel zurückzuziehen. Heute heißen italienische Nudeln in Amerika allgemein Pasta, das ist akzeptiert und schick. Zu Zeiten der Diskriminierung von Italienern hießen sie noch »Makkaroni«. »Vielleicht werden heute statusbewußte Italo-Amerikaner sogar wieder regelmäßig Makkaroni essen können – Hauptsache, sie vergessen nicht, sie Pasta zu nennen«.[128] Offensichtlich gibt es inzwischen befriedigender Möglichkeiten, sich einer ethnischen Gruppe und Tradition zugehörig zu fühlen als das Wohnen in einer traditionell ethnischen Nachbarschaft.

Das ethnische Bekenntnis ist also ein in hohem Maße selektives, das abspaltet und projiziert. Bevor in einem letzten Teil dieses

Abschnitts darauf eingegangen wird, in welchen Lebensbereichen im multi-ethnischen Amerika denn heute ethnische Bindung wirklich noch *gelebt* wird, wo sie das Leben der Einzelnen noch bestimmt, soll an zwei gern verdrängte Aspekte ethnischer Erfahrung in Amerika erinnert werden: den Assimilationswunsch der vorangegangenen Generationen einerseits, und die repressiven Seiten der ethnischen Kulturen (der »mitgebrachten«, bzw. der in Amerika neu wieder erstandenen) andererseits.

Unliebsame Realitäten (1): Der Amerikanisierungswunsch der Vorväter

Längst bevor sie den Fuß auf amerikanischen Boden setzten, waren die Einwanderer »amerikanisiert«, hatten sie teil am American Dream. Eine *Chance* zu haben, das war Amerika, und das gab's nicht in Europa. Man glaubte an den amerikanischen Traum, wenn man *an sich selbst* glaubte. In den Autobiographien, in den oral history Interviews mit Einwanderern der Ersten Generation: Immer wird der Anfang in Amerika mit Wiedergeburtsmetaphern beschrieben, das »neue Leben« in der »Neuen Welt«. Der amerikanische Traum versprach: die Vergangenheit zählt nicht. Ein Mann ist, was er leistet, *self-made.* Das Amerikanische kennt keine Höflichkeitsanrede »Thou«, nur das demokratisch-allgemeine »you«. Der Schriftsteller Louis Adamic, 1899 in Slovenien geboren, erinnert sich an das Amerika-Bild seiner Kindheit:

»In Amerika war alles möglich. Sogar einfache Leute waren dort »Bürger«, nicht »Untertanen« wie in Österreich und den anderen europäischen Ländern. Ein Bürger, ja sogar ein Ausländer, konnte zum Präsidenten der Vereinigten Staaten gehen und ihm die Hand schütteln. In meinem Dorf Blato gab es einen Mann, ein ehemaliger Stahlarbeiter aus Pittsburgh, der behauptete, daß er einmal einige Worte mit Theodore Roosevelt gewechselt habe. »Tedi« nannte er ihn vertraulich«.[129]

Oder aus der Lebensgeschichte von Alessandro Dalucca, Schneider in der East Side von New York (1919) (nur in seinem Englisch wiederzugeben):

»The teacher treat everybody just the same. The Jew just the same the Chinaman and the Chinaman just the same the Italian. This was a wonderful impression. When I saw the principal of the school, he look to me like Italian nobleman, the way he hold his eye glasses. I went to this school just because I like the principal. He give it to me welcome like I was an American«.[130]

Der amerikanische Traum war auch ein europäischer, seit der Renaissance schon. Aufbruch! Amerika gehörte dem Sohn, dem ewig Jugendlichen. Der amerikanische Jugendmythos unterschied sich für den Einwanderer von den Jugendmythen anderer Gesellschaften dadurch, daß er *realisierbar* schien. Hier, räumlich weit entfernt vom Vater, durfte man mehr werden als er, ohne ödipale Schuld. Und es gab keine Grenzen, das gehörte zum amerikanischen Traum, weiter, weiter! Keep moving! Der amerikanische Traum ist nie zuende geträumt, er ist ein Prozeß. Mobilität hatte hier andere Bedeutung als in Europa der Aufstieg, die Karriere. In Europa war das »Fortkommen« erkauft durch Kriechertum, durch autoritäres Verhalten nach oben und nach unten, so argwöhnte man, nicht aus eigener Kraft, self-made, sondern immer »von Gnaden«. In den USA durfte man ein moralisch unbefangeneres Verhältnis zum Aufstieg sich erlauben, er war eben »verdient«, Stolz! Wie schon Erikson beschrieb, ist der amerikanische Nationalcharakter ein »adoleszenter«. Offen soll man sein für neue Rollen, optimistisch und zukunftsgewandt (»für den Amerikaner ist Zeit immer Zukunft«), und alle Anstrengungen legitimieren sich für die Kinder und ihre Zukunft. (»Die uralte amerikanische Überzeugung, daß die Generation der Eltern ruhig draufgehen kann, solange man nur etwas für die Kinder tut« nennt das Thernstrom, bezogen auf die vielen, vielen »intergenerationellen Mobilitätsstudien« der amerikanischen Geschichtswissenschaft.)

Der amerikanische Traum hat nicht viel mit ethnicity zu tun, er hat nie den kulturellen Pluralismus verheißen. Und die Einwanderer suchten auch nicht die »Religionsfreiheit« im Sinne der freien Ausübung ihrer Religion, eher schon die »Freiheit *von* Religion«. Das Glücksversprechen war der American Dream selbst.

Wenn also ethnicity so primär wäre, wie es die New Ethnics behaupteten: Woher dann die so offensichtliche Bereitschaft zur

Amerikanisierung der ersten Einwandererwellen? Wo blieb der Ruf nach ethnicity in den Kennedy-Jahren, als sich der amerikanische Traum (»eine Chance für alle«) der Erfüllung zu nähern schien? Und wenn ethnicity so universell und unzerstörbar ist, warum dann pädagogische Anstrengungen wie »Ethnic Heritage Programs«, »ethnische Bewußtseinsfindungs-Gruppen«?

Der Kulturanthropologe Melford Spiro fragte schon vor drei Jahrzehnten: »Wenn frühe Erfahrungen so bestimmend sein sollten ... warum suchen die meisten ethnischen Gruppen eher die soziale Mobilität statt die ethnische Integrität, und definieren sich eher als Klasse denn als ethnische Gruppe? Wenn wirklich Verhalten nur durch das kulturelle Erbe bestimmt wird – warum versuchen die Angehörigen ethnischer Gruppen Normen zu genügen, die sie spät kennengelernt haben, statt denen, die sie früh erfahren haben?«[131] Dazu sagen die New Ethnics: Zwang, Druck der dominanten Gesellschaft, Amerikanisierung.

Aber Amerikanisierung war nicht dasselbe wie Zwangsgermanisierung, oder wie Russifizierung, weder in der Dynamik noch im Ergebnis. Daß die Theoretiker des Ethnic Revival dies nicht zugestehen wollten, macht deutlich, wie weit sie von den Massen innerlich entfernt waren, zu deren Sprachrohr sie sich machten. Indem sie die Amerikanisierungshoffnungen der Vorväter diffamierten als »Verführung«, als falsches Bewußtsein (oder die gegenwärtige gar als Verrat, wie am Beispiel des Chicano-Kongresses und M. Thelwells Forderungen nach parteilicher schwarzer Literatur gezeigt), verrieten sie ein letztlich ähnlich diskriminierendes Bild der »ethnischen Ahnen« (hilflos, bewußtlos) wie sie es der dominanten Gesellschaft vorwarfen.

Unliebsame Realitäten (2): Repressive Seiten der ethnischen Kulturen

Für die New Ethnics der 70er Jahre war, wie wir auch in der Gegenüberstellung von Novaks Schlüsselwörtern zur Charakterisierung der »zwei Kulturen« gesehen haben, das Ethnische gleichgesetzt mit Nähe, Solidarität, Wärme, Expressivität. Aber das erweist sich wesentlich als Projektion, als imaginäre Ethnographie. (Auf diese Ethno-Romantik verweist übrigens auch, daß das »Ethnische« immer indirekt mit *Mediterranem* assoziiert wird, auch von slowakischen und irischen Aktivisten.)

Was als ethnische Kulturwerte verstanden wird, ist nah mit der mütterlichen Sphäre verbunden: Essen, Akzeptiertwerden ohne Leistungsnachweis. ... Aber alle Feldstudien, die ein wenig tiefer gehen, decken eine hochgradige Ambivalenz gerade in diesen später idealisierten Beziehungsfeldern auf.

Stein untersuchte z.B. die kulturspezifische Ausprägung des Lebenszyklus bei slowakisch-amerikanischen Arbeitern in Pittsburgh. Er beschreibt ihre Selbstverleugnung (»Neigung zum Selbstmartyrium«) als roten Faden durch all ihre Lebensäußerungen. In der Herkunftskultur – abhängige Pachtbauern – war diese kompromißlose Abhärtung gegenüber eigenen Schwächen und denen der Kinder noch deutlicher materiell verankert. Aber auch um die amerikanischen Hochöfen herum entstanden dieselben psychostrukturellen Gewohnheiten wie auf dem Latifundium, die Einwanderer schufen sich ihr Heimatmilieu neu nach altem Muster (und das kann das »typisch Ethnische«, dort wo es noch existiert und mit den Realitäten des amerikanischen Alltags verwoben wird, zum Auslöser pathogenen Verhaltens werden lassen).

Stein beschreibt, kritisch wie kaum einer sonst, die »ethnische Kindererziehung«, z.B. die uralten Rituale der Abhängigkeit und Unterwerfung am Beispiel des »Bitte-Sagens«.

»Das Kind ist nicht Herr des eigenen Lebens und darf es auch nicht werden. Die Mutter ist die erste Person im Leben des Kindes, die ihm entgegen jedem Zweifel bezeugt, wer hier der Boss ist. Was gegeben wird, wird gegeben nach Mutters Maßgabe.

Ein immer wiederkehrendes Ereignis im Leben einer slowakischen Familie ist das ausgedehnte »Spiel« der Mutter, und später des Vaters, dem Kind beizubringen, wie es »bitte« zu sagen hat, bevor es etwas bekommt (Mahlzeit, Eis, Erlaubnis zum Spielen usw.) und danach »danke« zu sagen hat. Hier geht es nicht um bloße Höflichkeitsfloskeln. Es ist eine Große Inquisition. Die ersten Anläufe des »bitte« sind immer unbefriedigend. Man muß es »hübscher«, »lauter«, »höflicher« sagen. Bald schreit das frustrierte Kind laut seinen Ärger heraus. Mit diesem Verhalten erreicht das Kind gar nichts. Aber es löst bei den Eltern das aus, was sie im Kind sehen wollen:

ungezügelte Artikulation von hemmungslosem, egozentrischem Verlangen, Trotz, unkontrollierter Wut, die sie nicht nur im Kind erwecken, sondern in sich selbst (dem Kind in ihnen selbst). Sie provozieren diese leidenschaftlichen Ausbrüchc, sind darüber zutiefst amüsiert, dann werden sie selbst zornig und bringen das Kind zum Schweigen (schreien es an oder bestrafen es körperlich). Dann schließlich soll das schluchzende Kind noch einmal »bitte« sagen, und wenn jetzt der Ton stimmt, wird das angebotene, bzw. zurückgehaltene Vergnügen gewährt. Damit ist das Ritual aber noch nicht beendet: Jetzt beginnt noch die Runde des »Danke«-Sagens.[132]

Stein und Hill haben in der slowakischen Erziehung (die sie mit überzeugenden Argumenten auch als typisch für die polnische Erziehung beschreiben) wenig expressive Traditionen von Mutterliebe, Elternliebe beobachtet. An die Stelle von körperlicher Nähe und von Gefühls- und Beziehungsnähe tritt das *Essen.* Essen wird zum symbolischen Muttterersatz. Die Mütter reagieren rasch und zuverlässig auf Nahrungsbedürfnisse ihrer Kinder, während Bedürfnisse nach Zärtlichkeit, Berührung, Spiel von ihnen nicht wahrgenommen oder nicht beantwortet werden. So wird Essen zum Medium der Beziehung überhaupt, auch der Abhängigkeit und des abhängig gehalten Werdens. Über Essen wird Intimität abgewehrt. Auch die Beziehung der Erwachsenen zur Mutter bleibt unpersönlich: es wird vor allem Mutters Essen gelobt. »Dabei hungert das Kind, und auch der Erwachsene hungert noch«.[133]

Das ambivalente Verhältnis zwischen den Generationen hat Stein nicht nur in den slowakischen Sozialisationsgeschichten beobachtet, deutlich wird es auch im Verhältnis der Alten zu ihren Kindern, wenn sich der Tod ankündigt. Die Eltern ins Altersheim zu bringen, ist in der slowakischen Community noch immer außer jeder Diskussion. Aber die Phase des Alterns ist bestimmt von Mißtrauen: Mißtrauen bei den Alten (ob sie sich fallen lassen dürfen in Abhängigkeit von ihren Kindern) und verschärftem Mißtrauen der Kinder untereinander. Stein berichtet von heftigsten Geschwisterkonflikten beim Herannahen des Todes eines Elternteils. Schließlich kann man in der bekanntermaßen stoischen Haltung slowakischer und polnischer Verwandter bei Beerdigungen auch Elemente des unbewußten Hasses erkennen, und auch in der theologischen Transponierung (»er hat es jetzt besser ... er hat dieses Jammertal verlassen ...«) eine Rationalisierung von Feindseligkeit.

Der Generationenkonflikt ist kein neues, amerikanisches Phänomen. Schon im Herkunftsland war das Begräbnis von Folklore umrahmt, die deutlich auf unbewußte Schuld/Angst hinwies: z.B. ausgeprägte Geisterfurcht – dem Toten wird noch längere Zeit Essen hingestellt, ein Platz für ihn bereitgestellt, zwei Wochen nach der Beerdigung durfte der Friedhof nicht besucht werden .... Der Generationenkonflikt mag im modernen Amerika nun offener artikuliert werden; aber er war Element der ethnischen Tradition schon im Herkunftsland.

Das ethnic revival, das haben wir an diesen verschiedenen Beispielen gesehen, ist also ein in hohem Maße selektives, eines das abspaltet und projiziert. Aber läßt sich das multi-ethnische Einwanderungsland Amerika, in dem sich die Einwanderung in großem Maßstab fortsetzt, nur reduzieren auf dieses relativ kurzlebige ethnic revival, auf symbolische ethnicity? Wo, in welchen Lebensbereichen, auf welchen Handlungsebenen lassen sich sonst kulturspezifische Prägungen weiter beobachten, trotz Amerikanisierung, trotz »Schmelztiegel«? Wie wird Ethnizität in Amerika heute *gelebt,* unbewußt, unprogrammatisch? Das soll zum Schluß dieses Abschnitts an drei Bereichen untersucht werden:

- dem Verhältnis zum Körper, zu Krankheit und Pflege,
- den »ethnischen Enklaven« in der Wirtschaft und
- der Loyalität zur Muttersprache, bzw. der Zweisprachigkeit.

Gelebte Ethnicity (1): Das Verhältnis zum Körper, zu Krankheit und Pflege

Seit einigen klassischen Vergleichsstudien weiß man, daß es kulturspezifische Darstellungsformen von »Krankheit« gibt, und daß die Symptomatik bei verschiedenen ethnischen Gruppen so unterschiedlich sein kann, daß das traditionelle (psycho)-diagnostische System fragwürdig geworden ist. Auch in ihren Strategien der Selbstheilung und in ihren Erwartungen an Therapie und Arzt können sich Angehörige verschiedener ethnischer Gruppen deutlich unterscheiden. Über die typisch ethnischen Anteile bei Familienkonflikten und Lebenskrisen war jedoch in der amerikanischen familien-therapeutischen Diskussion bis vor kurzen wenig zu hören, was in einem Land, in dem die Psychoanalyse institutionalisiert ist wie nirgends sonst, schon merkwürdig ist. Nach allem, was in vorangegangenen Kapiteln über Idealisierung von ethnicity gesagt wurde, ist es andererseits wenig erstaunlich, daß ethnische Bindung und Pathologie, ethnicity und Familienneurose nicht gern zusammengedacht wurden. Und dazu hat natürlich auch noch beigetragen, daß der therapeutische Service immer noch vorwiegend von Anglo-Amerikanern und von Juden in Anspruch genommen wird. Angehörige anderer Minderheiten erscheinen seltener und brechen die Therapie früher ab.[134]

Ob eine »Eigenschaft« ein »Symptom« oder ein »Problem« wird, schon darüber entscheidet das Wertsystem einer Kultur. (So fehlt z.B. in manchen Indianersprachen ein Wort für »Stottern«: das Phänomen existiert deshalb nicht, weil »flüssiges, rasches Sprechen« kein Wert ist.)

Die klassische medizinsoziologische Studie ist immer noch die Untersuchung von Zborowski: »People in Pain« (1969).[135] Sein Vergleich von jüdischen, irischen, italienischen und »Anglo« Patienten (WASP) beschreibt den kulturspezifischen Umgang mit dem eigenen Körper, und mit Schmerzen. Anglos und Juden konnten im allgemeinen ihre Schmerzerfahrungen präzise beschreiben und lokalisieren, Iren und Italiener äußerten sich undeutlich und vage. Jüdische und italienische Patienten klagten gern über ihre Leiden, während irische und WASP-Patienten versuchten, »sich zusammenzunehmen«, den Schmerz zu unterdrücken. Italiensche Patienten dramatisierten ihre Schmerzen, während Iren versuchten, sie zu verleugnen oder herunterzuspielen. Sie schienen sich ihrer Schmerzen fast zu schämen. Während Italiener vor allem wirkungsvolle Schmerzmittel verlangten, konnten jüdische Patienten gerade das nicht akzeptieren: sie wollten die *Wurzel* des Symptoms erkannt und geheilt wissen. Die Iren bewiesen insgesamt ein eher fatalistisches Verhältnis zu körperlichem Leiden und schienen sich wenig von medizinischer Hilfe zu erwarten. Jüdische Patienten konnten erst Vertrauen zum Therapeuten bzw. Arzt fassen, nachdem sie sich eingehend von seiner Qualifikation überzeugt hatten (Nachfragen, die der Arzt nicht als persönliches Mißtrauen mißverstehen sollte.) Die Anglo-Patienten hatten ein positives Verhältnis zur Zukunft, sie drückten Vertrauen in die Techniken und Professionalität von Medizin aus. Die verinnerlichte Arbeitsethik erschien auch in ihrem Verhältnis zur eigenen Krankheit: sie wollten einen Beitrag zu ihrer Gesundheit leisten, aktiv an der Heilung beteiligt werden, sie wollten »kooperieren«.

Solche unterschiedlichen Haltungen gegenüber dem eigenen Körper werden natürlich vom Pflegepersonal nicht immer verstanden oder akzeptiert. Italiener z.B. wurden lange Zeit vom amerikanischen professionellen Pflegepersonal als »besonders wehleidig« oder »hysterisch« eingeschätzt und wegen ihres expressiven Krankheitsverhaltens sogar auch häufiger psychiatrisiert. Kulturrelativistische Überlegungen zu Krankheit und Körpererfahrung waren nie Bestandteil der schulmedizinischen Ausbildung, und auch in die psychoanalytische und familientherapeutische Ausbildung haben sie erst in den letzten Jahren Eingang gefunden.[137]

Dabei ist ja bekanntlich allein die Bedeutung von »Familie an sich« schon kulturspezifisch (Anglos: Kernfamilie, Schwarze: erweiterte Verwandtschaft, Chinesen: Ahnen und Sippe ...). Und auch die Familien*zyklen* unterscheiden sich innerhalb der ethnischen Gruppen. Z.B. gibt es bei den Mexikanern die längere Kindheit und längere »mittlere Kindheit«, dafür eine kürzere Adoleszenz als im amerikanischen Muster. Dafür auch ein längeres »middle age« – in Jahren, wo sich Anglos schon »alt« fühlen. Die mexikanischen Familien sind stärker kindzentriert, stellen eigene Konflikte und Ehekonflikte zurück in der gemeinsamen Beziehung zum Kind. Der Heranwachsende bleibt der Familie länger verbunden, länger abhängig, als innerhalb der Anglo-Familie – und durch die Enkelkinder wird neue Nähe/Abhängigkeit hergestellt. Dadurch ist das »Leere-Nest-Syndrom« in der mexikanischen Familie selten. Mexikanische Kinder sind stärker auf Geschwister und die erweiterte gleichaltrige Verwandtschaft bezogen – die peer-group der nichtverwandten Gleichaltrigen spielt für sie eine weniger prägende Rolle als für Anglo-Jugendliche.

Verschiedene ethnische Kulturen zeigen unterschiedliche Verwundbarkeit gegenüber Streß. Die Zukunftsorientiertheit und protestantische Ethik der Anglos stattet sie gut für Arbeit und Aufstieg aus, aber sie liefert wenig Hilfen im Umgang mit Schicksalsschlägen, sie erzeugt die Unfähigkeit zu Trauer, eine Hilflosigkeit gegenüber Tragischem. Hier fehlen philosophische und expressive Kultur-Stützen. Und die Unfähigkeit des »protestantischen Individuums«, Abhängigkeit von anderen als positiv zu erfahren, kann solches Leiden noch verstärken.

Unterschiedlich ist auch die Zuschreibung von Schuld und Verantwortung an der Krankheit: Iren, Schwarze, Norweger scheinen eher sich selbst für die Krankheit verantwortlich zu machen, während andere ethnische Gruppen (z.B. Griechen, Iraner, Puertorikaner) die Schuld eher nach außen verlagern.

Natürlich spielt die Schicht auch eine wichtige Rolle in der Ausbildung und Darstellung von Krankheit, doch die Bedeutung kultureller Faktoren steht außer Frage. Man kann deutliche kulturelle Unterschiede des Familienklimas bei griechischen, puertorikanischen und italienischen Bauern beobachten. Die Scheidungsraten sind bei Slovaken erheblich niedriger als bei anderen ethnischen Gruppen. Die Iren der Zweiten Generation haben die höchsten Anteile von psychischen Störungen von allen Einwanderer-Minderheiten der Zweiten Generation. (Iren haben auch noch im 20. Jahrhundert die niedrigste Lebenserwartung von allen weißen ethnischen Gruppen. Die Sterblichkeit und der Anteil von psychischen Störungen – häufig in Verbindung mit Alkoholismus – bleibt bei den Irisch-Amerikanern bisher konstant höher als in Irland.)[138] Im italienischen und jüdischen Milieu ist Alkoholismus dagegen sehr selten. Leonard Covello hat es darauf zurückgeführt, daß »sowohl jüdische wie italienische Mütter ihre Kinder meist überfüttern«.[139] Das mag einleuchten oder nicht; verbürgt durch jahrzehntelange Erfahrung mit spezifisch ethnischen Haltungen in der Therapie ist jedoch die Aussage eines Familientherapeuten: »Auf einer Couch, wo maximal zwei Anglo-Familienmitglieder Platz finden, sitzen bequem drei mexikanische Familienmitglieder«.[140]

Allgemein scheinen an den Schwellen von Lebensphasen die Widersprüche zwischen den Mustern der modernen amerikanischen Beziehungskultur und den tradierten ethnischen Interpretationen des Lebenszyklus am heftigsten aufzubrechen. In jüngster Zeit haben

Psychotherapeuten wiederholt darauf aufmerksam gemacht, daß gerade die »Übergangsprobleme« zwischen Lebensphasen verstärkt werden durch die häufig traumatische Erfahrung der Migration – selbst wenn diese Migration Generationen zurückliegt und die Familie äußerlich recht erfolgreich amerikanisiert zu sein scheint, und die bewußte Erinnerung an die Schwierigkeiten der Akkulturation längst überdeckt ist. Das kann sich äußern in besonderer Empfindlichkeit gegenüber »Schwächen« oder »Mißerfolg« der eigenen Kinder. Die Einwanderergeneration und z.T. auch die folgende Generation stand unter stärkstem Erfolgsdruck, sie mußte das Heimweh und die Schuldgefühle gegenüber den im Heimatland Zurückgelassenen verdrängen – man konnte sich nur durch Erfolg legimitieren. Das kann ein Familien-Profil erzeugen, das auch noch nach Generationen besonders verwundbar macht gegenüber »Versagen« von Familienmitgliedern. Ein anderes Beispiel für das lange indirekte Nachwirken der Migrations-Erfahrung sind die Konflikte, die in der Elterngeneration ausgelöst werden, wenn Kinder Ehen mit Partnern anderer ethnischer Gruppen eingehen wollen.[141] Der oft erbitterte Widerstand eines Elternteils oder beider gegen solche bikulturellen Ehen weist auf die psychischen Kosten der Emigration hin: Noch nach Jahrzehnten kann die alte Entwurzelungs-Angst (»endgültiger Verlust der Herkunftskultur«) aufbrechen, wenn die eigenen Kinder die gewünschte Kontinuität durchbrechen und in ihrer Gründung einer neuen Familie die »ethnische Geschichte löschen«.

Gelebte Ethnicity (2): »Ethnische Enklaven« in der Ökonomie

Wie steht es um einen anderen, für die Fortdauer von Ethnizität so wesentlichen Bereich, um »die ethnischen Nischen« in der Ökonomie? Traditionell haben die im Ausland Geborenen in den amerikanischen Kleinunternehmen dominiert. Seit 1880 sind Einwanderer in jedem Zehnjahreszensus mit höheren Anteilen von Selbständigen ausgewiesen als Einheimische.[142] Ein naheliegender

Grund ist die Benachteiligung von Einwanderern der Ersten Generation auf dem allgemeinen Arbeitsmarkt. Aber das allein erklärt nicht die doch erheblichen Unterschiede zwischen Einwanderergruppen und erklärt auch nicht, warum die ebenso diskriminierten Schwarzen so wenig sichtbare unternehmerische Initiativen entwickelten.

Bezogen auf 1.000 der Bevölkerung waren um die Jahrhundertwende Einzelhändler:

Russen	124	(wahrscheinlich zum größten Teil russische Juden)
Italiener	58	
Iren	29	
Schweden	20	

Zwischen 1972 und 1977 waren selbständig beschäftigt pro 1.000:

Asians	20,7
Hispanics	12,2
Schwarze	14,9[143]

Für solche Unterschiede kann man kulturelle Prägungen verantwortlich machen, man kann aber auch »reaktive Anteile« (Verhalten, das durch die besondere Situation im Einwanderungsland ausgelöst wurde) erkennen. In der Regel wird das ethnische Unternehmertum durch beides gestützt: durch überlieferte Formen wirtschaftlicher Solidarität und durch reaktive Solidarität im Einwanderungsland.

Daß es in den USA heute ethnische Enklaven in der Wirtschaft gibt, erkennt jeder Tourist: chinesische Wäschereien, ethnische Restaurants, Griechen dominieren das pizza-business in vielen Städten von Connecticut, Dominikaner die Bekleidungsindustrie in New York, sowjetischen Juden gehören über die Hälfte aller Taxis in Los Angeles. Südinder haben in Californien hohe Anteile am Import/Export-Geschäft. Über die Hälfte aller Lebensmittelläden in Chicago werden von Arabern geführt . . ..[144]

Unter welchen Bedingungen arbeitet heute der »ethnische Unternehmer« in den USA, und welche Zukunftschancen bietet dieser

Sektor? Ivan Light, Autor zahlreicher Studien über ethnische Unternehmertätigkeit, unterscheidet in der Beschreibung moderner ethnischer Enklaven zwischen einerseits *ethnischen Ressourcen* und andererseits *Klassenressourcen.* Unter ethnischen Ressourcen begreift er alle Formen von reaktiver Solidarität im Einwanderungsland. Ein Beispiel: die japanische Subökonomie in Los Angeles. Hier haben sich, in Reaktion auf die Auswanderungssituation, die Bewohner von Hiroshima durch wechselseitige Kreditvergabe und andere ökonomische Bindungen eng vernetzt. (Unter den heutigen Bewohnern von Hiroshima in Japan existieren solche ökonomischen Solidaritätsformen nicht.) Weiterhin fällt unter ethnische Ressourcen all das, was man als spezifisch ethnisch-traditionale Orientierung bezeichnen kann: Verhältnis zur Arbeit, Arbeitstugenden, Konsumgewohnheiten. Hierzu gehören auch die sog. »relativen Befriedigungsziele«, d.h. eine spezifisch ethnische Erwartung an wirtschaftlichen Erfolg, die oft von den amerikanischen Vorstellungen von »success« und Mobilität abweicht. So kann etwa das »relative Befriedigungsziel« erreicht sein, wenn man ein eigenes Haus besitzt (vor allem bei den Polen), die eigene Wäscherei (Chinesen), das Restaurant (Italiener) oder wenn Kinder in akademische Berufe aufsteigen (Juden). Als ein weiteres wesentliches Element von »ethnischen Ressourcen« begreift Light spezifisch-ethnische kooperative Strukturen der Wirtschaftstätigkeit, hier vor allem das System der »rotierenden Kreditvergabe«.

Unter »Klassenressourcen« versteht er demgegenüber einerseits materielle wie Finanzkapital und Produktionskapital, andererseits Vertrautheit mit der dominanten amerikanischen Gesellschaft und eine amerikanisierte kulturelle Orientierung. Letzteres wird man allgemein erst in der Zweiten Generation antreffen.

Die »ethnischen Nischen« in der Ökonomie der USA leben von einer Kombination beider Kategorien; nie ist die Wirtschaftstätigkeit ausschließlich ethnisch- oder ausschließlich klassengestützt. Aber die Anteile haben sich in den letzten zwei Jahrzehnten verschoben.

Noch um die Jahrhundertwende verlegten sich die asiatischen Minderheiten, damals auf dem Arbeitsmarkt erheblich diskriminiert, auf ethnisches Unternehmertum und mobilisierten dabei erfolgreich vor allem die ethnischen Ressourcen. Die asiatischen Einwanderer der beiden vergangenen Jahrzehnte haben sich natürlich ebenfalls auf diese ethnischen Ressourcen gestützt, aber ihr Erfolg beruht nun schon wesentlich deutlicher auf Finanzkapital, »Humankapital« und bürgerlichem know-how. Es hat eine deutliche Verlagerung von »ethnischen Ressourcen« zu »Klassenressourcen« stattgefunden.[145]

Die neuen koreanischen, vietnamesischen, thailändischen, cubanischen, taiwanesischen, iranischen und die Einwanderer aus Hongkong stammen zum größten Teil aus besitzenden Oberschichten ihrer Länder. Fast könnte man sagen, daß ihr Erfolg in den USA nicht viel mit ethnicity zu tun hat; jede andere Einwanderergruppe, die Kapital, bürgerliche Werte und so gute Ausbildungsvoraussetzungen mitbrachte, wäre im Kleinunternehmertum ebenso erfolgreich gewesen. Aber diese »ethnische Null-Hypothese« ist doch unzureichend, denn die einwandernden Unternehmer instrumentalisieren durchaus bestehende ethnische Barrieren, um Zugang zu bestimmten Märkten und Arbeitskräften zu erhalten. Ein gutes Beispiel dafür sind die Cubaner in Florida. Hier existieren eindeutig ethnische Präferenzen in der Einstellung von Arbeitskräften und ökonomisch-ethnische Solidaritäten unter den Cubanern, die es in dieser Form in Cuba selbst heute nicht geben könnte, und die ihnen gegenüber den ansässigen Weißen Konkurrenzvorteil verschafft. Ein ähnliches Bild zeichnen Bonacich, Light und Wong (1977)[146] von 60.000 Koreanern in Los Angeles, die sie auf ihren wirtschaftlichen Erfolg hin untersuchten. 1980 leiteten ca. 40 % der beschäftigten Koreaner kleine Firmen und weitere 40 % arbeiteten in diesen Firmen, also lediglich 20 % aller Koreaner arbeiteten in nichtethnischen Unternehmen oder im öffentlichen Dienst. Die klassenbedingten Ressourcen der Koreaner sind nicht zu unterschätzen (80 % der Einwanderer hatten eine dem College-Abschluß vergleichbare Vorbildung, während das nur für gut 15 % der Einwohner von Los Angeles zutrifft, und sie kamen durchschnittlich mit $ 25.000 ins Land, manchmal sogar mit Millionen). Aber die Klassenressourcen wurden sehr geschickt kombiniert mit den ethnischen Ressourcen, mit einer speziell auf andere Mitglieder gerichteten Verkaufsstrategie, mit Nepotismus und mit formeller und informeller gegenseitiger Unterstützung. Weiterhin existiert unter den Koreanern die traditionelle Form der »rotierenden Kreditvergabe«, und auch die nationalistischen Appelle an den Arbeitsfrieden, die vertikale und horizontale Integration der koreanischen Firmen, die formellen und informellen Konkurrenzabsprachen, wie nicht zuletzt die politischen Verbindungen der führenden koreanischen Organisationen zu den politischen Vertretern der Stadt haben den spektakulären wirtschaftlichen Erfolg dieser Einwanderergruppe gestützt. Auch das moderne koreanische Unternehmertum hat sich also durchaus auf ethnische Ressourcen und nicht nur auf Klassenressourcen gestützt.

Dennoch bleibt die Verfügung über Klassenressourcen schon beim Zeitpunkt der Einwanderung ein wesentlicher Unterschied zur Masseneinwanderung vor dem Ersten Weltkrieg (und zur Gastarbeiterwanderung in die Bundesrepublik). Das ethnische Unternehmertum hat durch die neue Einwanderung seit Mitte der 60er Jahre Auftrieb erhalten. »Immigrant business« ist vor allem in den heruntergekommenen Stadtkernen vieler Großstädte zu einer nicht unerheblichen ökonomischen Kraft geworden und hat einige Stadtteile vor dem völligen Verfall bewahrt (ähnlich wie übrigens in Großbritannien, in den Städten Manchester, Liverpool, London). In unterversorgten Stadtteilen, wo die Bevölkerung mit sehr niedrigem Einkommen lebt, haben z.B. Koreaner billige Service-Einrichtungen geschaffen (wodurch Los Angeles wieder höhere Gewerbesteuern einnahm). Koreanische Familien sind in heruntergekommene Wohngegenden gezogen, am Rande von schwarzen Wohnvierteln, sie haben dort investiert und diese Viertel »hochgepflegt« (mit sogenannten »landscaped areas«). Sie schicken ihre Kinder in die lokalen Schulen, die aufgrund der weißen Flucht in die Vorstädte als schlecht ausgestattet und miserabel galten. Die Kinder dieser bildungsmotivierten Familien lernten in diesen Schulen dennoch sehr erfolgreich (und bewiesen damit wieder einmal, daß die subjektive Einstellung gegenüber Institutionen im Ergebnis ebenso nichtig sein kann wie materielle Ausstattung auf dem neuesten Stand). Durch Presseberichte über hohe »reading scores« und keine Disziplinprobleme an diesen Schulen stieg ihr Ansehen wieder, was sie für weiße Mittelschicht-Eltern erneut attraktiv werden ließ –

kurz: communities der »neuen Einwanderung« haben vielerorts, gestützt auf ethnisches Unternehmertum, über ihre Minderheit hinaus sogar sozial integrative Wirkung bewiesen.[147]

Die Schattenseite dieser neuen Prosperität mancher Stadtteile ist die Unterhöhlung der Arbeitsschutzgesetze durch das ethnic business. Das gilt nicht für alle ethnischen Kleinbetriebe gleichermaßen; die Arbeitsplätze der Cubaner in Miami gelten hinsichtlich sozialer Sicherheit, Qualifikations- und Aufstiegschancen denen des allgemeinen Arbeitsmarkts als keineswegs unterlegen. Aber insgesamt verstoßen die Enklave-Betriebe häufiger gegen Jugend- und Arbeitsschutzgesetze, und sie beschäftigen auch in höherem Maße illegale Einwanderer. Die Koreaner sind z.B. in Los Angeles mit 20 % in der Bekleidungsindustrie vertreten, deren Umsatz inzwischen den Umsatz der Filmindustrie von Los Angeles übersteigt. Diese koreanischen »sweatshops« beschäftigen vorwiegend illegal eingewanderte Mexikanerinnen zu miserablen Arbeitsbedingungen. Daraus entstehen langfristig soziale Kosten, die von den Stadtverwaltungen aber meist verdrängt werden, weil die Schaffung neuer Arbeitsplätze Gewerbesteuer einbringt und die beschäftigten Arbeiter keine Sozialunterstützung beanspruchen.

Fallstudie: »Ethnische Enklaven« in der Bekleidungsindustrie von New York

Roger Waldinger[148] hat 1981 bis 1982 Interviews geführt mit 96 hispanischen Besitzern von ethnischen Kleinbetrieben in New York. Diese weitgehend unsichtbaren Minibetriebe wirken für Außenstehende zunächst wie eine Fortsetzung der alten »sweatshops«, und ab und an werden sie in der Presse als Skandal angeprangert. Waldingers Untersuchung zeigte aber, daß in diesen ethnischen Enklaven auch ein erster Schritt der Qualifizierung und Integration von Einwanderern möglich sein kann und diese Kleinbetriebe sogar eine gewisse Mobilität eröffnen.

Die Bekleidungsindustrie New Yorks – eine zentrale Branche in der Industrie dieser Stadt – befindet sich seit längerer Zeit im Niedergang. In jüngster Zeit gibt es wieder Anzeichen einer neuen

Konsolidierung, zu verdanken den lateinamerikanischen und mittelamerikanischen Emigranten.

Die einheimischen Betriebe – lange Zeit Domäne jüdischer und italienischer Einwanderer – konnten im vergangenen Jahrzehnt der internationalen Konkurrenz nicht mehr standhalten. Die neuen ethnischen Nischen entstehen vor allem da, wo Massenproduktion nicht mehr rentabel ist, wo vielmehr punktuell und flexibel produziert werden muß. Dieser neue Bedarf an Kleinbetrieben kommt den Bedingungen der kürzlich Eingewanderten entgegen. Sie verfügen über minimale Kapitalressourcen, aber über flexibles Arbeitskräfteangebot. Einheimische Kleinbetriebe kämpften ständig mit dem Problem einer allzu unbeweglichen (vor allem wenn gewerkschaftlich organisiert, nicht ausreichend *disponiblen)* Arbeiterschaft und dazu noch mit dem Problem der Vermittlung von Arbeitstechniken. Für den ethnischen Kleinunternehmer dagegen erweisen sich die familialen und die ethnischen Bindungen als ideale Voraussetzung für die Mobilisierung, Ausbildung und Kontrolle einer Arbeiterschaft mit niedrigen Lohnkosten.

Die interviewten Besitzer dieser Kleinbetriebe waren hispanische Einwanderer, vorwiegend aus der Dominikanischen Republik, aus Ecuador und aus Kolumbien. Alle haben die Chance genützt, gewissenmaßen im Schatten der gleichzeitigen Expansion großer, vorwiegend einheimisch geleiteter Textilbetriebe eine Vielzahl kleiner ethnischer Firmen aufzubauen.

New Yorks Bekleidungsindustrie hat sich reduziert auf die Herstellung von modisch-kurzlebiger Ware (»spot market«). Die großen eingesessenen Betriebe haben sich auf diese neue Instabilität eingerichtet, indem sie die Aktivitäten in ihren eigenen Wänden nur noch auf Design und Vertrieb beschränken. Die Herstellung im engeren Sinn wird ausgelagert an Vertragspartner (das sind die Kleinbetriebe). Von den 96 untersuchten Einwanderer-Betrieben produzierten nur fünf eigenes Design und vertrieben ihre Artikel selbst. Die restlichen 91 waren Vertragspartner von größeren Firmen, und auch unter ihnen existierte eine deutliche Arbeitsteilung: Zuschneidebetriebe, Bügeleien, Nähereien .... Wo *Massenproduktion* von Bekleidung noch vorherrscht, d.h. Mäntel, Unterwäsche, Anzüge vom Band, sind kaum Einwanderer zu finden, sondern da, wo ausgesprochen kurzlebige, spezialisierte Modewaren produziert werden. Denn die standardisierten, klassischen Waren werden inzwischen mit recht kostenwirksamer computerisierter Ausstattung produziert, die aber ungeeignet ist für ständigen Wechsel von Material und Formen. Deshalb arbeiten die Einwandererfirmen mit altmodischen, arbeitsintensiven Maschinen, die für die Massenproduktion ungeeignet und billig zu bekommen sind und die vor allem keine qualifizierte Bedienung erfordern. Um einen solchen Betrieb zu eröffnen, braucht man weder viel Kapital noch Management-Erfahrung. Dreiviertel der befragten Besitzer waren vorher angelernte oder ungelernte Arbeiter in der Bekleidungsindustrie gewesen.

In diesem Sektor wird wieder deutlich, wie der Rückzug etablierter ethnischer Gruppen (vor allem Juden und Italiener, deren akademisch gebildete Kinder die Betriebe der Eltern nicht mehr übernehmen wollen) Raum schafft für unternehmerische Aktivitäten von neuen Einwanderern. Die etablierten Unternehmer haben das Risiko externalisiert auf Vertragspartner und damit einen Bedarf an Einwanderer-Unternehmertum geschaffen.

Diese, natürlich besonders konjunkturabhängigen, Kleinstbetriebe erfordern minimale Investitionen. Oft haben mehrere Familienmitglieder zusammengelegt: jeder mit einem Anteil von etwa $ 6.000. Oft arbeiten die Beschäftigten an mehreren Arbeitsstellen: zwei Schwestern überwachen den Betrieb tagsüber, während der Besitzer an einer anderen Arbeitsstelle verdient. Die Arbeitsbeziehungen sind bestimmt durch Verwandtschaft, Freundschaft und ethnische Vernetzung. (Nicht selten sind »Seilschaften« von einem New Yorker Betrieb zu einem bestimmten Dorf in der Dominikanischen Republik.) Ein Betrieb bestand z.B. aus drei Schwestern, zwei Ehepaaren und zwei verschiedenen Gruppen von Cousins und Cousinen. Dieses »network hiring« spart Geld für Annoncen, vor allem aber gestattet es *Kontrolle.* Das Verhältnis der Besitzer zu den Arbeitern ist ein klassisch paternalistisches: man *hilft* den Einwanderern, indem man sie beschäftigt. ... In der Einstellungspraxis ist man gegenüber der Zeitdisposition der Angestellten flexibel. Teilzeit für Mütter ist meist möglich, und wo im Akkord gearbeitet wird, gibt es einigen Dispositionsraum. Deshalb gehen die Besitzer der Einwandererbetriebe von der Unterstellung aus, daß Besitzer und

Angestellte gleiche Interessen teilen. Im allgemeinen arbeiten die Besitzer mit. Die andere Seite der persönlichen Ausbeutung sind die traditionellen, persönlichen Beziehungen zwischen Beschäftigten und Besitzern, die allzu rigide und versachlichte Arbeitsanforderungen unmöglich machen. Manche Besitzer klagen darüber: »Verwandte und Landsleute glauben, sie bräuchten sich nicht anzustrengen ... Familien- und Freundschaftsbeziehungen schützen sie vor einer Entlassung«. Die Betriebe sind wenig hierarchisiert. Chronisch arbeiten dort zu wenig Angestellte, deshalb müssen alle in verschiedensten Arbeitsgängen einspringen, das heißt, auch verschiedene Tätigkeiten beherrschen.

Keine Frage: diese Betriebe verletzen die Arbeitsschutzbestimmungen. Sie bezahlen meist nicht einmal die gesetzlichen Mindestlöhne, zu schweigen von Sozialleistungen. Die gewerkschaftliche Organisation ist gleich Null – während in den Bekleidungsbetrieben, die von Einheimischen geführt werden, traditionell ein hoher Organisationsgrad anzutreffen ist. Die Verwandtschaftsbeziehungen zum Chef immunisieren die hispanischen Betriebe gegen Aktivitäten der Gewerkschaft.

Sind diese Betriebe deshalb reine »sweatshops«? Waldingers Fallstudie kommt zu einem anderen Ergebnis. Da in diesen Betrieben die Rollen am Arbeitsplatz recht flexibel sind, können sich die Arbeiter Management- und Produktionsqualifikationen aneignen, die sie später in die Lage versetzen, eigene Betriebe zu eröffnen. Das scheint für die Arbeiter in diesen Firmen den niedrigen Lohn zu kompensieren. Durch die informellen Vermittlungsformen von Qualifikationen werden sie auch über die schmale Basis des Ethnischen hinaus mutiger, unternehmerische Aktivitäten für sich in Erwägung zu ziehen. So kann der Einwanderer-Kleinbetrieb für alle Beteiligten ein erster Schritt zur Mobilität und Amerikanisierung werden.

Haben die »ethnischen Enklaven« Zukunft?

Für amerikanische, allgemeiner noch, für westliche Beobachter der ethnischen Unternehmertätigkeit ist immer schwer zu verstehen, daß Unternehmergeist nicht notwendig individualistisch ist.[149] Die

Tatsache des »ethnischen Kollektiv-Unternehmerhandelns« machte deshalb amerikanische Betrachter etwas hilflos. Eine Institution wie die »rotierende Kreditvergabe«, der vor allem Chinesen und Japaner an der Westküste Anfang des 20. Jahrhunderts so viel verdanken, setzt enge Bindung an die community voraus. Die ethnischen Unternehmer müssen vertrauenswürdig sein, d.h. sie müssen sich in der community engagieren, sie müssen populär sein, um auch die notwendigen Informationen zu erhalten, d.h. sie sind abhängig von der ethnischen community und können nicht isoliert arbeiten. Allerdings gibt es inzwischen neuere Trends im »ethnic enterprise«; chinesische und japanische Einwanderer handelten in Kalifornien um die Jahrhundertwende eindeutig kollektiver als etwa die neuen chinesischen Einwanderer heute in Toronto.[150] Eine ähnliche Verschiebung von kollektivem zu eher individualistischem Vorgehen läßt sich in jüngster Zeit bei polnischen, finnischen, irischen, mormonischen und jüdischen Unternehmern beobachten.

Das hat zwei Ursachen. Einmal ist insgesamt der Konkurrenzsektor der US-Wirtschaft kleiner geworden; wegen der Konzentration braucht man mehr Kapital, um einsteigen zu können. Außerdem hat die Mobilität den in Amerika geborenen Mitgliedern ethnischer Gruppen inzwischen die oben beschriebenen »Klassenressourcen« vermittelt, über die ihre Eltern noch nicht verfügten. Sobald Einwanderer-Unternehmer und ethnische Unternehmer über solche Klassenressourcen verfügen, handeln sie individualistischer. So existiert heute eine breite Skala von Typen des ethnischen Unternehmertums, häufig in derselben Stadt. In Toronto z.B. gibt es nebeneinander die alten traditionellen Einzelhandelsgeschäfte mit ethnischer Klientel und Investitionsfirmen, die von Millionären aus Hongkong geführt werden. Die neue Unternehmerelite dieser Großunternehmen unterscheidet sich deutlich in Herkunft und Lebensstil von der traditionellen Händlerelite, die jahrzehntelang die ethnische Community dominiert hat.

Ethnische Anteile im Unternehmerhandeln sind immer in Gefahr, durch Amerikanisierung und Generationswechsel geschwächt zu werden. Das Ausmaß dieser Schwächung ist allerdings geringer, als Soziologen das allgemein vermutet haben.[151] Offensichtlich ist ethnischer Kapitalismus in bestimmten Grenzen weiterhin profitabel. Der ethnische Wirtschaftssektor kann sogar überdurchschnittlich hohe Profitraten aufweisen.[152] Diese ethnischen Enklaven in der US-Ökonomie haben, wie wir im folgenden Abschnitt noch genauer diskutieren, nachhaltige Wirkung auf ethnicity, auf Kultur- und Spracherhalt; im Modellfall stützt die ethnische Ökonomie die ethnicity und die ethnicity stützt die ethnische Ökonomie. (Die ethnischen Unternehmereliten treten dann auch als großzügige Spender an ethnische Organisationen auf.)

So hat in den USA die ungleiche Entwicklung ökonomische Enklaven geschaffen, in denen Kleinunternehmertum immer noch profitabel ist. Erfolg in solchen Tätigkeiten verlangt allerdings eine Kombination von Klassen- und ethnischen Faktoren, wobei deutlich geworden ist, daß in der letzten Generation die Klassenfaktoren an Bedeutung zugenommen haben. Auf lange Sicht hat ethnisches Unternehmertum wahrscheinlich wenig Perspektiven, weil der ethnische Kapitalismus und die kulturelle Assimilation die präkapitalistischen Solidaritäten unterhöhlen und schließlich zerstören; aber das ist ein Prozeß, der offensichtlich länger dauert als bisher vermutet. Solange ethnische Unternehmen noch hohe Profitraten erzielen können, sind sie eine wichtige Stütze von »gelebter ethnicity«, und zugleich stützt das Fortbestehen von ethnisch geführten Unternehmen den bedrohten Konkurrenz-Sektor der gesamten amerikanischen Wirtschaft.

Die ethnischen Enklaven mögen in ihrem Gesamtanteil am Bruttosozialprodukt von relativ geringer Bedeutung sein, aber sie scheinen sich im letzten Jahrzehnt stabilisiert zu haben; die Anzahl der selbständigen Mitglieder von ethnischen Gruppen bleibt seit einigen Jahren konstant. Solche materielle Verankerung von ethnicity hat für den Fortbestand von Elementen der Herkunftskulturen und für die Loyalität zur Muttersprache zweifellos entscheidendere Folgen als ethnisch-programmatische Bildung und Erziehung.

Gelebte Ethnicity (3): Muttersprache, Sprachwechsel, Zweisprachigkeit

Amerika ist ein Laboratorium für Linguisten: alle Spielarten von Mehrsprachigkeit, von Sprachwechsel und Diglossie lassen sich an der Geschichte und Gegenwart dieses Einwanderungslandes studieren. Wie kam es historisch zu der so umfassenden Anglisierung fast aller Einwanderergruppen? Was hat dieser Sprachwechsel jeweils bedeutet, für die ethnische Gruppe, für den Einzelnen? Wie hat sich das Verhältnis zwischen »dominanter Sprache« und Muttersprachen im Laufe der Jahrzehnte verändert? Haben Anglisierung und Amerikanisierung einerseits und Treue zur Muttersprache und ethnische Loyalität andererseits das soziale Fortkommen der Sprecher beeinflußt? Hat möglicherweise Sprache überhaupt durch die veränderte Funktion des amerikanischen Bildungswesens in den vergangenen Jahrzehnten prinzipiell andere Bedeutung erhalten? Und zuletzt: Kann man wirklich den Prozeß des Spracherhalts oder des Sprachwechsels politisch steuern, wie es die zahlreichen Gesetze und Projekte zur zweisprachigen Erziehung ab Anfang der 70er Jahre unterstellten?

Die Sprachgeschichte der USA beginnt zunächst mit dem (ziemlich seltenen) Fall der Verdrängung der einheimischen Sprache (bzw. mehreren: den Indianersprachen) durch eine Eroberer-Sprache, das Englische. Englisch als dominante Sprache der USA ist heute Realität. Zugleich ist aber auch die Sprachenvielfalt und Mehrsprachigkeit verbreitet und selbstverständlich, wie es für Mitteleuropa – mit Ausnahme der Schweiz – nur schwer vorstellbar ist. Vor allem für uns Deutsche scheint Einsprachigkeit die Regel, und Mehrsprachigkeit die Abweichung, »das Problem« – obschon auch das Deutsche als Einheitssprache ein ziemlich junges Phänomen ist (die deutsche Einheitssprache ist kaum älter als der deutsche Nationalstaat).[153] Inzwischen allerdings existieren mehrere Nationalstaaten, die ausschließlich deutschsprachig sind; daß jedoch die meisten Gesellschaften dieser Welt mehrsprachig sind, ist uns nicht recht bewußt.

Auf amerikanischem Boden hat man dagegen viele Sprachen toleriert – nicht immer ohne Konflikte, aber im großen und ganzen ist dieses Einwanderungsland den Sprachen seiner Einwanderer recht liberal begegnet. Einerseits. Andererseits die merkwürdige, typisch amerikanische Trägheit im Erlernen von Fremdsprachen. Im Bildungskanon der USA spielt Fremdsprachenunterricht eine untergeordnete Rolle. Nur 1/5 aller Highschool-Schüler lernen eine Fremdsprache, nur 4 % insgesamt länger als 2 Jahre. Nur 8 % aller amerikanischen Colleges und Universitäten verlangen minimale Kenntnisse einer Fremdsprache als Aufnahmevoraussetzung (vor 15 Jahren waren es immerhin noch 34 %).[154] Ab und an haben liberale Intellektuelle diese schwache Fremdsprachenkompetenz kritisiert – aber nicht sehr ernsthaft, und letztlich konsequenzlos, scheint mir. Nach dem »Sputnik-Schock« gab es einige Aufregung über die Rückständigkeit des amerikanischen Bildungswesens in der internationalen Konkurrenz. In einer der für Amerika so typischen »Jeremiaden« (bitteren Selbstabwertungen, die in zyklischen Abständen die Öffentlichkeit aufrütteln) wurde auch der im Vergleich zur Sowjetunion klägliche Stand der Fremdsprachenkompetenz angeprangert. Aber das blieb, wie die oben angeführten Zahlen deutlich machen, ein Strohfeuer. Und die plötzliche Vermehrung von Schulstunden für Fremdsprachenunterricht hätte zu einem ernsthaften Interesse an Fremdsprachen vielleicht auch nur wenig beigetragen – dieses Desinteresse hat offensichtlich tiefere Gründe.

Das Desinteresse am Erlernen von Fremdsprachen ist jedoch nicht gekoppelt mit einem chauvinistischen Verhältnis zum Englischen, mit Überheblichkeit. Allgemein ist man in Amerika flexibel gegenüber »schlechtem Englisch«, man geht relativ tolerant mit den hochsprachlichen Standards um und toleriert Akzente, grammatikalisch mangelhaftes Sprechen, Soziolekte etc. Einheimische Amerikaner reagieren gegenüber Kommunikationsversuchen von Fremden weit weniger autoritär als Briten mit ihren verinnerlichten starren Standards von Oxford-Englisch. Sprache und Sprachstile scheinen in den USA weit weniger der Klassendifferenzierung und -abgrenzung zu dienen als in England; Amerikaner sind geduldig mit radebrechenden Fremden und dadurch, bei aller Borniertheit im aktiven Fremdsprachenerwerb, auf eine spezifische Weise kosmopolitisch. Daß das Amerikanische so wenig Status-Ängste auslöst, hat auch literarische Folgen: das amerikanische Englisch gilt heute als die weit plastischere Sprache gegenüber dem statischeren britischen Englisch. (Man kann sich z.B. fragen, ob Nabokov in England begonnen hätte, seine Romane englisch zu schreiben. Ich würde es bezweifeln. Sein selbstbewußt-experimentelles Verhältnis zum Amerikanischen war nicht nur seine literarische Souveränität allein, sie wurde ermöglicht durch das unbefangene und nicht-puristische Verhältnis der Amerikaner zu ihrer Muttersprache, ein Moment, das allen Einwanderern den Sprachwechsel erleichtert haben mag.)

Desinteresse bei den anglisierten Einwanderern und den einheimischen Amerikanern an der Erlernung von Fremdsprachen ist eine Seite. Überraschend ist andererseits, daß sich in den USA trotz einer im ganzen liberalen Sprachpolitik gegenüber Einwanderersprachen so wenig aktive Beherrschung der Muttersprachen aufrechterhalten konnte, daß der Sprachwechsel zum Englischen bei den Eingewanderten so umfassend und relativ rasch verlief. (Zu einer interessanten Ausnahme heute, dem Spanischen, später.)

Zwar blühten in der Neuen Welt zunächst einige im 19. Jahrhundert in Europa politisch unterdrückte Sprachen: das Gälische, das Lettische, das Ukrainische – Sprachen, die unter britischer und russischer Herrschaft in den Herkunftsländern nicht gesprochen werden durften, lebten in New York und Chicago auf; nicht nur als gesprochene, sondern auch als schriftliche, als literarische Sprache. Aber diese Blüte war von kurzer Dauer, die Zeitungen stellten nach wenigen Jahren ihr Erscheinen ein. Die Abwesenheit der Repression in Amerika hat die Einwanderersprachen nicht wirklich vitalisieren können. »Die Sprachen starben ab in einer Atmosphäre des Gewährenlassens, während sie sich in Europa, unter weit widrigeren Umständen, zäh am Leben erhalten hatten«.[155] Anfang des 20. Jahrhunderts schlossen fast alle muttersprachlichen Halb- und Ganztagsschulen. Die ethnischen Organisationen gingen zunehmend dazu über, sich auf Englisch zu verständigen, die englischsprachigen Anteile der ethnischen Presse nahmen zu, die Muttersprache blieb rituellen Anlässen vorbehalten.

Bei diesem Sprachwechsel von Einwanderer-Muttersprachen zum Englischen hat zweifellos, trotz aller heute als liberal erinnerten Sprachpolitik, auch anglozentristisches Mißtrauen und Repression durch einheimische Institutionen eine Rolle gespielt. Während des

Ersten Weltkriegs wurden z.B. deutsche Schulen geschlossen. Das vorzügliche Buch von Robert Park: *The Immigrant Press and its Control,* (1921), eine umfangreiche Dokumentation von Einwandererpresse und -literatur in den ersten beiden Jahrzehnten des 20. Jahrhunderts, verdankt sein Entstehen staatlichem Argwohn gegenüber der »Subversivität« der ethnisch-muttersprachlichen Presse. Die Studie sollte die muttersprachlichen Publikationen von Einwandererorganisationen auf ihre amerikanische Loyalität hin untersuchen. Parks Untersuchung wurde zu einer einfühlsamen Sympathiewerbung für die verschiedenen Einwanderergruppen und -kulturen (mit auch heute noch sehr interessantem biographischem Material, Übersetzungen von Leserbriefen, Tagebüchern, Interviews). Ein Ergebnis der Studie war, daß die Presse paradoxerweise im muttersprachlichen Teil assimilierter war; hier wurden Tips zur Anpassung vermittelt und die »Amerikanisierung« angeleitet; während der englische Teil der ethnischen Presse zunehmend die »Pflege des Kulturerbes«, die »ethnicity« thematisierte. Insgesamt kam die Studie zum Ergebnis, daß die muttersprachliche Presse keiner verstärkten Zensur bedurfte, da sie keineswegs subversiv war.

Die Muttersprache Spanisch ist vor allem in den Südweststaaten der USA im 20. Jahrhundert verschiedentlich diskriminiert worden. Das Verbot, im Schulgelände Spanisch zu sprechen[156], war Teil dieser Diskriminierung spanischer Familien; auch die traditionell mexikanische Kleidung (offene Hemden bei Jungen, längere Haare, Schmuck) wurde in Anglo-Institutionen verboten. Auf Puerto Rico hatte im späten 19. Jahrhundert nur ein erbitterter Sprachenkampf die Verdrängung des Spanischen durch das Englische verhindern können. Alles in allem blieb die Repression von Muttersprachen jedoch weit hinter dem zurück, was beispielsweise zur selben Zeit die Polen im Ruhrgebiet erfuhren, wo polnischsprachige Gottesdienste verboten waren, und daraufhin »schweigende Gottesdienste« (die dann erst recht polnisch-nationalistisch politisiert waren) abgehalten wurden. Die deutschen Volksschulen wurden strikt aufs Germanisierungskonzept ausgerichtet. Selbst gegen polnische Grabinschriften versuchte die Polizei (gestützt auf den diskriminierenden Sprachenparagraphen des Reichsvereinsgesetzes) vorzugehen.[157]

Für das Schicksal der Muttersprachen auf amerikanischem Boden, für die Fortdauer von Zweisprachigkeit interessierte man sich bis in die sechziger Jahre wenig; nach allem, was über die Amerikanisierung im Zweiten Weltkrieg und in den Nachkriegsjahren gesagt wurde, ist das kaum erstaunlich. Erst seit 1960 wird im Zehnjahreszensus wieder nach den von Amerikanern gesprochenen Sprachen gefragt. Das Problem dieser Erhebungen: die Ergebnisse basierten auf Behauptungen der Interviewten, statt auf Sprech-Beweisen; außerdem wurde nach der »Muttersprache« gefragt, d.h. nach der in der Kindheit gesprochenen Sprache, statt nach der aktuellen Kompetenz. (Zu diesen Ergebnissen für 1960 und 1970 siehe Tabelle.)[158]

Bevölkerungsteile in den USA, die 1960 und 1970 eine nicht-englische Muttersprache angaben

Sprache	1960 (geschätzt)	1970	In Amerika von auslän-dischen El-tern geboren	Erste Generation	Zweite Generation
Keltisch	–	88.162	9.734	32.969	45.459
Norwegisch	321.774	612.862	204.822	313.675	94.365
Schwedisch	415.597	626.102	113.119	382.575	131.408
Dänisch	147.619	194.462	29.089	107.155	58.218
Niederländisch	–	350.748	90.713	132.204	127.834
Flämisch	21.613	61.889	12.064	29.024	20.801
Französisch	1,043.220	2,598.408	1,460.130	727.698	410.580
Bretonisch	–	32.722	7.252	15.439	10.031
Deutsch	3,145.772	6,093.054	2,488.394	2,403.125	1,201.535
Polnisch	2,184.936	2,437.938	670.335	1,347.691	419.912
Tschechisch	217.771	452.818	148.944	233.165	70.703
Slowakisch	260.000	510.366	86.950	340.855	82.561
Ungarisch	404.114	447.497	52.156	234.088	161.253
Serbokroatisch	184.094	239.455	24.095	132.296	83.064
Slowenisch	67.208	82.321	9.040	54.103	19.178
Dalmatisch	–	9.802	3.038	4.748	2.016
Albanisch	–	17.382	1.571	8.283	7.528
Finnisch	110.168	214.168	58.124	117.754	38.290
Litauisch	206.043	292.820	34.744	162.888	95.188
Andere baltische Sprachen	–	19.748	1.231	8.309	10.208
Russisch	460.834	334.615	30.665	154.673	149.277
Ukrainisch	252.974	249.351	22.662	130.054	96.635
Georgisch	–	757	179	157	421
Rumänisch	58.019	56.590	5.166	25.369	26.055
Jiddisch	964.605	1,593.993	170.174	985.703	438.116

Romani (Zigeuner)	–	1.588	1.252	180	156
Griechisch	292.031	458.699	56.839	208.115	193.745
Italienisch	3,673.141	4,144.315	606.625	2,512.696	1,025.994
Spanisch	3,335.961	7,823.583	4,171.050	1,956.293	1,696.240
Portugisisch	181.109	365.300	62.252	162.749	140.299
Baskisch	–	8.108	1.852	4.087	2.169
Armenisch	–	100.495	13.758	48.414	28.323
Persisch	–	23.923	1.555	4.037	17.329
Hebräisch	–	101.686	19.691	45.883	36.112
Arabisch (gesamt)	103.908	193.520	26.520	92.045	73.657
Südliche semitische Sprachen	–	1.354	380	216	758
Hamitisch	–	948	445	217	286
Suaheli	–	3.991	2.040	812	1.139
Libysch	–	410	265	86	59
Niger-Kongolesisch	–	6.537	1.055	1.221	4.261
Sudanisch	–	2.543	336	1.347	860
Türkisch	–	24.123	1.811	5.666	16.646
Andere uralische Sprachen	–	15.191	765	3.016	11.410
Altarische Sprachen	–	974	306	251	417
Hindi	–	26.253	1.249	2.987	22.017
Andere Indo-arische Sprachen	–	22.939	731	2.342	19.866
Dravidisch	–	8.983	635	813	7.535
Koreanisch	–	53.528	2.756	16.024	34.748
Japanisch	300.000	408.504	82.886	207.528	118.090
Chinesisch (alle Dialekte)	180.000	345.531	30.764	124.407	119.260
Tibetisch	–	352	183	50	119
Burmesisch	–	1.581	248	177	1.156
Thai	–	14.416	1.178	1.543	11.695
Malaiisch (gesamt)	–	10.295	2.019	1.267	6.915
Tagalog	–	217.907	8.336	57.073	152.498
Polynesisch	–	20.687	12.006	3.725	4.956
Nordamerikanische Indianersprachen	–	268.205	254.859	7.437	5.809
Alle anderen	–	880.779	350.126	341.483	189.170
Keine Angaben	–	9,317.873	873.081	348.645	96.147
Nicht-englische Sprachen insgesamt[a]	19,381.786	33,175.172	11,449.410	13,900.432	7,825.330

Quelle: Joshua A. Fishman, *Language Loyalty in the United States* (1966; reprint, New York 1978); National Advisory Council on Bilingual Education, *Annual Report, 1975;* U.S. Bureau of the Census, *Census of Population, 1970* Washington, D.C., 1973).

a Die 1970er Zahlen sind Mindestschätzungen, die nicht die 9 Mill. Amerikaner berücksichtigen, die die Muttersprachen-Frage nicht beantworteten. Die reale Zahl nicht-englischer Sprecher dürfte daher signifikant höher liegen.

Zur Korrektur dieser Erhebungsmängel gab Anfang der sechziger Jahre das Erziehungsministerium die große Studie von Joshua Fishman: *Language Loyalty in the United States*[159] in Auftrag, als Bestandsaufnahme der mehrsprachigen Gegenwart der USA. In den sechziger Jahren florierte dann die Soziolinguistik. Bis dahin war Bilingualismus ein Spezialgebiet von Psychologie und Psycholinguistik gewesen, mit teilweise recht abgehobenen Fragestellungen. Nun gerieten zunehmend die Kommunikationsstile, rhetorischen Strategien, die Sprachanlässe und Sprachfunktionen, insgesamt die *kommunikativen Aspekte des Sprachverhaltens* stärker in den Blick. Das Interesse am Bilingualismus verband sich mit dem Interesse an Diglossie, d.h. mit der Erforschung der Verwendung von Sprachvarietäten in wechselnden sozialen Situationen und den Gesetzmäßigkeiten dieses Wechsels.[160] Die Studien versuchten systematisch die Faktoren zu ermitteln, die den Sprachwechsel von Muttersprache zur Sprache eines Einwanderungslandes begünstigen, bzw. hemmen. Diese Ergebnisse sind interessant auch für die Einschätzung der Zukunft der Gastarbeiter-Muttersprachen in der Bundesrepublik.[161]

Generalisierend kann man sagen: Muttersprachen überleben im Einwanderungsland, wenn die eingewanderte Gruppe *ökonomisch autark,* also von der umgebenden Gesellschaft wirtschaftlich unabhängig ist. Das ist natürlich sehr selten und trifft in den USA nur auf einige Sekten zu, z.B. die Amish und die Hutterer, die ihren Dialekt aus der Zeit der Einwanderung fast rein konserviert haben.

Gute Überlebenschancen hat eine Muttersprache, wenn die eingewanderte Gruppe eine *Subkultur* am Leben erhalten kann, die ökonomisch so weit entwickelt ist, daß sie greifbare Arbeitsperspektiven anbieten kann (»ethnische Nischen«). Dies trifft historisch vor allem auf die Chinesen in den USA zu, zur Zeit für Koreaner und Thais, und natürlich in besonderem Maße für die »Hispanics«: vor allem die Cubaner in Florida, aber auch die Puertoricaner in New York, die ihre eigenen Lebensmittelläden, Kinos, Freizeiteinrichtungen unterhalten, und in deren Stadtvierteln die eigenen Rechtsanwälte und Ärzte arbeiten. Immer mehr Unternehmer versuchen, die Konsumenten durch zweisprachige Werbung zu erreichen. Die Chefin einer auf spanische Werbung spezialisierten Agentur in Miami: »Man kann die englischen Slogans nicht Wort für Wort ins

Spanische übersetzen. Zum Beispiel Pepsi Cola: »Catch that Pepsi spirit«. Hätten wir das mit »Geist« ins Spanische übersetzt, hätte das vielleicht den Aberglauben der Leute angesprochen, aber nicht ihren Appetit. Wir haben »Vive el sentir de Pepsi« daraus gemacht, »Lebe das Pepsi-Gefühl«. Ja, man muß die Idiosynkrasien des Marktes schon kennen . . .«.[162]

Die Muttersprache wird auch durch die *geographische Nähe* zum Heimatland gestützt. Puerto Rico ist von New York aus in vier Flugstunden zu erreichen, Mexiko liegt an den Grenzen der US-Südweststaaten; zwischen beiden Herkunftsländern und den USA setzt sich die Wanderung in beiden Richtungen fort.

Die Muttersprache im Einwanderungsland wird darüber hinaus ständig neu gestützt durch *Nachzug aus dem Heimatland.* Puertoricaner unterliegen keinen Einreisebeschränkungen, da Puerto Rico amerikanischer Bundesstaat ist. Die Einwanderung aus Mexiko ist praktisch unbehindert.

Auch das Einwanderungs-*Motiv* beeinflußt die Loyalität zur Muttersprache. War der Grund für die Einwanderung nicht nur vorwiegend ein ökonomischer, sondern die Auswanderung ausgelöst durch religiöse oder politische Verfolgung im Heimatland, ist die Bindung an die Muttersprache, zumindest in der Ersten, und oft auch noch in der Zweiten Generation, stärker.

Fehlen alle diese bisher aufgezählten Faktoren, ist die Zurückdrängung der Muttersprachen im Einwanderungsland sehr wahrscheinlich. Für die Beschleunigung des Sprachwechsels gibt es darüber hinaus noch einige weitere plausible Faktoren. Der wesentlichste ist wohl die *Mobilität* der Einwanderer: Aufstiegsmöglichkeiten im Einwanderungsland bestätigen den Integrationswillen und beschleunigen den Prozeß des Sprachwechsels. Eng damit verbunden ist die *Auflösung traditioneller Familienrollen.* Wo diese zu den modernen Lebensformen des Einwanderungslandes in zu starken Widerspruch geraten, tragen auch sie zur Erschütterung der muttersprachlichen Loyalität bei.

Eine Zeitlang war man auch überzeugt, daß *Urbanisierung* grundsätzlich die Zurückdrängung der Muttersprachen beschleunigt; auf dem Land hatten sich in den USA überall Sprachinseln länger erhalten. Inzwischen hat aber die bisher stabile Zweisprachigkeit von Puertoricanern und Cubanern in New York und Miami diese Annahme erschüttert.

Daß *restriktive Einwanderungsbestimmungen* den Muttersprachen allmählich den Boden entziehen, liegt nahe. Deutlich ließ sich das beobachten bei den Italienern in Amerika: der Sprachwechsel (u.a. der Auflagenschwund der ethnischen Presse bzw. ihre Anglisierung) war besonders ausgeprägt in den zwanziger und dreißiger Jahren, nach den drastischen Verschärfungen der Einwanderungsbestimmungen.

Als letzter Faktor für Sprachwechsel sei genannt das *»Bild des Heimatlandes«* in den Augen der Öffentlichkeit. Nachdem Deutschland sich in zwei Weltkriege mit den USA verwickelt hatte, war die deutsche Sprache diskreditiert (Erkennungsmerkmal von SS- Offizieren in amerikanischen Fernsehserien) – keine Stütze für das Fortbestehen dieser Muttersprache.

Innerhalb der hier aufgezählten allgemeinen Faktoren für den Sprachwechsel von Einwanderer-Gruppen hat Fishman der Mobilität und der damit verbundenen Vermischung bzw. Grenzüberschreitung der »Domänen« die stärkste Aufmerksamkeit gewidmet. »Soziale Mobilität ist das zentrale Moment für den Sprachwechsel amerikanischer Einwanderergruppen, und zwar nicht nur deshalb, weil soziale Mobilität den Kontakt (und sogar die Intimität) mit »Außenstehenden« intensiviert, sondern vor allem, weil sie traditionelle Status- und Rollenbeziehungen innerhalb der Familie der Einwanderer grundlegend verändert«. »Zuletzt erschüttert die soziale Mobilität ... die letzte unangefochtene und entscheidende Domäne der Einwanderersprachen und löst sie schließlich auf. Wenn man die überlieferte Sprache nicht mehr beherrschen muß, um ein angesehenes Mitglied der eigenen Familie oder anderer gruppeninterner Institutionen zu sein, dann mag sie zu metaphorischen Zwecken (Humor, Beleidigung, intime Verständigung) weiterbestehen, aber ihre primäre Rolle als Umgangssprache erfüllt sie nicht mehr. Angesichts des machtvollen, eine Beteiligung an der Gesellschaft sichernden Systems von Belohnungen, das Amerika so vielen seiner Bürger traditionellerweise zugänglich gemacht hat, konnten sich nur wenige Belohnungssysteme ethnischer (oder anderer Einwanderer-)Minderheiten davon absetzen«.[163]

Fishman hat seine These, daß Bilingualismus in Einwanderer-Gruppen auf Dauer nur Bestand hat, wenn er mit Diglossie verbunden ist, d.h. mit der Koexistenz verschiedener, voneinander klar abgesetzter »Domänen« (darunter sind Lebensbereiche zu verstehen, in denen die sprachliche Interaktion deutlich auf die eine oder andere Sprache festgelegt ist) durch verschiedene Einzelstudien zu stützen versucht.[164] Da er eine dauerhafte Trennung von »Domänen« (und somit die Diglossie) im modernen Amerika für prinzipiell aussichtslos hält (mit der Ausnahme marginalisierter Gruppen, zu denen er Sekten wie die Amish und Hutterer rechnet) fällt seine Prognose für die Zukunft der Muttersprachen in den USA pessimistisch aus und das *unabhängig* von öffentlich-politischen Bemühungen um »Kulturerhalt« und Spracherhalt. Den Einfluß von »ethnischer Mobilisierung« durch Organisationen, von Sprachpolitik und von zweisprachiger Didaktik auf den Erhalt der Muttersprachen schätzt er sehr gering ein; ethnische Bewegungen seien in den USA zu schwach in der Konkurrenz mit den Chancen und Verheißungen von Status, die vom Englischen ausgehen.

Allerdings – und das ist eine interessante Überlegung, auch übertragbar für die Zukunft von Muttersprachen in Deutschland – weist er immer wieder darauf hin, daß die Verbindung von Muttersprache und »ethnicity«, die die ethnischen Aktivisten zu einer so wesentlichen und primären mystifiziert haben, keineswegs eindeutig und ausschließlich ist. Zwar ist die Verbindung zwischen Muttersprache und ethnicity durchaus häufig und naheliegend. »Mutter«-Sprache suggeriert ethnische Kontinuität, sie kann geradezu als Körperteil erlebt werden, sie wurde sozusagen mit der Muttermilch eingesogen. Aber auch auf anglisierter Grundlage ist »ethnicity« möglich, und möglicherweise sogar überlebensfähiger. »Auf lange Sicht wird sich ethnische Bindung bei Minderheiten in den USA erhalten, allerdings auf einer zunehmend anglisierten Grundlage« – dieses Fazit zog Fishman 1980.[165] Auch nach der Anglisierung können im Englischen Sprachstile, Akzente, Gesten für eine spezifische gruppeninterne Verständigung gepflegt werden. (Der Direktor eines italo-amerikanischen Forschungsinstituts beispielsweise unterhielt sich mit mir Englisch mit deutlich italienischen Akzent. Aufgrund meines Vornamens vermutete er wohl italienische »roots«, und spielte mit italienischen Gesten und Akzent auf ein averbales Vorverständnis zwischen uns an (»ethnic signalling«). Kurze Zeit später sprach er mit einem offensichtlich nicht italo-amerikanischen Gesprächspartner am Telefon ohne jeden Akzent Englisch.)

Zweisprachigkeit der Puertoricaner in New York und Fishmans Theorie der »Domänen«

Fallstudie Lydia

Lydia ist eine achtzehnjährige junge Frau, deren Lebenserfahrungen und Sprachbiographie für die Puertoricanerinnen von »El Barrio« in New York recht typisch sind. Sie ist eins von vier Kindern. Zu Hause wurde Spanisch gesprochen, Englisch nur unter den Geschwistern. Als Lydia noch zur Schule ging, sprach sie fast nur Englisch. Mit siebzehn Jahren verließ sie die Schule ohne Abschluß, Schule schien ihr sinnlos, zumal sie wegen Überfüllung der Klassenräume nur auf dem Fensterbrett einen Sitzplatz fand.

Nach einiger Zeit wollte sie wieder eine Ausbildung aufnehmen, aber die Krankheit ihrer Mutter durchkreuzte diesen Plan. Nach dem Tod der Mutter konnte sie die Familie nicht zusammenhalten. Lydia zog mit der elfjährigen Schwester in eine kleinere Wohnung in East Harlem, die beiden größeren Brüder verließen das Viertel. Nun war sie Haushaltsvorstand und verantwortlich für die Erziehung der kleinen Schwester. Diese Rollenveränderung spiegelte sich auch in ihrer Sprachbiographie, d.h. in der Verlagerung des Schwerpunktes ihrer Zweisprachigkeit zum Spanischen. Durch ihre veränderte Lebenslage war sie ins spanischsprechende Milieu der Community versetzt – eine gemeinsame Erfahrung aller, die im Barrio die Schwelle zum Erwachsenenleben überschreiten.

»Lydia war Babysitter für zwei Kinder; das tut sie öfters für ein paar Dollar extra. Sie saß in der Sonne auf der Treppe eines alten Polizeigebäudes, in dem heute verschiedene Community-Projekte angesiedelt sind, und sprach *(Englisch)* mit einem gleichaltrigen Freund, als die Großmutter eines der Kinder auf der Straße vorbeiging. Sie sagte dem Kind *(Spanisch,* vorher hatte sie *Englisch* gesprochen), daß die »abuela« da sei. Sie schlug den Kindern vor (code-switching zwischen *Spanisch* und *Englisch),* die Großmutter zu begrüßen. Sie rief den Kindern noch zu *(Englisch),* daß sie beim Überqueren der Straße aufpassen sollten, beschloß dann aber, das Kind selbst auf die gegenüberliegende Straßenseite zu bringen. Sie begrüßte die Großmutter *(Spanisch)* und unterhielt sich kurz mit ihr *(Spanisch).* Das Kind bieb bei der Großmutter, sie überquerte wieder die Straße und erklärte ihrem Freund *(Englisch),* daß die Großmutter krank sei, und sagte (code-switching zwischen *Spanisch* und *Englisch),* wie leid ihr das tat.

Ein anderes Mal ging Lydia mit der Nichte ihres Freundes spazieren, die sie manchmal als Babysitter betreut. Es war zehn Uhr abends und viele Menschen waren noch auf der Straße, es war eine angenehme, warme Nacht. Sie begrüßte mich und erkundigte sich *(Englisch)* nach meiner Wohnung. Wir unterhielten uns, während ich sie zu ihrem fünfstöckigen Mietshaus brachte. Auf der Eingangstreppe standen eine Frau und mehrere Männer (einer davon ihr Patenonkel und dessen Zimmergenosse). Alle hatten ein bißchen getrunken und waren etwas laut. Lydia sagte zu ihnen *(Spanisch),* »Was gebt ihr diesem hübschen kleinen Mädchen in meiner Begleitung für ein Beispiel«. Dann wandte sie sich an mich und sagte *(Englisch),* daß es eigentlich auch für sie ein schlechtes Beispiel sei, wandte sich dann wieder den Männern zu und wiederholte diesen Satz *(Spanisch).* Wir schlenderten weiter die Straße entlang und setzten uns auf die Stufen eines anderen Gebäudes. Ein Mann in den Dreißigern begrüßte sie, aber das kleine Mädchen hatte Angst vor ihm. Lydia, die bisher mit dem Kind *Englisch* gesprochen hatte, wechselte jetzt zum *Spanischen,* um sie zu beruhigen, daß der Mann ganz o.k. sei und man keine Angst vor ihm zu haben brauchte.«[166]

Die amerikanische Bilingualismus-Forschung hat sich in den vergangenen Jahren besonders mit dem Phänomen des code-switching beschäftigt. Früher hielt man es für eine seltsame und inkompetente Kombination beider Sprachen durch den bilingualen Sprecher. Inzwischen ist über jeden Zweifel erhaben, daß diese Form von zweisprachiger Sprechpraxis durch sehr komplexe linguistische, psychologische und soziale Gesetzmäßigkeiten gesteuert wird. Carol Pfaff erhob Daten von 2.000 bilingualen Sprechern in Kalifornien; sie ermittelte bestimmte Regeln bei der Kombination von englischen und spanischen grammatischen Anteilen, und widerlegte die Annahme einer »dritten Grammatik« des code-switching.[167] »Kompetentes code-switching« ist ein sozialer Dialekt, bestimmt durch Elemente aus beiden Sprachgrammatiken. Shana Poplak ermittelte, daß Frauen das code-switching häufiger verwenden als Männer, und von Geburt an bilinguale Sprecher häufiger als Sprecher, die die zweite

Sprache erst in späteren Lebensjahren erwarben.[168] Ana Zentella hat beim Dominospiel mit puertoricanischen Kindern differenziertes code-switching beobachtet, das in formalen Lernsituationen nicht auftauchte.[169]

Lydias Gebrauch beider Sprachen (im oben zitierten Fallbeispiel) und ihr code-switching wird offensichtlich nicht durch die Grenzen von Sprach-Domänen bestimmt (was Fishman zur Voraussetzung von dauerhaftem Bilingualismus erklärt) und scheint dennoch eine vitale Form von Zweisprachigkeit zu sein, eine die nicht vom Untergang bedroht ist. In ihrer Nachbarschaft werden *ständig* beide Sprachen *abwechselnd* verwandt, teilweise sogar *simultan* (ein Satz z.B. erst spanisch gesprochen, dann englisch wiederholt).

Alles im allem scheint das Sprachverhalten der puertoricanischen Community in New York Fishmans These vom Verfall der Minderheitensprache bei Abwesenheit von Diglossie nicht zu bestätigen. Das code-switching wird – in unterschiedlichem Umfang – von den meisten Mitgliedern der Community als kommunikativer Stil gepflegt, es ist jedenfalls voll akzeptiert. Code-switching scheint bestimmten kommunikativen und expressiven Bedürfnissen dieser Community entgegenzukommen, und scheint keineswegs zur Verstümmelung einer der beiden Sprachen zu führen. »Unsere Sprachbeobachtungen in einer puertoricanischen Nachbarschaft haben über mehrere Jahre hinweg bestätigt, daß in East Harlem beide Sprachen für alle kommunikativen Funktionen von einer Vielzahl von Sprechern verwandt werden«.[170]

Die Autoren dieser Studie halten Fishmans System der Kombination von Diglossie und Bilingualismus und den Konsequenzen für die Überlebensfähigkeit der beiden Sprachen für grob schematisch. Und die Vitalität des Spanischen in Amerika – man schätzt ca. 20 Millionen Sprecher – scheint, zumindest auf den ersten Blick, die Skepsis von Fishman über die Zukunft der Minderheitensprachen zu widerlegen.

Betrachtet man jedoch das soziale Umfeld des Spanischen in Amerika genauer, lassen sich viele der oben genannten Faktoren ausmachen, die die Anglisierung aufgehalten haben. Die Loyalität zum Spanischen bei den sogenannten »Hispanics« in den USA hat unterschiedliche Ursachen.

– Exilcubaner: Miami ist eine zweisprachige, in vielen Stadtteilen fast einsprachig spanische Stadt geworden. Nach allem, was über die ethnischen Ressourcen des cubanischen Business und seine stabile Prosperität gesagt wurde, ist der Spracherhalt in dieser ethnischen Enklave der amerikanischen Wirtschaft, die für Spanischsprechende materielle Perspektiven bereithält, kaum erstaunlich. Eine Studie von Carlos Solé hat gezeigt, daß 14- bis 18-jährige cubanische Amerikaner das Spanische in ein positives Selbstkonzept integriert haben. In Miami wurden »Kinder nie bestraft oder lächerlich gemacht, wenn sie Spanisch sprachen, im Gegensatz zu mexikanisch-amerikanischen Kindern«.[171]
– Californien: in 20 % aller californischen Haushalte wird ausschließlich Spanisch gesprochen; höher noch sind die Anteile, wenn alle illegalen Einwanderer aus Mexiko mitgezählt werden. Hier ist die muttersprachliche Loyalität vor allem bedingt durch die Nähe zum Heimatland, durch die fortgesetzte Migration in beiden Richtungen über die Grenzen, auch durch den prekären aufenthaltsrechtlichen und arbeitsmarktbedingten Status dieser Minderheit.
– Südweststaaten der USA: New Mexico, Texas, Arizona. Nach der Annexion dieser Gebiete durch die USA im späten 19. Jahrhundert hat sich lange Zeit die Situation der dort ansässigen spanischsprechenden Mexicano-Amerikaner kaum verändert. Lange lebten sie fast segregiert. Das traditionelle Festhalten dieser Bevölkerungsgruppe am Spanischen war Teil ihrer Randständigkeit, Ausdruck einer Kontinuität von Unterschichtsstilen. Inzwischen haben mehrere Studien einen intergenerationellen Sprachwechsel in den Südweststaaten beobachtet.[172]
– Die Puertoricaner in New York. Die Lebenslage dieser community ist gekennzeichnet durch noch ungünstigere soziale Bedingungen als die der Schwarzen. Puertoricaner haben höhere Anteile von Schulaussteigern, von Arbeitslosigkeit, von welfare-Empfängern. Auch die Puertoricaner pendeln wie selbstverständlich zwischen New York und der Insel. Victor Manero, ehemaliger Berater von Bürgermeister Lindsay in New York: »Viele von uns können hier nicht überleben, deshalb fahren wir oft hin und her. Man hat ein Gefühl von Provisorium ... Man hat Sehnsucht nach Zuhause, nach der Insel. Deshalb wenig Energie, sich hier in der community zu

engagieren ...«[173]. Die Abkoppelung der puertoricanischen community vom amerikanischen Arbeitsmarkt (New York hat in den sechziger und siebziger Jahren über 500.000 Arbeitsplätze in der verarbeitenden Industrie verloren und ist zu einer Dienstleistungsökonomie geworden, in der Schwarze und Puertoricaner wenig Chancen haben), diese Ghettoisierung scheint bisher das Spanische als Minderheiten-Sprache gestützt zu haben. Ein wichtiger weiterer Faktor ist vielleicht auch, daß Puertoricaner erst auf amerikanischem Boden in voller Schärfe mit dem Rassismus konfrontiert wurden. In Puerto Rico, wie auf allen anderen karibischen Inseln, wird längst nicht so eindeutig aufgrund von Hautfarbe diskriminiert. Von daher kann bei der Loyalität zum Spanischen auch die Abgrenzung gegenüber Schwarzen mitspielen; die spanische Muttersprache integriert in die spanische Community in einer segmentierten Gesellschaft, die Puertoricaner und Schwarze gleichermaßen ins gesellschaftliche Abseits verdrängt. Man hat beobachtet, daß dunkelhäutige Puertoricaner länger am Spanischen festhalten als Hellhäutige.[174] Die kolonisierte Bevölkerung Puerto Ricos konnte, trotz aller Fremdbestimmung durch »el imperialismo yanqui« aus verschiedenen Gründen ein stärkeres Bewußtsein eigener Würde und Kultur erhalten als die schwarze Community auf amerikanischem Boden. Das hat unter anderem der puertoricanische Sprachenkampf gegen die Zwangsanglisierung Ende des 19. Jahrhunderts bewiesen – als das Englische als einzige Schulsprache in Puerto Rico durchgesetzt werden sollte – und die Auseinandersetzungen dauerten bis in die fünfziger Jahre dieses Jahrhunderts. Aber: wäre die soziale Lage der puertoricanischen Community in New York weniger aussichtlos als sie es heute ist, gäbe es Mobilitätschancen, wäre dann nicht doch bald dieser charakteristische Bilingualismus des code-switching und der »Zweisprachigkeit ohne Diglossie« nur noch historische Erinnerung an »El Barrio«?

Zweisprachigkeit und der Kampf um Chancengleichheit

Politik und Sprache sind in den USA inzwischen eng verknüpft – wie an der Geschichte der Gesetzgebung der vergangenen zwanzig Jahre deutlich wird.[175] Drei höchstrichterliche Entscheidungen haben das

Recht von Kindern mit »defizitärem Englisch« auf staatlich subventionierte kompensatorische Erziehung – und das heißt immer zweisprachige Erziehung – bestätigt. Mehr als die Hälfte der amerikanischen Staaten bieten zweisprachige Programme an. Zwei Bundesgesetze haben anerkannt, daß es »linguistic deprivation« (»linguistische Benachteiligung«) gibt: das sogenannte »zweisprachige Erziehungsgesetz« (Bilingual Education Act, verabschiedet in den Jahren 1965 bis 1968) und die Ergänzungen zum Wahlrechtsgesetz von 1975.

Der »Bilingual Education Act« wurde 1968 verabschiedet, in recht vager Terminologie: den »besonderen pädagogischen Bedürfnissen« von Kindern mit »begrenzter Englischkompetenz« sollte Rechnung getragen werden »durch neue und innovative« und »angemessene und konstruktive«, sowie »progressive« Elementar- und Sekundarprogramme. Bis dahin hatte es in Amerika immer wieder schon zweisprachige Schulen gegeben, aber das waren lokale Initiativen geblieben. Cubaner hatten in Miami schon in den sechziger Jahren wieder zweisprachige Schulen unterhalten. Aber den Lobbyisten der zweisprachigen Erziehung lag daran, Zweisprachigkeit zu einer nationalen Angelegenheit werden zu lassen; zeitweise wurde sogar propagiert, daß ganz Amerika zur »zweisprachigen Nation« erklärt werden sollte.

Die neue bundesstaatliche Zuständigkeit löste allerdings erhebliche Probleme aus. Längst nicht alle zweisprachigen Minderheiten waren gleichermaßen an zweisprachigen Schulen interessiert: vor allem die neuen Einwanderer (Thais, Vietnamesen, Koreaner) nahmen gegenüber dem amerikanischen Schulsystem eine ähnliche Haltung ein, wie die europäischen Einwanderer zu Anfang des 20. Jahrhunderts: sie erwarteten, daß ihre Kinder Englisch lernten, als Voraussetzung von Integration die Pflege des ethnischen Erbes verstanden sie als ihre eigene Sache. Das war nur einer der Widersprüche, die die Verfügungen von nationalen Bürokratien aufbrechen ließen. Ein anderes Problem wurde die Ermittlung des »gerechten Bedarfs« für die Verteilung von Bundesmitteln. Wie sollten verläßliche Zahlen über »Kinder mit defizitärem Englisch« ermittelt werden? Die Library of Congress, bekannt für ihre Unparteilichkeit, erklärte das Problem für unlösbar, womit eine gültige Grundlage für die Bedarfsermittlung für kompensatorisch-zweisprachige Programme fehlte.

Das war die technische Seite des Problems. Inhaltliche Einwände wurden in den sechziger Jahren nicht vorgebracht, oder sie konnten sich damals, als vor allem der linke Flügel der Civil-Rights-Bewegung gegen alles, was nach Zwangsassimilierung aussah, empfindlich reagierte, kein Gehör verschaffen.

Die Befürworter des »Bilingual Education Act« kamen überwiegend aus den Südweststaaten, vor allem aus Texas. Hier war der Prozentsatz von Schulaussteigern bei mexikanisch-amerikanischen Kindern extrem hoch (7,1 Schuljahre von mexikanischen Kindern gegenüber 12,1 Schuljahren von Anglos), und es gab einen sehr hohen Prozentsatz von Analphabeten. Als auslösender Faktor des Schulversagens und der folgenden gesellschaftlichen Benachteiligung wurde die Zweisprachigkeit dieser Kinder genannt. Zweisprachige Kinder, so argumentierte man (ähnlich wie zeitweise in Deutschland bezogen auf Gastarbeiterkinder) seien gegenüber anglophonen Kindern schon in den ersten Schuljahren im Rückstand, da sie in einer Zweitsprache alphabetisiert wurden, was als Überforderung und Identitätsproblem angesehen wurde.

Dieses Argument ist nicht sehr überzeugend. Den Schwarzen in den USA hat ihr englischer Monolingualismus nicht zum Schulerfolg und zu sozialer Mobilität verholfen. Und auch anglisierte, inzwischen fast einsprachige Hispanics sind heute oft noch genauso arm wie ihre zweisprachigen Vorfahren. *Bilingualismus an sich* ist nicht von vorneherein ein Handicap – das belegen Bildungskarrieren von Schülern gehobener Schichten in verschiedenen zweisprachigen Gesellschaften der Welt. Auch jüngere Studien über spanisch-englische bilinguale Kinder haben keine Anzeichen einer retardierten Sprachentwicklung feststellen können.[175] Die Bewegung für zweisprachige Erziehung wurde anfangs vor allem wohl deshalb auch durch die Eltern gestützt, weil nach allen schlechten Erfahrungen mit dem traditionellen Schulwesen (in Süd-Texas scheiterten Anfang der siebziger Jahre fast 90 % aller mexikanischen Kinder am Schulwesen) zunächst jede Alternative einen Fortschritt verhieß. Und die liberale Öffentlichkeit verlängerte die Betroffenheit durch die Black-Power-Bewegung auch auf die Forderungen der Hispanics.

So konnte die Bewegung für bundesstaatliche Absicherung von zweisprachiger Erziehung auf zwei Ebenen argumentieren: einer pragmatischen (Alphabetisierung in der Muttersprache ist *effektiver)* und einer normativen (dem Anspruch auf den *Erhalt von ethnischen Kulturen).*

Beide Annahmen scheinen inzwischen nicht mehr begründet. Problematisch von Anfang an war die Übernahme der Argumentation der Black-Power-Bewegung für die Probleme der hispanischen Minderheiten. Schwarzen (und Indianern) war jahrhundertelang Assimilation aufgezwungen worden in eine Gesellschaft, die sie zugleich diskriminierte. Daß die Black-Power-Bewegung schwarze Institutionen zur Wiederherstellung von Geschichtsbewußtsein und Gruppenidentität forderte, war unvermeidlich und notwendig. Für die Hispanics, eine rassisch nicht diskriminierte Minderheit, lagen die Dinge nicht so eindeutig. Ihre Berufung auf ethnische Loyalität und Gruppenzusammenhalt und die Forderung an den Staat, dies über den Verwaltungsweg zu stützen, stellte sie in Widerspruch zu »Brown vs. Educational Board of Topeka« (1954), zur berühmten Entscheidung des Obersten Gerichtshofes, die die Segregation aufgrund von Rasse oder kultureller Zugehörigkeit aufgehoben hatte. Die Forderungen der Hispanics nach protektiven Enklaven im Schulwesen liefen quer zu allen Desegregationsbemühungen der sechziger Jahre.

In der Frage der zweisprachigen Erziehung gibt es bis heute zwei Positionen: »Spracherhalt« einerseits und »Spanisch-im-Übergang« (»transitional bilingualism«). Die politischen Prioritäten des Bundes lagen immer stärker bei der Posititon des »Übergangs«, während sich auf lokaler Ebene meist die Befürworter von »Spracherhalt« durchsetzen konnten (und auch praktisch bessere Chancen dazu hatten).

Die Nixon-Regierung stand der zweisprachigen Erziehung nicht positiv gegenüber, dennoch erweiterte der Kongreß in diesen Jahren laufend die Mittel – zweisprachige Erziehung war damals populär und brachte Stimmen (1969 7,5 Millionen Dollar, 1974 58,2 Millionen Dollar[176], wovon 1974 allerdings schon 20 % an 23 nicht-spanischsprechende Gruppen gingen).

1974 wurde das Gesetz novelliert und die Position des »Spracherhalts« mit starker Unterstützung durch Edward Kennedy und Alan Cranston verstärkt. »Die USA sind die fünftgrößte spanischsprechende Nation der Welt ...« sagte Senator Kennedy, »da sollte unser Schulwesen doch wohl nicht darauf abzielen, Sprache und Kultur von Kindern mit spanisch-sprechendem Hintergrund zu zerstören«.[177] Bilinguale Erziehung sollte nun durch bikulturelle Unterrichtsmaterialien ergänzt und die zweisprachige Erziehung auf die gesamte Schulzeit ausgedehnt werden. Ein spezielles »Office for Bilingual Education« wurde dem Erziehungsministerium angeschlossen und zwischen 1974 und 1978 stieg das Budget noch einmal von 58,2 Millionen Dollar auf 135 Millionen Dollar. Mittlerweile wurden 70 Sprachgruppen in den USA tangiert, darunter nun z.B. auch Italiener, die man vorher nicht als Schüler mit »defizitärem Englisch« kategorisiert hatte.

1978 begann sich die Haltung des Kongresses wieder zu wandeln. Die Hearings zur Novellierung des »Bilingual Education Act« zeigten gegenüber den Hearings von 1968 und 1974 eine andere Tendenz. Die Befürworter der bilingualen Erziehung gerieten in die Defensive, Zweifel an der Effektivität der hastig installierten Projekte wurden laut. Andere Zeugen waren geladen: statt Vertretern der ethnischen Lobbies nun mehr Linguisten, »Experten«. Man stellte nun die Grundvoraussetzung aller zweisprachig-kompensatorischen Projekte in Frage: daß Schulversagen auf sprachliche Probleme reduzierbar sei. In vielen Auswertungsstudien hatte sich gezeigt daß Schulversagen komplexere, sozioökonomische Ursachen hatte, die bilinguale Erziehung allein nicht beseitigte. Verschiedene Evaluationsstudien hatten inzwischen ernüchternde Ergebnisse über die Erfolge zweisprachiger Programme erbracht: die Englisch-Kompetenz war nicht auffällig besser geworden, die Entfremdung von der Schule nicht deutlich abgebaut. Die Studien waren allerdings nicht eindeutig: es gab durchaus auch Belege dafür, daß Eltern, vor allem aus »bildungsfernen« Schichten, mehr Vertrauen zu Schulen gewonnen hatten, in denen man ihnen in ihrer Sprache begegnete[178] und auch auf der nicht-schulischen, nicht-leistungsbezogenen Ebene hatte man positive Resultate bei Kindern feststellen können.[179] Andere Studien bewiesen das Gegenteil: daß die Rate der Schulaussteiger in zweisprachigen Schulen weiterhin alarmierend hoch blieb.

Ein Problem, das man jahrelang nicht hatte lösen können, waren qualifizierte Lehrer für zweisprachige Programme. Angeblich konnten von 136 spanisch-sprechenden Lehrern in Los Angeles nur dreizehn einigermaßen Spanisch lesen und schreiben – meist Mexicano-Amerikaner der Zweiten und Dritten Generation (diese Lehrer wurden zu einem weiteren Indiz für den fortschreitenden Sprachverlust im Einwanderungsland). Die zweisprachigen Programme erwiesen sich auch als recht *teuer:* Chicago mußte zum Beispiel Sprachunterricht in 17 Sprachen anbieten, darunter Assyrisch, Serbokroatisch, Gujarti ....[180] Man schätzt, daß sich die Kosten für jedes zweisprachige beschulte Kind um 35 % erhöhen[181], was angesichts der fraglichen Erfolge der zweisprachigen Erziehung nicht zu rechtfertigen schien: schon 1974 besuchten prozentual mehr hispanische Kinder »Minderheitenschulen« als Schwarze.[182] Es stellte sich heraus, daß die Kinder zum allergrößten Teil während ihrer gesamten Schulzeit in den zweisprachigen Projekten verblieben, und das erwies sich als Sackgasse. Die Widersprüche der zweisprachigen Erziehung (einerseits gefordert als kompensatorische Erziehung zur Verbesserung der *individuellen* Mobilitätschancen, andererseits empfohlen zur Stärkung von »ethnischer Loyalität« und *Gruppenbewußtsein)* waren offensichtlich in der Praxis zugunsten des »Gruppenbewußtseins« entschieden worden, was man in vielen Fällen nicht anders als neue Form von Segregation beschreiben konnte. Was 1968 als »Kulturerhalt« gefordert worden war, erwies sich 10 Jahre später allzu häufig als neue Gettoisierung.

1978 wurde das Gesetz novelliert: nun sollten mehr englischsprechende Kinder in die Programme aufgenommen werden (bis zu 40 %), um eine Interaktion zwischen anglophonen und hispanischen Kindern zu fördern. Die Elternbeteiligung wurde ausgeweitet, wohl in Reaktion auf den Widerstand vieler hispanischer Eltern gegen allzu eindeutig spanisch orientierte Programme. Inzwischen waren vor allem die integrierten, mobilitätsorientierten Gruppen der hispanischen Elternschaft in Widerspruch zu den Aktivisten der ethnischen Lobbies geraten. Im Gesetz von 1978 wurde auch die Notwendigkeit des Übergangs von zweisprachigen Programmen in den englischsprachigen Unterricht betont: die lokalen Schulbehörden wurden zur Durchführung regelmäßiger »Überleitungstests» verpflichtet.

Nach zwanzig Jahren Erfahrung mit zweisprachigen Projekten lautet das Fazit der meisten Autoren der Evaluationsstudien ähnlich: auf wissenschaftlicher Grundlage kann man nicht *eine* optimale Unterrichtsform für eine ethnisch so heterogene Gesellschaft wie die USA konzipieren.[183] Allgemein wird plädiert für Experimente, für Wahlfreiheit, für variiertes Angebot.[184] Joshua Fishman: »Wenn die Gesellschaften es so weit bringen, die ethnolinguistische Vielfalt zu akzeptieren und die Wahlfreiheit innerhalb dieser ethno-linguistischen Vielfalt zu gewähren, so daß einige die Muttersprache zum Zweck des Spracherhalts, andere zur kulturellen Bereicherung und wieder andere zum Zweck des Sprachwechsels und Übergangs pflegen können, erst dann wird zweisprachige Erziehung zu dem, was sie sein sollte: eine binnendifferenzierte alternative Erziehung für jene, die sie suchen«.[185]

Am Beispiel der zweisprachigen Erziehung wurde deutlich, welche Probleme zentralisierte staatliche Maßnahmen zur Förderung von Chancengleichheit aufwerfen können. Im folgenden Kapitel wird dieser Frage am Beispiel des »affirmative action« genauer nachgegangen: was kann ein Staat tun, um historisch benachteiligten Minderheiten zu Chancengleichheit zu verhelfen, und welche neuen Widersprüche lösen diese Eingriffe aus?

Anfänge von Desegregation im Süden: Erster Schultag in Little Rock, 1957.
(Jack Jenkins)

Kapitel IV

Von Civil Rights (Bürgerrechte) zu »affirmative action« (aktiver Minderheitenschutz)

Von Individual- zu Gruppenrechten: Rassismus unter neuem Vorzeichen?

Im Mai 1985 weigerten sich fünfzig Verwaltungen von Staaten, Städten und Distrikten die Quotenregelungen zugunsten von Schwarzen, Hispanics und von Frauen in ihrer Einstellungspraxis rückgängig zu machen. Damit bezogen sie Front gegen Versuche der Reagan-Regierung, die Errungenschaften von »affirmative action« zu demontieren.[186] In Boston erklärte ein Sprecher der Stadtverwaltung: »Wir sind stolz auf unsere affirmative action-Pläne und werden sie vor allen Gerichten verteidigen«. Ein Sprecher der Stadtverwaltung von Philadelphia zum geforderten Abbau von Quotierungen von Frauen: »Die Entscheidung war richtig, als wir sie damals getroffen haben, und sie ist es noch heute«. Und der Sprecher einer Lokalverwaltung in Norfolk: »Das Justice Department rührt an alte Wunden.«

Offensichtlich sind die in der Folge der »Great-Society«-Politik entwickelten Interventionsprogramme zur Herstellung von Chancengleichheit für Minderheiten inzwischen einigermaßen verankert; die Reagan-Regierung kann sie nicht ohne weiteres demontieren. Allerdings war der Abbau von »affirmative action« 1980 ein zentrales Thema in der Wahlkampagne Reagans gewesen (das rechtspopulistische »Get the government off people's backs!«). Schließlich hat Reagan als Gouverneur von Californien 20 Jahre lang im Congress gegen jedes größere Civil Rights Gesetz gestimmt, und in seiner Regierung sitzt heute nicht ein einziger Politiker, der sich in Civil Rights Fragen einen Namen gemacht hat – was man von keiner anderen amerikanischen Regierung in den vergangenen 50 Jahren sagen kann. Die Reagan-Regierung hat Steuererleichterungen für Schulen unterstützt, die Schwarze diskriminierten. Sie hat fast ausschließlich weiße männliche Richter ernannt, selbst in einem vorwiegend schwarzen District wie dem District of Columbia.[187] Inzwischen sind die für die Durchsetzung von affirmative action einflußreichen Gremien mehrheitlich oder ausschließlich mit Reagan-Anhängern besetzt: die Civil Rights Commission und die Equal Opportunity Commission[188]; der go-slow dieser Behörden behindert viele Verfahren und die Regierung selbst hat in den vergangenen Jahren keine Desegregationsprozesse mehr geführt.

Im Gegenteil, eine wichtige Entscheidung des Supreme Court von 1984 schien den endgültigen Abbau von affirmative action schon einzuleiten: das Urteil in »Firefighters Memphis vs. Memphis«, das die Senioritätsrechte der Feuerwehrmänner der Stadt Memphis bei Entlassungen höher gewichtete als die Quoten der affirmative action-Pläne. Der eingangs zitierte Widerstand der Staats- und Lokalverwaltungen im Mai 1985 richtete sich gegen Versuche der Reagan-Regierung, auf der Grundlage dieses Urteils eine weitere Zurücknahme von affirmative action zu erzwingen. Dieser Widerstand ist bisher weitgehend ungebrochen. Ist es also keine Übertreibung, wenn Nathan Glazer, prominenter Gegner dieses staatlichen Interventionsprogrammes, sagt: »Nachdem wir 1980 eine Regierung gewählt haben, die gegen diese Politik Stellung bezogen hat, merkten wir 1982, daß sie nichts dagegen ausrichten konnte . . . affirmative action ist bleibender Bestandteil des amerikanischen Lebens«[189]?

In diesem letzten Kapitel geht es um die Frage, was ein Staat tun kann, um gleiche Chancen für Minderheiten – rassische, etnische, Frauen – zu schaffen und die historische Benachteiligung der für den Konkurrenzkampf schlechter ausgestatteten Minderheiten aufzuheben, oder diese Minderheiten dafür zu entschädigen.

Die in den USA seit Anfang der siebziger Jahre umgesetzten Gleichberechtigungs-Reformen gehören zu den striktesten Antidiskriminierungsstrategien, die in hochindustrialisierten Ländern bisher entwickelt wurden. Sie wurden in einer Weise zügig und radikal umgesetzt, wie es in unseren statischeren westeuropäischen Industriegesellschaften schlecht vorstellbar ist (allenfalls geschah in Italien in den siebziger Jahren Vergleichbares). Die gesamte staatliche Aktivität zur Gleichstellung von Minderheiten läßt sich zusammenfassen unter dem Interventionsprogramm »affirmative action« (= aktiver Minderheitenschutz, in der deutschen Literatur bisweilen auch »positive Diskriminierung« genannt). Diese Reformen entstanden nach der Phase des Kampfes um Civil Rights, um »Bürgerrechte für alle«. Während der Kampf um Bürgerrechte jedoch von einer breiten Solidarität ethnischer und schwarzer Organisationen getragen war, ist Amerika heute in der Frage des affirmative action tief gespalten.

In Deutschland weiß man einiges über die amerikanische Bürgerrechtsbewegung, aber sehr wenig über die anschließende Phase der Auseinandersetzungen um die »ungleiche Förderung« von Minderheiten. Bekanntlich hatte die Civil Rights-Bewegung in den fünfziger Jahren in den Südstaaten begonnen mit Auseinandersetzungen um soziale Gleichstellung (Kampf gegen Segregation in öffentlichen Schulen und Verkehrsmitteln). Als Höhepunkt der Civil Rights-Bewegung gilt allgemein das Urteil Brown vs. Board of Education Topeka (1954), das acht Jahrzehnte von Segregation im Schulwesen – und damit die gesetzliche Festschreibung der Unterlegenheit eines großen Teils der amerikanischen Bevölkerung – formal aufhob. Damit waren auch die »Jim-Crow«-Gesetze, die in allen Bereichen des Alltagslebens die Schwarzen diskriminiert hatten, aufgehoben.

Aber die Bürgerrechtsbewegung hatte nicht nur darum gekämpft, daß Schwarze Vordersitze in den Bussen benutzen durften. Es ging um eine umfassendere soziale Gleichstellung. Im Kampf um die »bread-and-butter-issues« wurde bald deutlich, welche Spielräume Arbeitgeber und Institutionen auftun konnten, um sich der qua Gesetz verordneten Gleichheit zu entziehen. Und als die Auseinandersetzungen vom Süden auf die gesamte amerikanische Gesellschaft übergriffen, wurde unübersehbar, daß zwar die »intentionale Diskriminierung«, der face-to-face-Rassismus (der im Norden ja nicht durch Gesetze abgestützt gewesen war) seltener wurde, daß die soziale Lage der Schwarzen aber vor allem bestimmt blieb durch den, wie man es jetzt nannte, »strukturellen« oder »institutionellen« Rassismus – das heißt, durch die Bedingungen des Städtebaus, durch Rekrutierungsprinzipien von Arbeitgebern, durch die Lebensbedingungen der Schwarzen insgesamt, als der historisch am stärksten benachteiligten Minderheit. Der Besuch der gut ausgestatteten Schulen in den Vororten stand nun Weißen und Schwarzen offen – aber dieses Recht blieb abstrakt für Schwarze in innerstädtischen Gettos, die nicht durch Nahverkehrsmittel an die Vorstädte angebunden waren. Arbeitsplätze, vorwiegend in den Vorstädten, in den Gürteln um die Stadtkerne, standen Schwarzen und Weißen zur Bewerbung offen, aber Schwarze scheiterten signifikant häufiger an Einstellungstests. Colleges und Universitäten durften in ihrer Zulassungspraxis nicht mehr diskriminieren – aber das Aspirationsniveau der Schwarzen und ihre schlechteren Schulvoraussetzungen verhinderten weiterhin eine chancengleiche Repräsentanz in höheren Ausbildungsstätten. Das waren die Strukturen des »nicht-intentionalen« Rassismus im Norden. Und weiterhin zeigten sich die Südstaaten außerordentlich erfinderisch im Verzögern der Auflösung von »dualen Schulsystemen«.

Aus diesen Gründen wurde von der Regierung Kennedy begonnen, die Fluchtwege aus der vom Gesetz auferlegten Gleichheit zu blockieren: durch Kontrollen und korrigierende Interventionen, die den gesamten Komplex des affirmative action ausmachen.

Ein folgenreicher Schritt war die Verschiebung auf *statistische* Beweisführung beim Nachweis von Diskriminierung. Im Voting Rights Act wurde 1965 bestimmt, daß, wenn 50 % der gemäß Census *potentiellen* Wähler nicht gewählt hatten, der Bund intervenieren konnte. 1967 tauchte schließlich in Johnsons Executive Order 11367 zum ersten Mal der Begriff »affirmative action« auf: Er beinhaltete die Kontrolle darüber, daß ein Vertragspartner der Regierung alle Angestellten während der Laufzeit des Vertrages »gleichbehandelt«. 1968 entschied der Supreme Court, der endlosen Verzögerungen in der Desegregation dualer Schulsysteme müde, daß auch hier die Statistik entscheiden sollte. Wenn zu wenige Schwarze – oder Weiße – die »neue Wahlfreiheit« der Schulen wahrnahmen, galt das als Beweis dafür, daß weiterhin verfassungswidrig diskriminiert wurde, auch wenn die Behörden nicht nachweislich »absichtlich« diskriminiert hatten. Den Behörden wurde dann auferlegt, für die Herstellung eines desegregierten Zahlenverhältnisses von Schwarzen und Weißen zu sorgen – in den meisten Fällen durch busing.

Dieser »qualitative Sprung« von der Gewährung formaler Rechte an *Individuen* zur Berücksichtigung der Lage von *Gruppen,* von Minderheiten, ereignete sich auch im Arbeitssektor. Die überkommenen inner- und außerbetrieblichen Rekrutierungsprinzipien sollten außer Kraft gesetzt werden, bis sich die Beschäftigtenstruktur eines Betriebes der Bevölkerungszusammensetzung des Umfeldes bzw. dem »potentiellen Arbeitskräfteangebot« angeglichen hatte. Diese veränderte Allokation von Arbeitskräften konnte freiwillig durch die Betriebe geschehen (einige Großbetriebe wie Sears & Roebuck, General Electric, die Bank of America, den A.T. & T. Konzern, sowie General Motors kooperierten, zum einen sicher, um schechte Publicity zu vermeiden, und auch um den nicht geringen Konventionalstrafen zu entgehen), oder sie wurde qua Gerichtsbeschluß durchgesetzt, nach Interventionen der staatlichen Gleichberechtigungs-Kommissionen. Die Beweislast war nun verlagert vom diskriminierten Individuum auf die Unternehmen. Vertragspartner der Regierung mit über $ 50.000 Jahresumsatz mußten fortan die Bedingungen des affirmative action einhalten. In Verfahren wegen Diskriminierung klagte nun nicht mehr ein Individuum gegen eine in der Regel übermächtige Institution, sondern die Einhaltung der Auflagen des affirmative action wurde überwacht durch eigens dafür eingesetzte Regierungsstellen mit großen Stäben von Rechtsanwälten.

Im folgenden wird der widersprüchlichen Entwicklung des »affirmative action« in den beiden wesentlichen Anwendungsbereichen (Bildung, Arbeitssektor) genauer nachgegangen.

Affirmative action im Bildungsbereich

Nach dem Zweiten Weltkrieg hat in den USA durch die Auflösung der ehemals kapitalbesitzenden Mittelschichten der Bildungsbereich als Aufstiegsleiter große Bedeutung gewonnen. In einem Land mit schwachem Sozialstaat richtet sich der Anspruch auf Absicherung, auf Gleichberechtigung weit stärker aus als bei uns die Gewährung gleicher Startbedingungen und gleicher Konkurrenzchancen durch gleichwertige *Ausbildung.* Vor diesem Hintergrund ist die leidenschaftliche Auseinandersetzung um Ausstattung von Schulen, um Zulassung zu Colleges und Universitäten zu verstehen. Die kommunitäre Tradition der USA mit den entsprechend schwachen zentralistischen Instanzen hatte im Bildungssystem zur Folge, daß die weitgehend lokal getragenen und finanzierten Bildungsinstitutionen von jeher die Finanzkraft ihrer communities widerspiegeln, und das heißt, daß günstige Bildungsausstattung und die daraus folgenden Privilegien sich klassenspezifisch vererben konnten. Das stand schon immer im Widerspruch zu demokratischen und egalitären Prinzipien, die ja auch Teil des Amerikanismus sind. Darauf beriefen sich die Bildungspolitiker der »Great Society«-Programme in ihren zentralistischen Eingriffen zur Korrektur der »Klassenschule«.

Bundesintervention setzte zuerst ein im Süden. Noch zehn Jahre nach dem historischen Brown-Urteil war im Süden wenig geschehen zur Desegregation von Schulen. Die lokalen Behörden fanden ein Hintertürchen nach dem anderen, um sich den Auflagen zu entziehen. Erst durch den Civil Rights Act von 1964 konnte die Desegregation materiell erzwungen werden: Distrikten, die segregierten, wurden Bundesmittel verweigert. Und da in den sechziger Jahren die Bundesmittel für Elementar- und Sekundarschulen insgesamt starkt aufgestockt wurden, war das ein wirksamer Hebel. Endlich standen nun auch in den rassistischsten Bezirken der Südstaaten, den »red clay counties« trotz Ku Klux Klan allmählich auch schwarze Lehrer vor weißen Klassen. Aber man fand bald einen neuen Ausweg: die Proklamierung des »freedom of choice«. Wieder gab es ein duales Schulsystem: weiße und schwarze Schulen. Weiße konnten jetzt schwarze Schulen besuchen (niemand tat's) und Schwarze durften weiße Schulen besuchen (wenige wagten's). Hier griff nach 1966 das Bundeserziehungsministerium (HEW) durch. Es verlangte Trendmeldungen, statistische Beweise dafür, daß *zunehmend mehr* Schwarze weiße Schulen besuchten (»discernible indicators of Progress«, in den Worten der damaligen Civil Rights Commission). Und schließlich entschied 1968 der Supreme Court, daß es überhaupt kein duales Schulsystem mehr zu geben habe, nur noch *Schulen* – und das war der Todesstoß für das duale Schulsystem im Süden, wo tatsächlich danach die Desegregation in den siebziger Jahren rasch voranschritt.

In kleinen Gemeinden mit vergleichsweise gemischter Wohnbevölkerung konnte die alte rassistische Trennung der Schulen durch Dekret abgeschafft werden, indem man die Einzugsbereiche veränderte (das sogenannte »rezoning«). Denn längst vor dem Civil Rights-Gesetz hatte es schon busing gegeben, allerdings unter rassistischem Vorzeichen: Busse fuhren schwarze Kinder vorbei an weißen Schulen zu schwarzen Schulen, und weiße Kinder vorbei an schwarzen Schulen zu weißen Schulen (so führte das durch die neue Politik erzwungene »rezoning« in manchen Gemeinden sogar zu einem *Rückgang* des busing!).

Aber in größeren Städten? Die Veränderung von Einzugsbereichen allein konnte hier nichts ausrichten. Es wurden nun die großen Flotten von Schulbussen gebildet, die bis heute das Bild vieler Stadtteile bestimmen; teilweise werden noch bis zu siebzig Prozent eines schwarzen Schuldistrikts ge-»bust« – immer gefolgt von massiven Konflikten, weil es die traditionelle »Nachbarschaftsschule« auflöste.

Wenn Eltern ihre »Nachbarschaftsschule« verteidigten, war das durchaus nicht immer rassistisch oder elitär motiviert. Schule ist, anders als für uns das seit dem 19. Jahrhundert staatlich organisierte Schulwesen, für Amerikaner immer auch soziales Zentrum gewesen, eine Institution, die in höherem Maße auf ihre Unterstützung angewiesen war und sich lange eine gewisse »Familiennähe« erhalten konnte. Aus dieser Sicht konnte die staatlich verordnete Desegregation wirken als bürokratische Zerstörung einer »gewachsenen kommunitären Institution«.

Vor den Gerichten war nun nicht mehr entscheidend, ob de facto oder de jure segregiert wurde. Wenn überproportional mehr Schwarze oder mehr Weiße eine Schule besuchten, galt das als de facto Segregation, als »unterlassener Versuch, Chancengleichheit zu gewährleisten«, was als Vergehen gegen die Civil Rights-Gesetze definiert wurde. Damit war die ursprünglich nur auf den Süden beschränkte Desegregationspolitik zu einem nationalen Programm geworden. Und in der Tat waren – und sind es bis heute – aufgrund der Gettoisierung von Minderheiten in den Stadtkernen die Schulen im Norden stärker segregiert als in den Südstaaten.

Aber: *Integration* durch busing? Die neuen Probleme, die durch das busing entstanden, bewirkten, daß sich auch im Norden die Fronten verschoben. Busing ist in allen Staaten der USA sehr unpopulär. Zwar ist auf der Einstellungsebene die Toleranz weißer Amerikaner gegenüber »mixed schools« eindrucksvoll gewachsen: 1942 wurden sie von 30 % der weißen Amerikaner befürwortet, 1956 von 49 %, 1965 von 70 % und 1972 von 86 %. Aber diese toleranten Prinzipien und die Bereitschaft, Maßnahmen zum Abbau des institutionellen Rassismus zu akzeptieren, klaffen weit auseinander. Dem Kongreß lag eine Beschlußvorlage nach der anderen vor, das busing einzugrenzen. Schon 1971 ergab eine Gallup-Umfrage, daß 76 % der Befragten das busing ablehnten, fast ebenso viele im Norden wie im Süden (82 %) und Osten (71 %), und fast ebenso viele demokratische Wähler (65 %) wie Nixon-Anhänger (85 %). Selbst unter den Schwarzen sprach sich die Mehrheit (47 % gegenüber 45 %) gegen busing aus.

Als der Kongreß über eine solche Vorlage zur Einschränkung von busing entscheiden sollte, enthielt zu Überraschung aller der republikanische Abgeordnete Edwards aus Alabama sich der Stimme. Er begründete: »Sie werden es nicht glauben, Kollegen, aber ich bin gegen diesen Beschluß. Ich sehe die Sache ganz kalt. In ganz Alabama wird busing betrieben, man kann es kaum beschreiben, Busse überall.... Die Leute sagen zu mir: Wie, um Himmelswillen, wird dieser Wahnsinn je aufhören? Ich sage: Erst dann, wenn es alle im ganzen Land trifft, im Norden, im Osten, ja, und sogar in Michigan.«[190]

Als die Desegregation zu einem nationalen Programm wurde, hat sie eine Eigendynamik entwickelt, die sie im Ergebnis oft weit von dem entfernt hat, was ursprünglich gemeint war. Das scheint das Problem schlechthin von sozialen Reformen in einem so heterogenen Staatengebilde wie den USA zu sein. Die Sozialreformen werden gefordert von sozialen Bewegungen, beschlossen und ausgearbeitet von Fachleuten und von Politikern. Danach werden sie professionellen Verwaltungsangestellten übergeben, während Betroffene und Politiker sich anderen Fragen zuwenden. Das hat verschiedene

Konsequenzen. Zum einen werden die Anliegen professionell verwaltet und umgesetzt. Zum anderen sehen Fachleute der Verwaltungen nur noch ihr Spezialgebiet und entwickeln es weiter mit einer Perfektion, die das Ergebnis, in diesem Fall die »Integration«, gefährden kann.

Weil in den *Südstaaten* der Widerstand gegen das busing so massiv war, verhärteten sich die Fronten. Widerstand gegen busing wurde gleichgesetzt mit Widerstand gegen jede Desegregation – und die Probleme, die auch Liberale bei genauerem Hinsehen mit dieser Integrationsstrategie hatten, wurden lange verleugnet. Aber: Ist wirklich *Konzentration* von schwarzen Kindern, wie in vielen Stadtkernen in Süd- und Nordstaaten, immer gleich *»Segregation«?* Ab wann ist eine Schule »desegregiert«, ab 30 %, ab 50 % ...? Welches Bild von ihrer Rasse erhalten Kinder, schwarze und weiße, wenn man durch busing indirekt unterstellt, daß rein schwarze Schulen »schlechter« sind, weniger wünschenswert? Und welche Integration ist das, wenn man schwarze Schüler in weiße Schulen per Dekret integriert, in weiße Schulen, die vor allem von weißen Unterschicht-Kindern besucht werden, deren Eltern dieser Integration am ablehnendsten gegenüberstehen? (Die einkommensstärkeren weißen Schichten zogen massenhaft in die Vorstädte oder schickten ihre Kinder in Privatschulen.) Ist das »Zwangsintegration« und was kann sie erreichen? Es waren schließlich nicht mehr die puren Rassisten, sondern auch Liberale, die busing als »sinnlos teure und destruktive Homogenisierung« ablehnten, als eine Maßnahme, die nur zu »physischem Nebeneinander, nicht aber zu sozialen Kontakten« geführt habe. Dennoch wird das busing auch heute noch fortgesetzt. Die Organisationen, die sich weiter dafür einsetzen, argumentieren: In einer Gesellschaft, die inzwischen institutionell den Rassismus so geschickt zu kanalisieren weiß (durch Siedlungspolitik und Städtebau: es gibt Stadtteile in New York und Chicago, in denen kein einziger Weißer lebt), bleibt es wichtig, den Weißen das Problem aufzunötigen, die Segregation nicht noch in einem weiteren entscheidenden Bereich nur hinzunehmen.

Aber die Fronten sind noch komplizierter. Es begann in den späten 60er Jahren, als die Black Consciousness-Bewegung und ihre radikalsten, separatistischen Strömungen die »Zwangsintegration«

von Schwarzen in weiße Schulen bekämpften, sie als Unterhöhlung von »Black Pride« brandmarkten und spezielle Curricula, die »Black Studies« forderten. Andere Minderheiten, vor allem die hispanischen, deren soziale Probleme weniger die Konzentration und Gettoisierung waren, schlossen sich an und stellten sich gegen eine »Schule der Zwangsamerikanisierung«. Auch sie waren gegen busing, auch sie forderten die Stärkung von Gruppenidentität, auch sie forderten nun die Finanzierung von »Ethnic Heritage Studies«, sie forderten zweisprachige Schulen, »Nachbarschaftsschulen«, die ihre Kinder nicht aus der community herausreißen. Diese Forderungen nach Kultur-Erhalt liefen quer zum Konsens der Bürgerrechtsbewegung in den sechziger Jahren, die ein »farbenblindes Schulwesen« für alle gefordert hatte.

Neuerdings sind aber auch innerhalb der Minderheiten die Forderungen wieder auseinandergetreten: Vor allem die Einwanderer der jüngsten Zeit zeigen gegenüber dem amerikanischen Bildungswesen oft eine ähnliche Haltung wie die Einwanderer während der großen Masseneinwanderung vor dem Ersten Weltkrieg. Sie akzeptieren die amerikanische Schule wie sie ist, sie erwarten nicht die Stärkung von Gruppenidentität, von Muttersprache, sie erwarten vor allem von der amerikanischen Schule die Integration ihrer Kinder in den »American mainstream«; von den Aktivisten der ethnischen Lobbies trennt sie oft eine Kluft.

Komplexe Fronten; der Schulbus bleibt weiterhin Symbol für ungelöste Konflikte zwischen Minderheiten und der dominanten amerikanischen Gesellschaft.

Universitäten

In einer Anzeige des San Francisco State College heißt es bereits 1971: »In unserer Einstellungspraxis streben wir ein Zahlenverhältnis an, das in ethnischer Zusammensetzung und im Verhältnis der männlichen und weiblichen Angestellten dem Gesamtverhältnis der Bay Area, unserem Einzugsgebiet, entspricht. Das heißt, daß wir in unserer Einstellungspraxis vom Konzept der Chancengleichheit weitergegangen sind zu ausdrücklichen Bemühungen, qualifizierte und qualifizierbare Personen innerhalb der Minderheitengruppen und unter Frauen zu finden, die die Arbeitsplätze in unserer Region einnehmen können.«

Die Stellenausschreibungen fast aller amerikanischen Colleges und Universitäten, die staatliche Förderung erhalten, enthalten bis heute ähnliche Formulierungen[191] – wenngleich heute nicht mehr mit den oben zitierten politisch-allgemeinen Absichtserklärungen. Aber nicht alle Staaten haben sich die neue Politik, Chancengleichheit durch *aktive* – d.h. in letzter Konsequenz immer: quotierende Maßnahmen herzustellen, so konsequent zu eigen gemacht wie Californien. Ab 1971 begann das HEW (Bundeserziehungsministerium) bei Universitäten und Colleges auf der stärkeren Berücksichtigung von Minderheiten zu insistieren. Anfangs versuchten die meisten Universitäten, die geforderten Berichte über Studienplatzbewerber, spezifiziert nach Rasse, Geschlecht, ethnischer Herkunft, abzuwehren. Die »faculty files«, die internen Dokumente der Fakultäten, wo unter anderem die Beurteilungsverfahren über die Zulassung zum »tenure« (der Anstellung auf Lebenszeit) abgelegt sind, hatten bis dahin als sakrosankte Dokumente von Academia gegolten, und in der Vergangenheit hatten die Universitäten sich erfolgreich gegen Forderungen gewehrt, diese Akten (z.B. dem FBI) offenzulegen. Das Bundesministerium drohte mit Streichung der Subventionen, wenn die inneruniversitären Berufungsvorgänge nicht öffentlich gemacht würden. Vor der Wahl 1972 versicherte Nixon, vor allem mit Rücksicht auf jüdische Gruppen, daß an Universitäten keine Quoten gesetzt werden würden (es hatte an verschiedenen Eliteuniversitäten seit Beginn des zwanzigsten Jahrhunderts Quoten zum *Ausschluß* jüdischer Bewerber gegeben; die Yale Law School hat den Numerus Clausus für jüdische Bewerber erst in den fünfziger Jahren abgeschafft!).[192] Ob allerdings die geforderte Bevorzugung von Minderheiten wirklich »Quoten« gleichkommt, ist bis heute strittig. Gegner des »affirmative action-Passus« bei Ausschreibungen meinen, daß diese Politik nichts anderes als Quotierung beinhaltet. Die Befürworter des affirmative action sprachen eher von »Zielen«, womit eine schrittweise Angleichung der Studenten- und Beschäftigtenstruktur der Universitäten gegenüber der ethnischen Zusammensetzung bzw. dem Geschlechterverhältnis der amerikanischen Gesellschaft gemeint ist. Bis heute werden jedenfalls in diesem Sinn von Vertragspartnern der Regierung im Bildungssystem Trendberichte verlangt über den erreichten Grad des Abbaus von Diskriminierung und den für die Zukunft projektierten Abbau der Diskriminierung. Im Erlaß der Bundesregierung (Title CSR 60/140) heißt es: »Das Programm des Vertragspartners soll Details und spezifische Schritte ausweisen, wie chancengleiche Beschäftigung hergestellt werden soll. ... Falls hier Nachholbedarf besteht, soll ausgeführt werden, in welchem *Zeitraum* die umfassende chancengleiche Arbeitsplatzvergabe erreicht sein wird. ...«[193]

Widerstände gegen die Politik des affirmative action im Bildungsbereich kamen aus verschiedenen Richtungen. Zunächst vor allem von den Gruppen, die etwas zu verlieren hatten: vor allem jüdische Gruppen sahen ihre starke Stellung in Universitäten bedroht (an manchen juristischen und medizinischen Fakultäten der Elite Universitäten (»Ivy league«) sind jüdische Studenten mit bis zu 30 % vertreten – im Gegensatz zu ca. 3 % der gesamten amerikanischen Bevölkerung). Die Zeitschrift »Commentary« spiegelt in den siebziger Jahren deutlich das Auseinanderbrechen des alten Civil Rights-Konsens der sechziger Jahre. Die Argumente der jüdischen Minderheit: In Amerika hatten Juden anfangs ebenso mit Rassismus zu kämpfen wie Schwarze. Auch Juden hatten jahrhundertelange Verfolgung erlebt, kamen bettelarm ins Land und haben es dennoch »aus eigener Kraft« geschafft. ... Schließlich seien ja auch andere ethnische Gruppen in den Eliteuniversitäten unterrepräsentiert: die Polen, die Italiener, die Griechen – insgesamt die katholischen Minderheiten. ... Im Programm des affirmative action sehen jüdische neo-konservative Kommentatoren – nicht zu unrecht – eine Auflösung der amerikanisch-demokratischen individualistischen Prinzipien. Vor dem Hintergrund der historischen Erfahrung des Gettos, der jahrhundertelangen Zwangszuweisung in eine ethnische Identität, ist verständlich, daß vor allem jüdische Intellektuelle sich so entschieden gegen die neue politische Aufwertung von »Gruppe« wandten. Individualrechte, das war für sie das Befreiende in Amerika gewesen, sollten im Konkurrenzkampf entscheiden. Und da sich dieser inzwischen vor allem in der Arena der Universitäten abspielt, für die Juden kulturell gut ausgestattet sind, geriet ihr Sondervorteil in Gefahr. In ihrer Unterstützung der Bürgerrechtsbewegung hatten jüdische Gruppen dagegen gekämpft, daß rassische und ethnische Zugehörigkeit über das Schicksal des Menschen entscheiden sollten. Und nun sollte Rasse und ethnische Zugehörigkeit, wenngleich in emanzipatorischer Absicht, wieder eine neue Bedeutung erhalten?

Kritische Stimmen kamen auch aus anderen Minderheiten. Richard Rodriguez, ein Mexicano-Amerikaner, der schon vor affirmative action als einer von wenigen Chicanos den Weg in die Universität gefunden hatte (mit einem Begabtenstipendium) formulierte in einem autobiographischen Roman sein Unbehagen an der »ungleichen Förderung« von Minderheiten im Rahmen von affirmative action. Er kritisierte, daß mit diesen Maßnahmen nur Eliten innerhalb der Minderheiten gebildet werden, daß die innerhalb der Minderheit Privilegierten die neue staatliche Förderung auf sich ziehen, daß sich die Klassengegensätze innerhalb der Minderheit dadurch verschärfen. Er schildert seine Probleme mit den neuen »unverdienten« Privilegien.

»Es war 1967. . . . Als der Bann gebrochen war, schlossen sich andere civil-rights-Gruppen den Schwarzen an. Bald kritisierten hispano-amerikanische Aktivisten, daß es zu wenig Hispanics in Colleges gab. Sie forderten, daß hispano-amerikanische Professoren berufen würden und daß »Studenten mit spanischen Nachnamen« (spanish surnamed students) in größerer Anzahl in Colleges aufgenommen würden. Kurz darauf wurde ich auf dem Campus „erkannt". Ein Hispano-Amerikaner, ein „Latino", ein Mexiko-Amerikaner, ein „Chicano". Plötzlich schien jeder zu wissen, daß ich ein „Minderheiten-Student" war.

Ich wurde ein von allen Seiten unterstützter Minderheiten-Student. Und warum auch nicht? Die Verwaltung beschwichtigte die radikalsten Forderungen ihrer Kritiker, indem sie jeden plausiblen Hispano förderte, der ihr gerade über den Weg lief. . . .

1969 sah ich im Fernsehen die Beerdigung von Martin Luther King; eine Woche später erhielt ich Lehraufträge in Community-Colleges. Mit Delegationen von „Minderheiten-Forschern" hätte ich in ferne Länder reisen können. Und ich ging in ein Amt auf dem Campus, wo man finanzielle Unterstützung beantragen kann: dort wurde mir ein spezielles Formular für Minderheiten-Studenten überreicht. Ich war doch ein Minderheiten-Student, oder?, fragte mich die Angestellte hinter dem

Schalter rhetorisch. Ja, sagte ich, so obenhin. Ich füllte den Antrag aus. Und erhielt Unterstützung. Es stimmte ja auch. Ich war eine Minderheit. ... Ich glaubte es. Einige Jahre lang akzeptierte ich das Etikett. Ich unterstützte die civil-rights-Bewegung; ich unterstützte ihr Ziel, den Zugang zur weiterführenden Bildung zu erleichtern. Aber es gab ein Problem: an einem Tag hörte ich voller Zustimmung einem Regierungsvertreter zu, der „affirmative action" verteidigte; am nächsten Tag fielen mir die Wohltaten des Programms zu. Ich war der Minderheiten-Student, den die politischen Aktivisten in Versammlungen propagierten. Ihre Rhetorik setzte mir eine Krone auf, aber ich war nicht erlöst. Ich *wußte:* ich war nicht wirklich stärker sozial benachteiligt als die weißen Graduate-Studenten in meinen Seminaren. 1969, 1970, 1971. Allmählich wurde der Begriff „minority" mir sehr unbehaglich. Minority, Minorities, Minority-groups. Diese Begriffe erinnerten mich in der Öffentlichkeit an meine private Wahrheit: ich war nicht, in einem kulturellen Sinn, eine Minderheit, dem öffentlichen Leben entfremdet. ... Im Gespräch mit Mitgliedern der Fakultät äußerte ich diese Bedenken. Man sagte mir, daß mein Unbehagen ganz unbegründet war. Ein Dekan meinte, er sei ganz sicher, daß ich nach meinem Examen unter „meinen Leuten" arbeiten würde. Ein älteres Mitglied der Fakultät drückte sein Vertrauen darin aus, daß ich, obwohl nicht repräsentativ für Unterschicht-Hispanics, dennoch als Rollenmodell für andere meiner Rasse dienen würde. Ein anderes Mitglied der Fakultät war gewiß, daß ich ein wertvoller Berater für die neu ins College strömenden Minderheiten-Studenten sein würde. (Er unterstellte, daß ich aufgrund meiner Rasse eine besondere Fähigkeit für die Kommunikation mit nicht-weißen Studenten hatte.) Ich hörte auch von akademischen Autoritäten, daß Minderheiten-Studenten eines Tages eine Führungsschicht in Amerika bilden würden. (Von dieser Machtposition aus würden wir Lobbies bilden für die Reformen, die anderen unserer Rasse zugute kämen.) (...)

Alle Mexikano-Amerikaner sind nicht gleich Mexikano-Amerikaner. Die Politik des affirmative action konnte nie unterscheiden zwischen jemand wie mir, „einem promovierten Studenten der Englischen Literatur, der ehrgeizig eine akademische Karriere verfolgt", und einem mexikanisch-amerikanischen Slumbewohner ohne Schulbildung, der sich keine bessere Zukunft mehr erwartet. Aber das Schlimmste ist, daß die affirmative action mich zum Nutznießer seiner Lage machte. Das war die unsinnige Logik dieses Reformprogramms: weil so viele Hispanos in der Hochschule ausgeschlossen waren, wurde ich durch meine Immatrikulation eine Ausnahme, eine numerische Minderheit. Und weil ich im kulturellen Sinn nicht zu einer Minderheit gehörte, war ich gut ausgestattet, die Vorteile der affirmative-action zu genießen. ...«[194]

So argumentiert einer der wenigen, der aus seiner Minderheit schon *vor* affirmative action den Einstieg in die Karriereleiter gefunden hatte, einer, der durch die neue staatliche Fürsorge zusätzlich privilegiert wurde. Er, der die traditionellen Leistungsstandards des amerikanischen Bildungswesens akzeptiert hatte und ihnen entsprechen konnte, fühlt sich nun unbehaglich gegenüber dem jüdischen Kollegen, der mit ihm in der Konkurrenz um eine Dozentenstelle unterliegt: der jüdische Kollege gehörte der »im historischen Augenblick falschen« Minderheit an. Rodriguez ist mit diesem Buch in der neokonservativen Szene erfolgreich geworden. In der Tat berührt er ein sehr schwieriges Problem: Es kann im Einzelfall extrem ungerecht sein, einen Gruppenangehörigen aufgrund seiner Gruppenzugehörigkeit zu fördern, weil man dabei auf einen trifft, der als Individuum keinerlei Diskriminierung erfahren hat. Wenn jedoch die Zugehörigkeit zur Gruppe *an sich* in der Vergangenheit schon mit Diskriminierung beantwortet wurde (das war bei allen Gruppen der Fall, denen rassistisch begegnet wurde), kann man zunächst wohl nicht anders, als die gesamte Gruppe zu fördern. Diese Antinomie machen sich Gegner des affirmative action oft demagogisch zunutze.

Als »Diskriminierung unter neuem Vorzeichen« mußten auch Angehörige der Schicht der »poor whites« die neue »ungleiche Förderung« erleben. Ein Student:

»Abstrakt zu denken ist für jemand mit meinem kulturellen und ökonomischen Hintergrund sehr schwer. Meine Eltern waren WASPS, aber ihr Einkommen lag knapp über der Armutsgrenze. Meine Mutter kann lesen und schreiben, aber mein Vater ist Analphabet. In den Schulen, die ich besucht habe, mußte man immer nur auswendig lernen. Auch in den untersten Semestern dieser Universität (eine kleine Universität in den Südstaaten) hat niemand darauf Wert gelegt, daß wir mit Begriffen arbeiten. ... Diese Vorgeschichte macht es mir jetzt unmöglich, den Zulassungstest zu einer der großen Universitäten zu bestehen. ... Weil ich nicht zu einer Minderheitengruppe gehöre, werde ich ständig diskriminiert. Schließlich muß ja ein bestimmter Prozentsatz von Minderheitenstudenten in jedem Semester aufgenommen werden, unabhängig von ihrer Qualifikation.«[195]

Auch die Förderung von »Asians« kann Widersprüche, »neue Ungerechtigkeiten« auslösen. Unter diese geschützte Minderheiten-Kategorie fallen auch japanische, koreanische Kinder aus wohlhabenden Vorstadtfamilien (ähnliches gilt im übrigen für die Mittelschicht-Familien von Cubanern, als Nutznießer einer redistributiven Politik für »Hispanics«). Die Minderheit »Asians« ist in sich sehr heterogen; viele der in jüngster Zeit eingewanderten Japaner, Inder, Koreaner haben gegenüber dem einheimisch-amerikanischen Durchschnitt einen deutlichen Bildungsvorsprung, aber sie profitieren von kompensatorischen Maßnahmen, die für benachteiligte Schichten ihrer Minderheit gedacht waren. Manchen Universitäten kommen solche Widersprüche entgegen; sie können ausweisen – wie in californischen Universitäten wiederholt geschehen – daß das Minderheitensoll in den Kategorien der »Asians« übererfüllt ist, und sich mit diesem Etikettenschwindel ernsthafte Bemühungen um Zulassungen von mehr Schwarzen oder Hispanics ersparen.

Die Widersprüche, die affirmative action aufgebrochen hat, sind also nicht zu übersehen. Aber wie sie gewichten? Was hat andererseits affirmative action den geschützten Minderheiten gebracht?

Im Bildungswesen, vor allem an Colleges und Universitäten, ist in den vergangenen 15 Jahren die Präsenz von Frauen und ethnischen Minderheiten eindeutig gewachsen. Das wurde zunächst vor allem möglich durch die gesamte Expansion des Bildungswesens in den siebziger Jahren, es ist nicht ausschließlich auf affirmative action zurückzuführen.* Die besondere Förderung von Minderheiten an Universitäten gilt heute noch längst nicht als abgeschlossen. Im Oktober 1985 kündigte z.B. die Ford Foundation ein »fellowship program« über $ 9 Millionen an, das die Minderheiten-Präsenz in Colleges und Universitäten verstärken soll. Freilich blieben die Zugewinne für Frauen und Minderheiten vor allem beschränkt auf die Besetzung von neugeschaffenen Stellen auf der Hierarchieebene, die man in der Bundesrepublik »Mittelbau« nennt (wissenschaftliche Mitarbeiter mit befristeten Stellen). Und daß sich die durch eine veränderte Zulassungspraxis erweiterte Chancengleichheit im Bil-

* Zwischen 1960 und 1983 hat sich die Zahl der College-Studenten verdreifacht. Nur die Hälfte dieses Anstiegs in absoluten Zahlen ist auf die Geburtenstärke der Jahrgänge zurückzuführen. Der Anteil der College-Studenten hat sich in diesen Jahren von 34 % auf 58 % eines Jahrgangs erhöht.[196]

dungswesen für die Abgänger von Colleges und Universitäten nicht bruchlos auf den Arbeitsmarkt überträgt, ist ein anderes Problem. Ergebnisse von Follow-up-Studien zeigen, daß die verbesserte Schulbildung minimale Wirkungen auf das Tempo ausübt, mit dem Gleichheit erreicht wird. Dennoch ist es offensichtlich entscheidend, daß Schwarze und Weiße gleiche Qualifikationsvoraussetzungen haben, wenn die Einstellungspraxis der Unternehmen zunehmend weniger rassistisch bestimmt ist. Sonst könnten rasch wieder die Erfolge des affirmative action demontiert werden mit dem Qualifikationsargument.[197]

Ohne Frage hat die gesamte Kontroverse über »Quotierungen« katalysierende Wirkung gehabt. Wo immer heute in den Medien oder der öffentlichen Diskussion über Bildung und Karriere gesprochen wird, wird das sozusagen automatisch mit der Frage nach dem Schicksal von rassischen und von Einwandererminderheiten und von Frauen verbunden. Diese Überlegungen sind nicht nur beschränkt auf institutionelle Bildung, auch in der Frage von Sozialisationsbedingungen von Kindern und Jugendlichen außerhalb der Schule hat affirmative action ein neues Bewußtsein von »gerechter Ressourcenverteilung« entwickeln können. Zum Beispiel klagte das HEW mit Erfolg gegen die Stadtverwaltung von Chicago: Gefordert wurden bessere Spielplätze und Freizeitparks für Kinder von rassischen und ethnischen Minderheiten. Die Stadt Chicago wurde dazu verurteilt, in den folgenden Jahren (ab 1983) mindestens 10 Millionen Dollar jährlich in Schwimmbäder, Baseballplätze und Spielplätze in hispanischen und schwarzen neighborhoods zu investieren. Das Urteil stützte sich auf ein Gutachten, das die Zuwendungen an Parks und Freizeiteinrichtungen in weißen Stadtteilen mit der pädagogischen Betreuung, dem polizeilichen Schutz, der Ausstattung und Instandhaltung von Freizeiteinrichtungen in Minderheiten-Stadtteilen verglichen hatte.[198]

Nach zwanzig Jahren Diskussion über Quoten, chancengerechte Partizipation, um Wiedergutmachung der »historischen Schuld« gegenüber Schwarzen und anderen Minderheiten ist die Öffentlichkeit gegenüber der rassischen und ethnischen Zusammensetzung in allen Bildungsinstitutionen sehr sensibel. Es vergeht kaum ein Tag, an dem nicht in irgendeiner Ausgabe der überregionalen Zeitungen in Leserbriefen, Leitartikeln oder Reportagen dieses Thema zur Sprache kommt. Mittlerweile ist man dabei nicht mehr so prinzipiell wie noch in den siebziger Jahren; man kennt ja längst die Argumente pro und contra und sie werden stillschweigend in die Argumentation einbezogen, d.h. man bemüht sich eher um vermittelnde Lösungen. Etwa: Der Schulrat von Los Angeles kritisiert[199], daß die Sport-Teams der Schulen von Los Angeles zu einseitig weiß und zu einseitig männlich besetzt sind. Der Schulrat fordert keine Quotierung, er will nicht pedantisch sein, das Sport-Team einer Schule, so sagt er, brauche nicht auf den »Prozent genau« die ethnische und die Geschlechterzusammensetzung der Schule widerzuspiegeln. Sie soll es vielmehr in »vernünftiger Weise« – womit das Problem von der Schulleitung zurückdelegiert ist an die einzelnen Schulen, die einen Weg für die »vernünftige« Einbeziehung von Frauen und ethnischen Minderheiten selbst finden müssen.

Ein amerikanisch-pragmatischer Umgang mit großen Ansprüchen. In diesem Fall gewiß ein Schritt weiter in den sozialen Beziehungen der Gruppen und Minderheiten untereinander. Aber eben doch ein Beispiel aus dem Freizeitbereich.

Arbeitsmarkt

Was hat affirmative action auf dem Arbeitsmarkt verändert? Wie ist dieses Interventionsprogramm dort aufgenommen worden, auf welche Widerstände ist es gestoßen, wie wurde es verändert?

Staatliche Eingriffe in überkommene außer- und innerbetriebliche Rekrutierungsprinzipien wurden zu einem weiteren umstrittenen Bereich von affirmative action. Es ging um den Abbau von »institutionellem Rassismus« auf dem Arbeitsmarkt. Die Gewährung formaler Rechtsgleichheit, so insistierten die Befürworter von affirmative action, hatte die Stagnation der ökonomischen Ungleichheit von Minderheiten und von Frauen nicht aufgehoben. Die überkommenen Strukturen der Allokation von Arbeitskräften sollten deshalb nicht mehr dem freien Spiel der Kräfte überlassen bleiben.

Das Modell eines funktionierenden affirmative action-Plans sieht vor, die bisher gewohnheitsmäßig zwischen Unternehmen und Beschäftigten bzw. deren Interessenorganisationen ausgehandelten Rekrutierungsprinzipien solange außer Kraft zu setzen, bis nach einem Schlüssel (der der Bevölkerungszusammensetzung des Umfeldes oder dem Angebot an potentiellen Arbeitskräften entspricht) die diskriminierten Gruppen entsprechende Anteile an der Beschäftigung auf verschiedenen Qualifikationsniveaus des Betriebs erreicht haben.

Durch den Civil Rights Act hatte die Bundesregierung neue Zuständigkeit im Kampf gegen Diskriminierung auch im Beschäftigungssektor erhalten. Die neue »Equal Employment Opportunity Commission« (EEOC) hatte bald größere Macht als sich nach der trockenen Sprache des Gesetzes vermuten ließ. Im sogenannten »Federal Contract Compliance Program« hatte der Bund nun ein Erzwingungsrecht gegenüber allen Unternehmen, die mit ihm Verträge eingingen (von 1972 bis 1982 bei Verträgen von $ 10.000 aufwärts, ab 1982 ab $ 50.000 aufwärts). Das heißt, daß bei sämtlichen dieser Vertragsabschlüsse die Auflage durchgesetzt werden konnte, daß Frauen und Angehörige ethnischer Minderheiten bevorzugt eingestellt bzw. befördert würden. 1979 wurden 2.410 Unternehmen vom »Compliance Office« daraufhin überprüft, im Jahre 1985 waren es 5.025.[200]

Mit der gesamten Rekrutierungspolitik von Unternehmen wurden auch die Einstellungstests in Frage gestellt – konsequenterweise. Denn was sollten Chancengleichheitsprogramme im Bildungswesen nutzen, wenn anschließend Unternehmen wieder nach ihren Standards selegieren konnten? Nun konnte das EEOC darüber entscheiden, ob ein Einstellungstest – an dem Frauen und Minderheitenangehörige in der Vergangenheit deutlich häufiger gescheitert waren – diskriminierend war. Viele Unternehmer schafften daraufhin den Test ganz ab; sie scheuten die teure gerichtliche Auseinandersetzung, in der sie den Nachweis erbringen mußten, daß der Test tatsächlich in einer Beziehung zum Arbeitsplatzprofil stand. Aber wie das, wenn Eingangstests (z.B. in den öffentlichen Dienst) umfassend für über tausend verschiedene Arbeitstätigkeiten eingesetzt waren? Mathematik z.B. mußte von vornherein im Einstellungstest eliminiert werden, weil es fast immer in keinem Verhältnis zur späteren Arbeitstätigkeit stand und weil es Frauen diskriminierte. Tests konnten – theoretisch – auch dann angefochten werden, wenn sie Maßstäbe setzten, die über die *niedrigste* an einem Arbeitsplatz des Unternehmens eingesetzte Qualifikation hinausgingen. Wenn z.B. im Einstellungstest eine Schreibkraft schneller schreiben mußte als die *langsamste* im Betrieb schon angestellte, war dieser Einstellungstest anfechtbar (eine vom betriebswirtschaftlichen Standpunkt her zweifellos absurde Auflage, und von Gegnern des affirmative action entsprechend als »erzwungener Leistungsabbau« gebrandmarkt.[201])

Auch polizeiliche Führungszeugnisse durften bei der Einstellung nicht mehr ausschlaggebend sein. Die Begründung verdient im ganzen zitiert zu werden; sie ist ein eindrucksvolles Beispiel dafür, wie radikal sich die Gleichberechtigungsreform des Staates gegen andere staatliche Instanzen wandte. Kriminalitätsraten, so wurde argumentiert, sind in weiten Teilen Ausdruck und Folge von Rassendiskriminierung – über drei Viertel der Gefängnisinsassen der USA sind bekanntlich Schwarze. In der Begründung hieß es: »1. sind eine disproportional hohe Anzahl von »schweren Straftaten« durch Minderheitenangehörige begangen worden, 2. ist es willkürlich und deshalb unnötig, all diese sogenannten »schweren Straftaten« als Begründung für die Annahme heranzuziehen, daß sie für eine zukünftige Arbeitstätigkeit folgenreich sein könnten, ohne daß auf die *besonderen Bedingungen der Verurteilung* eingegangen wird«.[202]

Nach dem Urteil des Supreme Court im Prozeß Griggs vs. Duke Powers Co. (1975), das Einstellungstests, die in keiner Beziehung zur späteren Arbeitstätigkeit standen, als verfassungswidrig verbot, wurden weitere traditionelle »Einstellungsvoraussetzungen« wie Körpergröße, Gewicht, bei der Einstellung von Polizisten, Feuerwehrleuten oder anderen Angestellten im Öffentlichen Dienst gestrichen, da man nachweisen konnte, daß sie auf die Einstellung von Minderheiten und von Frauen nachteilige Wirkungen hatten und in keinem Verhältnis zur späteren Arbeitstätigkeit standen.

Einige amerikanische Großbetriebe haben rasch und flexibel auf die affirmative action Politik reagiert. Sie stellten »EEO-Koordinatoren« (Equal Employment Opportunity) ein, die den Ansprüchen von Mitarbeitern nach Kompensation bzw. nach Beförderung nachgehen sollten. Vorgesetzte wurden angewiesen, jede Kritik von Angestellten ernst zu nehmen und weiterzugeben, bevor der Betriebsfrieden erschüttert wurde. Manche Betriebe richteten auch eine »hot line« ein, eine Telefonnummer, bei der protestierende Mitarbeiter ihre Ansprüche anmelden konnten. Die Bank of America bildete gemeinsam mit anderen Banken einen Fonds für die innerbetriebliche Fortbildung von Frauen und Minderheitenangehörigen. All diese Versuche, Chancengleichheitsforderungen innerbetrieblich zu regeln, wollten vor allem eines vermeiden: Gerichtsverfahren. Der Manager eines Großunternehmens: »Wir hatten einen Fall von Diskriminierung, mit dem wir vor die Gerichte gegangen sind. Wir haben verloren. Es ging nur um $ 31.000 Entschädigung (wegen Diskriminierung in der Vergangenheit), aber die Honorare unserer Rechtsanwälte beliefen sich auf über eine Viertelmillion Dollar.«[203]

Insgesamt waren es nicht die Unternehmen, die den stärksten Widerstand gegenüber affirmative action mobilisierten. Letztlich lag die Nutzung von neuen menschlichen Ressourcen (human capital) durchaus auch in ihrem Interesse. Manchmal wurden die Auflagen des affirmative action zum willkommenen Anlaß, die technologische Umstrukturierung der Betriebe zu beschleunigen. Niedrig qualifizierte Arbeitsplätze (z.B. Telefonvermittlung oder die Arbeit der Angestellten am Bankschalter) wurde weitgehend wegrationalisiert; das Personal rückte in gehobene Positionen auf. Solche Beförderungen scheinen dauerhafter Art zu sein. Bei New York Bell waren 1973 2,9 % der Arbeitsplätze von Frauen und 0,7 % von Angehörigen ethnischer Minderheiten besetzt. 1981 waren es 8,4 resp. 2,4 %. Der Anteil von Frauen im mittleren Management wurde in diesem Zeitraum um 40 % gesteigert, bzw. um 15 % bei Angehörigen von Minderheiten. Daß dieser innerbetriebliche Aufstieg mit einem Abbau von Arbeitsplätzen verbunden war, darauf hatte affirmative action allerdings keinen Einfluß – es war ja konzipiert zu Zeiten von Vollbeschäftigung und nie als Programm zur Schaffung von Arbeitsplätzen gedacht.

Komplizierter wurden die Konflikte, die mit den Gewerkschaften aufbrachen. Die amerikanischen Gewerkschaften, das konnte man bis zu dieser Zeit fast pauschal sagen, vertraten die Rechte weißer Männer. Die in langen Auseinandersetzungen verhandelten Senioritätssysteme[204] (die vor allem ältere Arbeitnehmer vor willkürlichen Entlassungen schützen) waren durch die neuen staatlichen Eingriffe in Gefahr, wie überhaupt die Verhandlungsposition der Gewerkschaften durch die neue staatliche Arbeitsmarktpolitik geschwächt wurde. Bis dahin war es üblich gewesen, daß bei Kündigungen (layoffs) der Senioritätsrang zum Kriterium der Wiedereinstellung gemacht wurde. Das benachteiligte aber diejenigen Gruppen, die neu aufgrund von affirmative action eingestellt worden waren und in der Seniorität weit unten rangierten. Vertreter des affirmative action forderten deshalb – und konnten es in einigen Unternehmen so auch durchsetzen – daß das Dienstalter berechnet wurde nicht ab dem tatsächlichen Eintritt in den Betrieb, sondern verlängert wurde auf den Zeitpunkt, wo eine *vergebliche* Bewerbung stattgefunden hatte, oder sogar: »hätte stattfinden können«. Dieser »affirmative action override« (Bonus) bedrohte die privilegierte Stellung weißer männlicher Arbeiter in vielen Unternehmen. Inzwischen wird in diesem Konflikt von der Rechtsprechung wieder häufiger zugunsten der überlieferten Senioritätssysteme entschieden: zum Beispiel im oben erwähnten Urteil »Firefighters Memphis vs. Memphis« (1984), das der »illegalen Diskriminierung« weißer Männer eine Schranke vorschieben sollte.

So haben sich in den vergangen 15 Jahren der Implementation von affirmative action immer wieder die Konfliktebenen verschoben. Heute ist dieses in seiner Anlage so imponierende Programm zur Herstellung von Chancengleichheit zwar etwas angeschlagen, aber trotz Reagan's Wahlrhetorik und trotz der nicht unerheblichen Behinderung durch die Gremien der Reagan-Regierung keinesfalls aufgelöst. Kontrovers ist die »ungleiche Förderung« nach wie vor. Zum Schluß dieses Kapitels versuche ich noch einmal die prinzipiellen Argumente pro und contra zusammenzufassen.

Affirmative action: Die Kontroverse

Alle Gegner von affirmative action (sie bezeichnen das Programm meist als »reverse discrimination«, oder gar »affirmative discrimination«) berufen sich, so unterschiedlich ihre politische Orientierung sein mag – neokonservativ, Gewerkschaften, Chamber of Commerce – auf den Civil Rights Act von 1964 als gemeinsame Grundlage. Dahinter will niemand zurück. Die Civil Rights-Gesetzgebung, sagen sie, hat damals die Diskriminierung des Individuums aufgrund von Rasse, Gruppenzugehörigkeit, Religion oder Geschlecht ein für allemal aufgehoben. Mehr kann, mehr soll ein Staat nicht tun. Alles Rechtsstaatliche muß unternommen werden, damit der Einzelne sein Recht einklagen kann. Wenn stattdessen Gruppen (Minderheiten, Frauen) durch den Staat parteilich begünstigt werden, so argumentieren sie, wird das unüberschaubare, ungewollte Nebenwirkungen auslösen. Das Hauptprinzip einer liberalen Gesellschaft – das Wohlergehen und die Interessen des *Individuums* als Prüfstein einer funktionierenden Gesellschaft – ist außer Kraft gesetzt, wenn qua Gesetz nun die Ressourcen auf der Grundlage von *Gruppenzugehörigkeit* gewährt werden. Denn damit würden wieder durch die Hintertür Rasse, ethnische und Geschlechtszugehörigkeit eines Menschen zu bestimmenden Faktoren für die Lebenschancen des Einzelnen. Auf diese Weise würde Diskriminierung, wenn auch gewiß in emanzipatorischer Absicht, wieder zu einer legitimen Praxis der Ressourcenverteilung. William Bradford Jones, der Vorsitzende der Abteilung Bürgerrechte im Justizministerium in der Reagan-Regierung: »Die amerikanische Verfassung hatte immer den »Primat des Individuums« im Auge, es gilt der Grundsatz »Jeder ist für sich eine Minderheit« (»each is a minority of one«). Durch affirmative action würde jedoch der Einzelne zwangsweise, scheinbar in seinem Interesse, wieder auf die Rassen- und Geschlechtszugehörigkeit festgelegt. Manche Gegner des affirmative action gehen noch weiter: sie rücken die neue Gewichtung von *Gruppen* gar in die Nähe der Nürnberger Gesetze. Denn wenn diese Förderung aufgrund von Gruppenzugehörigkeit wirklich gerecht sein sollte, müßte ja auch nachgewiesen werden, ob der Geförderte wirklich der Gruppe zugehört (ob er wirklich schwarz, hispanisch . . . ist). Die Gegner des affirmative action können auch auf einzelne Fälle verweisen, wo solche Hearings zur Nachprüfung wirklich stattgefunden haben sollen (in der Regel hat allerdings bisher, das ist amerikanisch- unbürokratisch, die »Selbsteinschätzung« der Kandidaten genügt, die Unterlager hierüber wurden anschließend vernichtet oder anonymisiert).

Ein weiteres kritisches Argument gegen affirmative action richtet sich gegen die Inkonsistenz dieser Politik. Wodurch, wird gefragt, sind einige Minderheiten eindeutig benachteiligt, und andere nicht? Frauen und Schwarze, dagegen erhoben sich kaum Einwände. Das amerikanische Dilemma, die jahrhundertelange Geschichte der Sklaverei ist nicht so rasch vergessen, das puritanische Amerika war im Grunde nicht schwer davon zu überzeugen, daß hier Reparationen geleistet werden müßten. Aber in welcher Form? Kann eine amerikanische Kollektivschuld durch monetäre »Wiedergutmachung« getilgt werden?

Scharf wurde die Kritik aber vor allem, wenn es um die Definition anderer »benachteiligter Minderheiten« ging: Hispanics, Asians. Haben nicht schließlich Juden, Italiener und Polen auch irgendwann in der amerikanischen Geschichte schärfste Diskriminierungen erfahren, und gibt es nicht auch heute noch in ihren Minderheiten teilweise erhebliche Armut?

Ein weiteres immer wiederkehrendes Argument ist gerichtet gegen die »Elitebildung durch affirmative action«. Die staatliche Förderung, so weist man nach, hebt nicht die gesamte Minderheit sozioökonomisch an, läßt sie nicht wirklich chancengleich werden mit den dominanten ethnischen Gruppen, sondern in den Minderheiten profitieren die »Falschen«, d.h. schon Aufstiegsorientierten, für den Aufstieg kulturell schon Ausgestatteten, die Speerspitze der Minderheit, d.h. mittelständische Frauen, amerikanisierte Hispanics, und innerhalb der unter Pauschalkategorien wie »Hispanics« oder »Asians« Geförderten wiederum die falschen Subgruppen (Cubaner und Japaner, die überdurchschnittlich gut mit Human- und Finanzkapital ausgestattet sind). Durch solche Politik erreiche man nicht anderes, als neue Mittelschichten zu bilden (die man dann kooptiert), und dadurch die Klassengegensätze innerhalb der Minderheiten zu verschärfen, staatliche Eingriffe also, von denen nur Eliten und Rechtsanwälte profitieren.

Und zuletzt eines der häufigsten Gegenargumente: Affirmative action ist unproduktiv. Es stützt schwächere Leistung, es schafft bei den Geförderten eine innere Abhängigkeit vom Staat, es unterhöhlt die Meritokratie, die sich doch als demokratisches Prinzip in der amerikanischen Geschichte bewährt haben soll. Letztlich hilft es den Geförderten nicht wirklich, da diese nur als »Minderheitengeschützte«, »nur als Frau«, »nur als Schwarze« und nicht aufgrund der in fairer Konkurrenz festgestellten *Leistung* den Arbeitsplatz errungen haben und sich deshalb vor sich selbst nicht wirklich legitimieren können.

Gegenüber der Kritik an affirmative action hören sich die Argumente *dafür* eher vorsichtig an, jedenfalls heutzutage, sie scheinen eher einer Polarisierung in dieser Frage auszuweichen. So sprechen Befürworter des affirmative action zum Beispiel nie von »Quoten«, stattdessen von »Zielen«, d.h. einer nicht notwendigerweise quantitativ fixierten Angleichung der sozialen Lage der Minderheiten.

Die Begründung für affirmative action stützt sich vor allem auf den Widerspruch zwischen Gesetzgebung und Praxis, zwischen der formalen Gewährung von Gleichheit (die als wichtige Voraussetzung gesehen wird) und dem »institutionellen Rassismus«, der in den USA viele Minderheiten nach wie vor trifft. Die NAACP (National Association for the Advancement of Colored People) und die Urban League, teilweise auch jüdische Organisationen (z.B. das American Jewish Committee), verweisen darauf, daß die materiellen Zugewinne, die Schwarze qua Gesetzgebung erreicht haben, nur da Wirklichkeit geblieben sind, wo sie durch staatliche Eingriffe geschützt waren.[205] Affirmative action kann den Minderheiten vor allem beim Start gegen überlieferte, informelle Rekrutierungsbarrieren verhelfen – zum Beispiel gegen das sogenannte »old-boy-network« an Universitäten, oder den Nepotismus auch vieler ethnischer Unternehmen, und auch gegen organisierte Rekrutierungsbarrieren (hier vor allem das Senioritätssystem der Gewerkschaften).

Der amerikanische Meritokratismus, die »freie Leistungskonkurrenz« wird dadurch noch lange nicht außer Kraft gesetzt. Was sind denn die Dimensionen, in denen affirmative action ansetzen kann? Im berühmten Prozeß University of Cafornia vs. Bakke klagte ein weißer Bewerber, weil er nicht zum Medizinstudium zugelassen worden war, angeblich wegen Bevorzugung von Minderheiten durch Quoten. Das waren 16 von insgesamt 100 Studienplätzen! In einem anderen Prozeß (Fullilove vs. Klutznick) ging es um ganze 10 % der öffentlichen Aufträge, die an Minderheiten-Unternehmen vergeben werden sollten. Oder: Boston University hat eine spezielle Zulassungsquote von *drei* schwarzen Medizinstudenten pro Jahr geschaffen, die im Laufe der nächsten acht Jahre auf zehn Studenten pro Jahr angehoben werden soll; dann würden 2 % aller Medizinstudenten der schwarzen Minderheit entstammen. Wenn affirmative action von konservativer Seite dramatisiert wird als »planwirtschaftlicher Übergriff«, muß man zunächst die Dimensionen zurechtrücken.

Befürworter des affirmative action halten diese staatlichen Eingriffe nach wie vor für unverzichtbar in einer Gesellschaft, die, so sagen sie, in Wahrheit aus zwei Gesellschaft besteht: einer weißen und dem »anderen Amerika«, einer Vielzahl von nach wie vor unterprivilegierten Minderheiten (»Two nations, divided by race and gender«).

Daß die Politik des affirmative action »nur neue Mittelschichten bildet«, ist für ihre Befürworter kein überzeugendes Argument. Ziel dieser Politik war nie die Abschaffung der Klassengesellschaft, sondern die Integration von Minderheiten in die Klassengesellschaft. Daß Schwarze politische Ämter eingenommen haben (der Anteil der schwarzen Bürgermeister hat sich in den letzten 15 Jahren vervielfacht), daß sich der Anteil von Schwarzen innerhalb der Polizei erhöht hat, daß Frauen inzwischen auch in leitenden Positionen anzutreffen sind, das hebt die Hierarchien nicht auf. Aber es verhindert zumindest die fortgesetzte Unterschichtung der Gesellschaft, die Kastenbildung qua Rasse, ethnischer Zugehörigkeit und Geschlecht. Es schafft innerhalb der Minderheiten ein neues Aspirationsniveau, es wirkt der Apathie entgegen. Im übrigen läßt sich auch nachweisen, daß Gewinne durch die Politik des affirmative action durchaus nicht nur auf die Bildung von Eliten beschränkt sind, sondern daß auch einkommensschwächere Schichten profitiert haben, Lastwagenfahrer, Polizisten, Bankangestellte. Philadelphia zum Beispiel: In den sechziger Jahren waren ein Prozent der Beschäftigten im Baugewerbe Schwarze, zehn Jahre später waren es zwölf Prozent. Der Anteil von schwarzen Polizisten hat sich in den

USA in diesem Zeitraum fast verdoppelt: Von 24.000 im Jahr 1970 auf 43.500 im Jahr 1980.[206]

Ist nun affirmative action wirklich eine neue Form von »Rassendiskriminierung«? Befürworter des affirmative action halten die Gleichsetzung von jahrhundertelanger Diskriminierung von Schwarzen (mit dem Ziel des *Ausschlusses* von allen gesellschaftlichen Privilegien) und der Praxis einer gezielten *Förderung* (mit dem Ziel einer allmählichen Angleichung von Chancen) für zynisch. Neokonservative Gegner berufen sich auf schwarze Civil Rights-Führer wie Martin Luther King oder Thurgood Marshal, die angeblich nichts als eine »farbenblinde« Gesellschaft propagiert hatten. Aber: »Um den Rassismus zu überwinden, werden wir noch einige Zeit lang *sehr genau auf Rasse* achten müssen. Einen anderen Weg gibt es nicht«, sagte Richter Harry Blackmun schon in den sechziger Jahren. Von daher ist die Gleichsetzung von begrenzten Unterstützungsmaßnahmen für historisch unterprivilegierte (und heute gleich qualifizierte!) Minderheitenangehörige mit der Brutalität, denen Schwarze und andere Minderheiten jahrzehntelang ausgesetzt waren, nichts weiter als manipulativ. Die Förderung von Minderheitenangehörigen mag in einigen Fällen sich zuungunsten von Weißen auswirken – aber deshalb werden Weiße nicht als minderwertig stigmatisiert, gelyncht, aus öffentlichen Institutionen ferngehalten, einer rassistischen Rechtsprechung unterworfen. ... Im Gegenteil: Wo Weiße durch die Politik des affirmative action abgewiesen wurden, protestierten sie und fanden rasch Gehör. Wenn es die Karrieren von Weißen betraf, die durch die Auflagen des affirmative action angetastet wurden, reagierten Unternehmen weit erfinderischer in der Schaffung weiterer Arbeitsplätze oder mit anderen Kompromissen. So geschehen zum Beispiel in Boston und Memphis: Als dort die Gerichte die Pläne des affirmative action bestätigten und Weiße deshalb entlassen werden mußten, dauerte es nicht lange, bis die Unternehmen sie wieder eingestellt hatten.[207]

Das für mich überzeugendste Argument für affirmative action: Diese Politik und das politische Klima, in dem sie formuliert wurde, nützt nie nur den ausdrücklich »geschützten« Minderheiten allein. Affirmative action war nur *ein* Programm in einer Sozialpolitik, die auch andere soziale Ungerechtigkeiten im Blick hatte. Zur selben

Zeit wurden die Community Colleges ausgebaut, die auch für einkommensschwache weiße Schichten zugänglich waren, das Krankenversicherungssystem wurde in diesen Jahren erweitert (Medicare und Medicaid), das Rentensystem wurde verallgemeinert. Die rechtspopulistische Demagogie vor allem der Republikaner gegen affirmative action (mit ihren in vielen einzelnen Punkten so eingängigen Argumenten gegen Bürokratisierung, gegen »ungerechte Bevorzugung einzelner ethnischer Gruppen«) hat aus der Gesamtheit der sozialstaatlichen Reformen der sechziger Jahre immer vor allem affirmative action isoliert. Aber wie man inzwischen weiß, haben die sozialen Kürzungen der Reagan-Regierung längst nicht nur das Programm des affirmative action betroffen – dies sogar weniger als zu erwarten gewesen wäre – sondern auch andere Sozialleistungen abgebaut, und damit auch die nicht explizit geschützten Minderheiten geschädigt.

Ein Fazit – »was hat affirmative action den geschützten Minderheiten tatsächlich gebracht« – ist nicht einfach. Es gibt keine eindeutigen Evaluationen auf der makroökonomischen Ebene über Erfolge oder Scheitern dieser Politik. (Die Reagan-Regierung sammelt keine Daten über Bereiche, in denen sich offensichtlich die Diskriminierung wieder verstärkt hat. Seit 1980 gibt es zum Beispiel keine offiziellen Regierungsstatistiken über den Anteil von hispanischen und schwarzen Lehrern. Die New York Times vom 9. Februar 1986 berichtete jedoch über einen Rückgang in der Einstellung schwarzer und hispanischer Lehrer.)

Insgesamt hat das Programm zweifellos katalysatorische Wirkungen gehabt. Wahrscheinlich hätten die Entlassungen während der nun schon so lang andauernden Rezession in viel stärkerem Maße Frauen und Minderheitenangehörige betroffen (die »Tendenz zur Verstetigung der weiblichen Lohnarbeit« ist allerdings auch in anderen Ländern zu beobachten, in denen keine ausdrückliche staatliche Antidiskriminierungspolitik existiert). Deutlich zeichnet sich ab, daß die Zugewinne für Minderheiten und Frauen vor allem im öffentlichen Sektor angesiedelt sind, der zwar seit den siebziger Jahren expandiert, der andererseits aber auch von Budgetkürzungen der jeweiligen Regierung viel stärker betroffen ist als die freie Wirtschaft. Das bedeutet vor allem für die neue schwarze Mittelschicht, daß die Zugewinne nicht die stabilsten sind und nicht ohne weiteres auf die nächste Generation zu vererben.

Welche Zukunft hat die Politik des affirmative action? Daß diese Politik Widersprüche aufbrechen ließ, kann niemand übersehen. Nur, scheint mir, gibt es bislang keine überzeugenden Alternativen für diese staatlichen Korrekturen.

Was sich in nächster Zeit wohl sicher verändern wird: die Definition der Kategorie »benachteiligte Minderheit«. Bislang war sie ausschließlich ethnisch oder durch Geschlechtszugehörigkeit definiert. Auf längere Sicht, darüber sind sich auch Befürworter des affirmative action einig, wird man wieder soziale Kriterien in die Definition von »Benachteiligung« einführen müssen, um das Verhältnis von »ethnicity« und Klassenlage vor aller Förderung genauer zu bestimmen.

Wie ethnisch ist die Armut in den USA heute?

Ethnische und rassische Minderheiten stellen nach wie vor überproportional hohe Anteile an der – wachsenden – Armutsbevölkerung der USA. Bis in die späteren siebziger Jahre haben die staatlichen Interventionen zugunsten der Unterprivilegierten einiges bewegt. Aber schon vor dem Antritt der Reagan-Regierung wurde das öffentliche Engagement zunehmend als Geldverschwendung kritisiert.

Der Anteil der Sozialausgaben des Bundes am Bruttosozialprodukt in den Jahren 1964 bis 1977 von 8 auf 11 % gestiegen, stagniert seit 1977.[208] Zur sozialen Lage von Minderheiten einige Daten:
Schwarze. 1983 lebten fast 36 % aller Schwarzen unterhalb der Armutsgrenze: die höchste schwarze Armutsbevölkerung, seitdem der Census die Daten rassenspezifisch erhebt (1970). Mehr als die Hälfte aller schwarzen Kinder unter drei Jahren leben unter der Armutsgrenze. Die Kluft zwischen Schwarzen und Weißen, die sich in den 60er Jahren etwas verringert hatte, ist inzwischen wieder größer geworden. Das Einkommen von schwarzen Familien beträgt heute nur 55 % von dem der Weißen.

Die Arbeitslosigkeit bei Schwarzen – 21 % Anfang 1983 – ist doppelt so hoch wie die der Weißen. 30 % der schwarzen Männer zwischen 20 und 24 Jahren sind arbeitslos, dreimal so viel wie weiße Männer im selben Alter. Bei schwarzen Jugendlichen beträgt die Rate fast 50 %.

Nur 3 % der amerikanischen Rechtsanwälte und Ärzte sind Schwarze, nur 4 % der amerikanischen Manager, aber über 50 % der Hausangestellten und Müllmänner.[209]

Die Lebenserwartung der Schwarzen liegt sechs Jahre unter der der Weißen, die Säuglingssterblichkeit ist bei Schwarzen doppelt so hoch. Die Michigan Panel Study of Income Dynamics, eine seit 1968 jährlich fortgeschriebene Erhebung, nennt als deutlichste Veränderung der vergangenen zehn Jahre die zunehmend höhere Wahrscheinlichkeit, daß schwarze Kinder in Armut leben als weiße. In diesem Zeitraum hatten 70 % der schwarzen Kinder eine Zeitlang unter der Armutsgrenze gelebt, im Vergleich zu 30 % weißen Kindern.[210]

Schwarze Frauen haben im Vergleich zu schwarzen Männern schon seit Jahrzehnten die relativ besseren Erwerbschancen. Auch die Kluft zum Einkommen weißer Frauen ist weniger kraß: 1983 verdienten sie laut Daten des Bureau of Labor 84 % der Gehälter weißer Frauen (allerdings verdienen amerikanische Frauen insgesamt weniger als zwei Drittel der vergleichbaren Gehälter von Männern). Wenn schwarze Frauen keine Arbeit haben und allein mit ihren Kindern leben, ist ihre Lage sehr schwierig: sie erhalten weniger Sozialhilfe und Kindergeld als weiße Frauen. (Die Sätze für AFDC = Aids for Families with Dependent Children sind regional extrem unterschiedlich. Eine 4-köpfige Familie erhält 1980 in Mississippi $ 120 und in New York $ 670 im Monat).

»Asians«. Die in den vergangenen zwei Jahrzehnten eingewanderten Angehörigen dieser Minderheit haben durchschnittlich ein höheres Bildungsniveau als die einheimischen Weißen. Dennoch erzielen sie niedrigere Durchschnittseinkommen als Weiße mit vergleichbarer Ausbildung und in vergleichbarer Position[211] (eine Ausnahme innerhalb dieser Gruppe sind allein die Japaner, die sich inzwischen der weißen Vergleichsgruppe angeglichen haben). Zwar sind nach dem Zweiten Weltkrieg die Vorurteile gegenüber asiatischen Min-

derheiten schwächer geworden, aber strukturelle Diskriminierung läßt sich weiterhin nachweisen. Chiswick hat errechnet, daß im Jahre 1976 die »Kosten chinesischer ethnicity« bei $ 1.600 lagen.[212] Damit ist die Einkommensdifferenz zwischen chinesischer Mittelschicht und anglo-amerikanischer Mittelschicht gemeint. Nicht zu übersehen sind aber auch die einkommensschwachen Schichten der Minderheiten, für die sich die ethnische Subökonomie oft als Sackgasse erweist. Vier von zehn Chinesen arbeiteten 1976 in Kleinbetrieben und im Einzelhandel bei sehr niedrigem Einkommen – im Gegensatz zu einem von zehn Weißen.[213] Für die Tätigkeit in diesen ethnischen Enklaven gibt es keine Alternative; kein »moving up and out«.

Hispanics. Spanischsprechende Immigranten aus Lateinamerika, Mittelamerika und vor allem aus Mexiko haben zum Zeitpunkt der Einwanderung schlechtere Bildungsvoraussetzungen als einheimische Vergleichsgruppen und entsprechend schwächere Positionen auf dem Arbeitsmarkt. Das ist bekannt. Weniger bekannt ist jedoch, daß sich die fortgesetzte Diskriminierung auch fortsetzt, wenn sich das Bildungsniveau verbessert hat. Chiswick weist nach[214], daß jedes Jahr zusätzlicher Schulbildung das Einkommen von Mexikanern nur um 3,9 % erhöhten, während das durchschnittliche Einkommen von Anglos dadurch um 6,7 % wuchs. Die in den 80er Jahren deutlich stärkere Partizipation von Hispanics im Bildungswesen hat sich also auf dem Arbeitsmarkt nicht angemessen umsetzen lassen. Das ist vor allem zu erklären durch die hohe Beschäftigungsrate von Hispanics im sogenannten »sekundären Sektor«, womit in den USA Betriebe gemeint sind, die mit veralteten Technologien und wenig kapitalintensiv arbeiten, deren Belegschaft stark fluktuiert und deren Arbeitstätigkeiten nur gering weiterqualifizieren. Die Wahrscheinlichkeit, von einem solchen Betrieb in ein stabileres Arbeitsverhältnis im primären Sektor überzuwechseln, ist für die Angehörigen der hispanischen Minderheiten gering, und sie vergrößern sich auch nicht proportional zu den Jahren des Aufenthalts in den USA.[215] Die Arbeitslosigkeit ist, besonders bei den puertoricanischen Jugendlichen im Ballungsgebiet New York um ein Vielfaches höher als bei anglo-amerikanischen Jugendlichen, in New York sogar noch höher als bei den schwarzen Jugendlichen.

Die »Zwei-Drittel-Gesellschaft«

Insgesamt hat sich in den USA in den Jahren 1978 bis 1983 der Anteil der Bevölkerung mit prekärem Einkommen, das heißt »zwischen Armutsgrenze und Niedrigeinkommen« von 15 auf 25 Prozent erhöht[216], und das Realeinkommen der abhängig Beschäftigten ist gesunken. Das traf vor allem die 5 Millionen Arbeiter in Schwerindustrie und Automobilindustrie, deren Arbeitsplätze verschwunden sind (von den 70 Prozent, die ein neues Beschäftigungsverhältnis fanden, haben 60 % erhebliche Abstriche im Realeinkommen hinnehmen müssen).

Wie sehen die Perspektiven der Bevölkerungsgruppen unterhalb der Armutsgrenze (15 %) und knapp über der Armutsgrenze (25 %) aus?

Die Segmentierung der amerikanischen Gesellschaft in eine relativ stabil beschäftigte, integrierte Mehrheit einerseits, und eine prekär beschäftigte, randständige oder von welfare abhängige Gruppe andererseits (»Zwei-Drittel-Gesellschaft«) scheint zunehmend an Selbstverständlichkeit zu gewinnen. Das sogenannte »Jobwunder« (die neuen Arbeitsplätze der 80er Jahre, die die Beschäftigungsrate insgesamt um 16 % erhöht haben) hat an der amerikanischen »dual economy« nichts geändert. Im Gegenteil: die Mehrzahl der neuen Arbeitsplätze sind niedrig bezahlt und gering qualifiziert, und das gilt auch für die meisten der oft mystifizierten Jobs in den »high tech Industrien« (wobei diese »High tech Arbeitsplätze« ohnehin nur 3 % der neu entstandenen Arbeitsplätze ausmachen).[217]

Welche Folgen könnte eine solche Segmentierung der amerikanischen Gesellschaft haben? Wir Arbeitslosigkeit und welfare-Abhängigkeit vererbt von einer Generation auf die nächste? Ist eine marginalisierte Kaste, eine »permanent underclass«, »ethclass«, im Entstehen? Diese Gefahr sehen in Amerika nicht nur die Linken. Neo-konservative Gegner des Sozialstaats sehen eine moderne »Kultur der Armut« entstehen (Apathie, innere Abhängigkeit von sozialstaatlicher Versorgung), die in den marginalisierten Bevölkerungsgruppen von einer Generation der nächsten vermittelt wird und dadurch die Marginalisierung immer endgültiger werden läßt.*

Die öffentliche Gleichgültigkeit gegenüber hohen Arbeitslosenraten und gegenüber Armut hat in Amerika Tradition. Ebenso typisch amerikanisch – und beeindruckend – ist aber auch der Widerspruch zwischen dieser »strukturellen Vernachlässigung« von Millionen und der grenzenlosen Hilfsbereitschaft *Einzelner* im Engagement für die Leidtragenden der »öffentlichen Rücksichtslosigkeit«. In Krankenhäusern, Familienzentren, Initiativen, Schulen, Kirchengemeinden – überall trifft man Amerikaner die, schlecht bezahlt oder unbezahlt, sich irgendeinem community-Projekt widmen. Das können Spielgruppen sein zur Beratung und Entlastung von schwarzen teen-age-mothers, Ausflüge im Rahmen von gemeindenaher Psychiatrie, fund-raising für ein puertoricanisches Familienzentrum oder Ausflüge mit kürzlich eingewanderten haitianischen Familien, um ihnen »die Stadt zu zeigen« oder ein Kindermuseum. Da sind Lehrer, die in ihrer Wohnung Computergruppen für schwarze Jugendliche aus der Nachbarschaft organisieren, oder man stellt die Garage einer steel-band aus Jamaica zur Verfügung ... Hilfeleistung und Arbeiten, die unsentimental übernommen werden, gewissermaßen selbstverständlich, ohne Aufrechnen von »Überstunden«, von denen versichert wird, daß sie »großen Spaß machen«. Beeindruckend – und oft erschütternd unverhältnismäßig.

Es kann vorkommen, daß mehrere hochqualifizierte Erwachsene (Logopäden, Spieltherapeuten, Video-Filmer) sich über Monate der Entwicklung eines sprachgestörten puertoricanischen Vierjährigen annehmen und mit viel Wissen, Engagement und Fingerfarben bei dem Kind etwas reparieren, was in einer dem gesellschaftlichen Leben angeschlossenen Familie wahrscheinlich nicht erst beschädigt worden wäre: Vertrauen in die eigene Aktivität, Interesse an der

---

* Für eine solche »Kultur der Armut« und ihre »Vererbung« gibt es allerdings noch keine empirischen Anzeichen. Die Michigan Panel Study of Income Dynamics zeigt für die 80er Jahre, daß »zunehmend mehr Amerikaner zu irgendeinem Zeitpunkt ihres Lebens unterhalb der Armutsgrenze« leben, aber innerhalb der einzelnen Biographien ist Armut und Arbeitslosigkeit bislang weniger endgültig als oft vermutet.[218]

Umwelt ... und während dieses Kind sich gegen Ende der Therapie auf die Schule freut, steigen seine älteren Geschwister gerade aus. Warum früh aufstehen, wenn man doch keinen Sitzplatz in der Schule findet, oder nur einen auf der Fensterbank. ... Den Teams der Familienzentren und community-Projekte sind solche Zweifel nicht fremd. Gewiß sind das nur Inseln, sagen sie, aber wenigstens diesem einzelnen Kind habe man jetzt helfen können. Auf gesellschaftliche Entwicklungen habe man doch keinen Einfluß. Prinzipiellere Überlegungen erscheinen in den USA rasch als bloße Ideologie, und davon erwartet man sich nichts.

Es scheint im Augenblick keine gesellschaftlichen Kräfte zu geben, die *gesamtgesellschaftliche Auswege* aus diesem zunehmend segmentierten Amerika vorschlagen. Modelle einer alternativen Verteilung von gesellschaftlicher Arbeit, eine allgemeine Arbeitszeitverkürzung zur Schaffung neuer Arbeitsplätzen werden in den USA selbst in akademischen Zirkeln erst ansatzweise diskutiert; einer breiteren Öffentlichkeit bekannt wurden allenfalls Vorschläge, zumindest die Überstunden, die bei Vollbeschäftigten immer noch zur Regel gehören, stärker zu besteuern.[219]

Da das Realeinkommen vieler Amerikaner heute niedriger ist als noch vor einer Generation[220], würden weitere Lohneinbußen zugunsten des »Großen und Ganzen« auf Widerstand stoßen. Die Tendenz, auf mehr Einkommen zugunsten von mehr Freizeit zu verzichten, ist schon seit Ende der dreißiger Jahre zum Stillstand gekommen. Die Beschäftigten erhalten ihren Anteil an gestiegener Produktivität lieber in Form von höheren Löhnen, als in Form von Freizeit oder »humanisierten Arbeitsplätzen« (»to enrich the job enrich the paycheck« – um die Arbeit attraktiver zu machen, muß das Gehalt attraktiver werden – diese Antwort kam von der Gewerkschaftsbasis gegen Humanisierungs-Ansätze in den siebziger Jahren).

Modelle der gesellschaftlichen Umverteilung von Arbeit durch Arbeitszeitverkürzung stoßen aber noch aus einem anderen wesentlichen Grund auf wenig Resonanz: die amerikanische Arbeitsethik, von der Bundesrepublik aus oft mit Erstaunen und Bewunderung beschrieben.[221] Seit Jahrzehnten bestätigen Umfragen eine hohe artikulierte Arbeitszufriedenheit, weniger als Loyalität zu einem bestimmten Betrieb, sondern als positive Grundeinstellung zur Arbeit und ihrer kulturellen und expressiven Bedeutung. In einer berühmten Studie gaben 1953 80 Prozent der Befragten an, weiter zu arbeiten, selbst wenn sie es sich leisten könnten, aufzuhören. 1971 waren es immerhin noch 74 Prozent der Männer und 60 Prozent der Befragten insgesamt.[222] Die »work deprivation« wird immer wieder als Hauptproblem älterer Menschen beschrieben, obwohl sie in den USA erheblich mehr beschäftigt sind als in westeuropäischen Ländern, und 1990 im Gegensatz zu anderen Industrieländern das Rentenalter in den USA auf 67 Jahre angehoben werden wird.

»Arbeit« scheint weiterhin unverändert positiv besetzt. Aber natürlich haben sich nicht nur deshalb die Zahlen der berufstätigen amerikanischen Frauen in 25 Jahren fast verdoppelt (von 28 Millionen 1960 auf 51 Millionen 1985), sondern aus materieller Notwendigkeit: eine Mittelschichtfamilie kann heute ihren Status nur mit zwei Gehältern halten.

Gesunkenes Realeinkommen und intakte amerikanische Arbeitsethik, wie auch immer: nur als Arbeitsplatz-Besitzer kann man sich in Amerika wirklich integriert fühlen. I LOVE MY JOB, versichern Sekretärinnen an Arbeitsplätzen, deren Bedingungen in den Augen der deutschen Besucherin einfach miserabel sind. Damit kann nicht der Arbeitsplatz im engsten Sinn gemeint sein, vielmehr klingt es nach Entschlossenheit: den Boden nicht unter den Füßen zu verlieren, sich nicht abdrängen zu lassen.

Wie werden dann die Arbeitslosen wahrgenommen, und wie nehmen sie sich selbst wahr? Eine Gesellschaft, die so gebannt auf die »achievers«, auf die Erfolgreichen, starrt: welche Tröstungen hält sie für die Marginalisierten bereit? Daß sie auch Amerikaner sind, trotz allem? An der amerikanischen Weltmachtstellung teilhaben? Oder »ethnicity«?

In der puertoricanischen community. Als Manuel Garcia nach einer Chemotherapie alle Haare ausfielen, ließen sich fünfzig seiner Verwandten und Freunde die Köpfe kahlscheren. Milwaukee, 1985. (AP)

Nachwort: Zurück zur Bundesrepublik

Die Einwanderungsgeschichte der USA bietet eindrucksvolle Beispiele, wie einige anfangs heftig diskriminierte Gruppen, »ihren Weg gemacht haben«, auch manche erst in jüngster Zeit eingewanderten Gruppen – z.B. die Filipinos, Kubaner, Koreaner. Aber was können wir daraus für die Lage der Minderheiten in unserem Land lernen? Von »Förderquoten für Ausländerminderheiten« an Betrieben oder an Hochschulen wird hier so bald nicht die Rede sein. Verlängert der Vergleich mit der »Nation of Immigrants« die Legende vom amerikanischen Traum?

Gewiß sind die amerikanischen Schattenseiten nicht zu übersehen: Die Einkommensverteilung beispielsweise, die sich in den USA heute wieder der der späten vierziger Jahre angenähert hat. Ein Einwanderungsland, in dem Armut und Arbeitslosigkeit nach wie vor so deutlich rassisch und ethnisch bestimmt sind, ist keines, mit dem man sich nur identifizieren wird. Aber auch solche Einschränkungen lassen sich von der Bundesrepublik aus vergleichsweise bequem beschreiben: Wir sind nicht verantwortlich für die jenseits des Atlantiks ungelösten Probleme. Ist die Faszination durch die »amerikanischen Verhältnisse« möglicherweise eine besondere Form der Auswanderung?

Deshalb der Blick zurückgelenkt auf die Bundesrepublik, auf die Zukunft unserer Ausländerminderheiten. An drei Problemkreisen soll zum Schluß zusammengefaßt werden, was mir an der Lage von Minderheiten durch den Vergleich mit den USA deutlicher geworden ist. Es geht noch einmal um die Frage, ob die Bundesrepublik

»Einwanderungsland« ist, dann um die Perspektiven von Ethnizität, und zuletzt um das Verhältnis der Deutschen zu diesen neuen Minderheiten.

1. Auf die Frage, ob die Bundesrepublik wirklich »Einwanderungsland« ist (verstanden als ein Land, für das die Tatsache von Einwanderung bestimmend ist in Geschichte und Gegenwart), gibt es zwei Antworten, zwei entgegengesetzte aus unterschiedlicher Perspektive.

Von der großen Mehrheit der hier lebenden Ausländer aus gesehen, ist die Bundesrepublik eindeutig Einwanderungsland. Die rechtsstaatlichen Mittel der »Rückkehrförderung« sind mittlerweile ausgeschöpft. Diejenigen die sich trotz »Rückkehrprämien«, trotz verstärktem öffentlichen Druck und der alltäglichen Erfahrung von Ausländerfeindlichkeit dennoch zum Bleiben entschlossen, haben inzwischen einige Krisen durchgestanden. Daß sie blieben, mag in einigen Fällen Ausdruck gelungener Integration sein, oder der Hoffnung auf eine gelingende Integration zumindest der Kinder. In den meisten Fällen fiel wohl die Entscheidung für die Bundesrepublik, weil es keine Alternativen gab: die Arbeitsplätze in den Herkunftsländern sind nicht mehr geworden, und vor allem die Kinder sind dem Herkunftsland kulturell entfremdet. Diese Angehörigen der Ausländerminderheiten (daß ihre Gesamtzahl von ca. viereinhalb Millionen bis in die neunziger Jahre stabil bleiben wird und sich auch nicht durch die »Süd-Erweiterung« der EG dramatisch verändert, halte ich für eine realistische Prognose), leben inzwischen in der Bundesrepublik unter subjektiv anderen Voraussetzungen als die »Gastarbeiter« und »Ausländer« der sechziger und siebziger Jahre. Sie sind längst nicht mehr Neuankömmlinge mit individuellen Anpassungsproblemen; ihre Probleme sind zunehmend weniger die Divergenzen zwischen Herkunftsgesellschaften und »moderner Industriegesellschaft«. Nicht mehr so sehr die »Tradition der Herkunftskulturen« prägen heute das Leben von Ausländern der Zweiten und Dritten Generation, sondern die aktuellen äußeren Lebensumstände in Deutschland, die Integrationschancen, die der hiesige Arbeitsmarkt und die deutsche Gesellschaft bieten. Von der Subjekt-Seite her muß man von einer dauerhaften Niederlassung sprechen; vier Millionen Menschen sind eingewandert. Das war nicht Ergebnis eines einmaligen Willensaktes, sondern ein jahrelanger *Prozeß*. Daß die Eingewanderten bislang ihre Staatsangehörigkeit nicht wechseln, ändert an dieser Tatsache nichts.

Das sind die Argumente für die Auffassung, daß sich dieser Nationalstaat unter der Hand in ein Einwanderungsland verwandelt habe. Ein entscheidender Unterschied zu Einwanderungsländern wie den USA oder Australien wird dabei jedoch übersehen: unsere Grenzen sind geschlossen für weitere Einwanderer, und sie sollen es nach dem erklärten Willen der Deutschen auch bleiben. Nicht eine einzige politische Gruppierung setzt sich hier für eine Änderung dieser Restriktion ein. (Laut einer Umfrage waren 1985 sogar fast die Hälfte der Grünen-Wähler gegen eine Erweiterung des Familiennachzugs.) Es gibt hier, anders als in den USA, keinen Grundkonsens darüber, daß Einwanderung »dazugehört«, »unvermeidlich« ist, bestimmend in Geschichte und Gegenwart. Die Bundesrepublik hat in einer begrenzten historischen Phase Arbeitsmigranten angeworben und tut sich heute mit den unvorhergesehenen »Folgeproblemen« (der dauerhaften Niederlassung und dem in einer Demokratie unabweisbaren Anspruch auf Gleichbehandlung der Zweiten und Dritten Generation) schwer. Ausländerprobleme werden im praktischen Verwaltungsvollzug weiterhin als »Sondermaßnahmen« behandelt, und es kann noch heute vorkommen, daß in einem kommunalen Jugendplan die ausländischen Kinder und Jugendlichen einfach »vergessen« werden, so daß ein »gesonderter Nachtrag« erstellt werden muß. Stück für Stück müssen diesem Land die Konzessionen abgerungen werden. (Es wird z.B. neuerdings in bildungspolitischen Gremien erwogen, mit der neuen Kategorie »Bildungs-Inländer« für Abiturienten der Zweiten Generation zu verhindern, daß diese Studienanfänger an der Zulassungsbeschränkung für »ausländische Studenten« scheitern.)

Geschichte, Institutionen, politische Kultur und Alltagskultur sind hier nie multi-ethnisch gewesen. Es gibt in Europa viele Kulturen auf engstem Raum – aber getrennt durch nationale Grenzen. Für ein Nebeneinander verschiedener Kulturen *innerhalb* staatlicher Grenzen gibt es kaum Vorbilder.

Gewiß ist es nicht das erste Mal, daß Ausländer-Minderheiten auf deutschem Boden leben. Anfang des 20. Jahrhunderts bauten italienische Arbeiter die Berliner U-Bahn, Polen arbeiteten in den Bergwerken des Ruhrgebiets, während des Faschismus wurden sieben Millionen Fremdarbeiter nach Deutschland verschleppt. Nur: wer außer einigen Akademikern weiß das, wer erinnert daran? Im Alltagsbewußtsein spielt die Vorgeschichte der »Gastarbeiterbeschäftigung« keine Rolle; man fängt immer wieder bei Null an, mit jeder eingewanderten Minderheit. In der deutschen Alltagskultur haben die vorangegangenen ethnischen Minderheiten kaum Spuren hinterlassen. Das ist in den USA substantiell anders; dort hat eine jahrhundertelange Routine im Umgang mit Neulingen, mit Einwanderern, die Alltagskultur geprägt. Es wäre schlecht vorstellbar, was in nordhessischen Dörfern passierte: türkische Familien wurden in – muttersprachlich abgefaßten – Mitteilungen darauf hingewiesen, daß sonntags keine Wäsche aufzuhängen ist. Was es bedeutet, »Amerikaner« zu sein, ist nicht so eindeutig definiert; der amerikanische »mainstream« hat fließende Ränder. Der deutsche »mainstream« ähnelt demgegenüber einem zementierten Flußbett.

2. Perspektiven von »Minderheiten-Ethnizität« in der Bundesrepublik.

Für Amerika haben wir verschiedene Spielarten von Ethnizität beschrieben. Am sichtbarsten ist diejenige, die sich im amerikanischen Kulturbetrieb und Mittelschicht-Konsum verankern konnte, die sogenannte *»optional ethnicity«,* eine freiwillige Besinnung auf Elemente verschiedener Einwanderer-Herkunftskulturen. Diese ethnicity wirkt auf den europäischen Besucher vor allem amerikanisch, und mit gutem Grund: Voraussetzung für die Hochschätzung von »ethnischer Geschichte«, ethnischen Namen, ethnischem Essen, war die vorangegangene Integration und Amerikanisierung der Einwanderer-Minderheiten. Erst auf dieser Basis ist eine solchermaßen entspannte, »ästhetische« Ethnizität möglich, eine, die das soziale Fortkommen der Einzelnen nicht gefährdet. Zu einer solche souveränen, für den Einzelnen unschädlichen Ethnizität ist es bei uns für Minderheiten der Zweiten und Dritten Generation – vom Rechtsstatus her ja weiterhin »Ausländer« – noch ein weiter Weg.

Eine ganz andere Form von ethnischer Prägung ist die von den Einwanderern »mitgebrachte«, eine im Kontakt zum Einwanderungsland noch nicht transformierte, in diesem Sinn also authentische, *unbewußte Ethnizität.* Sie wird man vor allem antreffen in Unterschichten von Einwanderer-Minderheiten in Amerika und bei den erst kürzlich Zugewanderten. In den USA wie in der Bundesrepublik erweist sich diese Ethnizität, die in vielem dem ähnelt, was Oscar Lewis als »Kultur der Armut« beschrieben hat, als Hemmnis der sozialen Integration. Sie gerät in Widerspruch zu den Verhaltenserwartungen des Bildungswesens und des Arbeitsmarktes (jedenfalls in den qualifizierteren Tätigkeiten). Diese »unmoderne« Ethnizität erweist sich auch als Hemmnis im Kontakt zu Einheimischen – allerdings eindeutiger bei uns als in den USA, wo man mit dem Anblick von Armut zugleich toleranter und gleichgültiger umgeht, wo Armut weniger soziale Berührungsängste auslöst als bei uns. Solche unwillkürliche, »authentische« Ethnizität hat bei uns keine Zukunft.

Wenn die Zurückweisung der »mitgebrachten« Ethnizität im Einwanderungsland nicht aufgewogen wird durch Integrationschancen, wenn wie in den USA, in Großbritannien, Frankreich und der Bundesrepublik die Risiken der Arbeitslosigkeit deutlich schärfer die Einwanderer treffen, kann sich in Teilen der Einwanderer-Minderheit eine *reaktive Ethnizität* herausbilden, eine offensive »Rückbesinnung« auf strategisch interpretierte Elemente der Herkunftstraditionen. Beispiele für solche reaktive Ethnizität ist die »Algérianité« der nord-afrikanischen Jugendlichen im Frankreich der 70er Jahre, der Rasta-Kult in englischen Einwanderer-Vierteln, die Re-Islamisierung bei türkischen Familien in Deutschland. Eines ist diesen ethnisch-ideologischen Bewegungen gemeinsam: sie sind ausgelöst durch die in Frankreich, Großbritannien, Deutschland erfahrene Diskriminierung, sie sind Ersatz-Identität, Selbstbehauptung. In solchen Gegenkulturen wird das Fremdstereotyp der Einheimischen – offensiv – zum Selbststereotyp verkehrt. Die in solchen Bewegungen angelegten Elemente von Selbst-Gettoisierung wirken sich negativ aus vor allem auf die Beschäftigungschancen von Jugendlichen: Arbeitgeber befürchten die Übertragung der »vom Slum geprägten Mentalität« auf den Arbeitsplatz. Dann schließt sich der

Kreis: Arbeitslosigkeit ist eine der Ursachen für reaktive Ersatz-Identität, und diese wiederum erzeugt ein Verhalten, das den Arbeitsmarkt erst recht verschließt.

Eine vierte Spielart von Ethnizität haben wir in den USA am Beispiel der »ethnischen Nischen in der Ökonomie« beschrieben. Diese *materiell gestützte Ethnizität* kommt ohne Ideologie und Programm aus, sie ist weder modisch, noch stigmatisiert sie den Einzelnen. Eine derartige »selbstverständliche« Ethnizität, eine, die dem Einzelnen Lebensperspektiven anbietet, hat in der Bundesrepublik noch kaum Voraussetzungen. Der Ausbildung eines nennenswerten »ethnic business« haben deutsche Standesorganisationen und Handwerkskammern (vermittelt über die Ausländerbehörde) bisher einen Riegel vorgeschoben. Die wenigen Ausnahmen (etwa die in Berlin von Ausländern geführten 600 Flickschneidereien, die Reisebüros, Gemüseläden, Restaurants) ändern an dieser Tatsache nichts: sie wirtschaften isoliert, es hat sich um sie herum kein kulturelles Umfeld gebildet, es gibt hier nicht einen der USA vergleichbaren ethnischen Mittelstand. Die in diesem Bereich weiterhin versperrte Integration (Minderheiten gelten allgemein dann als »integriert«, wenn sich in ihnen die Klassenpyramide der dominanten Gesellschaft abbildet) verhindert bislang ein pluralistisch-gleichberechtigtes Nebeneinander verschiedener Ethnizitäten.

3. Deutsche und Ausländer

Daß die Deutschen im Umgang mit Fremden steif sind, haben sie immer wieder zu hören bekommen. Der Nachweis, daß die Bundesrepublik inzwischen »faktisch« ein multi-ethnisches Land ist, wird an diesem Verhalten zunächst wenig ändern. Man ist hier rasch irritiert durch Ungewohntes. Ausländer, die ihr halbes Leben hier verbracht haben, empfinden die deutsche Lebensweise als so übereindeutig, daß der Weg zu einer Zugehörigkeit durch Einbürgerung bisher verstellt schien. »Italo-Deutscher«? »Turko-Deutscher«? Ein Konzept wie die amerikanische Bindestrich-Identität findet in der Bundesrepublik kaum die nötigen Voraussetzungen.

Merkwürdig ist andererseits, wieviele Deutsche eben diese »Steifheit«, »Kälte« kritisieren, wie sie geradezu ein kritisches Selbststereotyp geworden ist. Sieht man sich um in den Anfang der achtziger Jahre erschienenen Publikationen zu Ausländerproblemen – jährlich rund tausend, von fast ausnahmslos deutschen Verfassern –, trifft man immer wieder auf diese Selbstanklage. Zur Realität der »deutschen Kälte« – die zweifellos existiert – gehört also auch die kritische Einstellung zum eigenen Verhalten.

Dieser Selbstverdacht gegenüber dem deutschen Verhältnis zu Minderheiten ist ein Erbe, das der Faschismus der jüngeren Generation hinterlassen hat, mit der positiven Folge einer erheblich stärkeren öffentlichen Sensibilität gegenüber den Anfängen von Rassismus als etwa in der Schweiz, Frankreich oder Großbritannien.

Eine deutliche Parallele zwischen den USA und der Bundesrepublik ist der in beiden Ländern nach dem Zweiten Weltkrieg stark zurückgegangene Rassismus auf der Einstellungsebene. In beiden Ländern ist inzwischen der Rassismus moralisch sanktioniert, es gehört zum positiven Selbstbild, nicht rassistisch, nicht ausländerfeindlich zu sein. Gemäß einer Umfrage (1985) hält sich die große Mehrheit der Deutschen selbst nicht für ausländerfeindlich (wohl aber die Mehrheit der »anderen Deutschen«!) Ein moralisch so hochbesetztes Problem ist für den Einzelnen natürlich unbequem, man würde es gern für gelöst halten. In einer Rangliste der dringendsten sozialen Probleme wiesen 1985 die Deutschen dem »Ausländerproblem« nur den 28. Platz zu. Auch die öffentliche Aufmerksamkeit gegenüber Integrationsfragen wirkt inzwischen etwas ermüdet. Die »tickende Zeitbombe«, als die das Ausländerproblem Ende der siebziger Jahre dargestellt wurde, scheint entschärft, es kam nicht zu gewalttätigen Auseinandersetzungen wie in England, Schritte zur Integration wurden eingeleitet, die Bundesrepublik hat sich dem Problem gewachsen gezeigt. Wo schon nicht die Minderheiten integriert sind, ist zumindest doch das *Problem* integriert, so könnte man meinen.

Aber Probleme verschwinden nicht dadurch, daß seltener über sie gesprochen wird. Ein Indiz dafür wurde der Erfolg von Wallraffs »Ganz unten« 1985. Der Erfolg dieser Sozialreportage mag unter anderem darauf zurückzuführen sein, daß Wallraff das aktuelle Ausländerproblem, das wesentlich eines der *Konkurrenz* mit der kulturell integrierten Zweiten und Dritten Generation ist, umdeutete in ein moralisches. Mit seiner Darstellung der Türken als anspruchslosen Opfern rief er in den Lesern die Erinnerung wach an Zeiten, in denen die Unterschichtung durch Gastarbeiter noch eindeutig gewesen war, Zeiten, in denen das Verhältnis zu Ausländern nicht menschlich vorbildlich war, aber für die Deutschen leichter zu handhaben. Die »Betroffenheit« der Leser, ihr Mitleid, setzte sie wieder ein in unangefochtene Überlegenheit und entlastete vom Druck des Problems, das Deutsche und Ausländer der Zweiten und Dritten Generation beschäftigt: die Konkurrenz um Lehrstellen und Arbeitsplätze, um die knapper gewordenen »Chancen«.

Diese Studie versucht zur Auflösung des unproduktiven Gegensatzes zwischen einem öffentlichen nahezu unauffällig gewordenen »Ausländerproblem« und einem kollektiv schlechten Gewissen beizutragen. Der Vergleich mit Einwanderungsgeschichte und Integrationspolitik in den USA soll die Aufmerksamkeit lenken auf Handlungsfelder (Sektoren des Arbeitsmarkts, Bildungswesen, Wohnumwelt, das Verhältnis zu ethnischen Traditionen), in denen konkrete Integrationsschritte – ähnliche oder gerade ganz andere – möglich gemacht werden können.

Anmerkungen

1 In einer als »Kühn-Memorandum« bekannt gewordenen Rede beschrieb der Ausländerbeauftragte der sozialliberalen Koalition, Karl Heinz Kühn, 1978 die Umrisse einer neuen Integrationspolitik für »Gastarbeiter« und ihre Familien.

2 vgl. Ira S. Lowry: The Science and Politics of Ethnic Enumeration. In: Van Horne (Hg.), 1982 S. 42–61. Und: Charles A. Price: Methods of Estimating the Size of Groups. In: Thernstrom u.a. (Hg.), 1980, S. 1033–1044

3 Richard Easterlin: Ökonomische und soziale Aspekte der Einwanderung. In: Elschenbroich (Hg.), 1985, S. 28

4 William S. Bernhard: Immigration. History of US-Policy. In: Thernstrom u.a. (Hg.), 1980, S. 489

5 Philip Gleason: American Identity and Americanization. In: Thernstrom u.a. (Hg.), 1980, S. 35

6 Fo I kin wash an' iron a shirt
An' I kin scrub a flure;
an' I kin starch a collar as stiff
As any Chineseman, I'm sure;
But there dhirty, pigtailed haythens,
An' ther prices they are paid
Have brought me to the state you see
They've entirely ruint the trade.
(Richard Lingenfelter, Richard Dwyer, David Cohen: Songs of the American West. Berkeley 1968).

7 Higham, 1984, (rev. Vorwort)

8 Richard Easterlin, in: Elschenbroich (Hg.), 1985, S. 39

9 Century Magazine, Juli 1914

10 Edward Alsworth Ross (1914)

11 Reed Ueda: Naturalization and Citizenship. In: Thernstrom (Hg.), 1980, S. 744

12 Mona Harrington: Loyalties, Dual and Divided. In: Thernstrom (Hg.), 1980, S. 685

13 Von den mehreren tausend nach 1920 deportierten »aliens« waren 90 % Russen

14 Polenberg, 1980

15 zit. Higham, 1984, S. 63

16 R. Easterlin, in: Elschenbroich (Hg.), 1985, S. 48

17 Herbert Kitschelt: Zur Dynamik neuer sozialer Bewegungen in den USA. Strategien gesellschaftlichen Wandels und »American Exceptionalsm«. In: Brand, (Hg.), 1985

18 Lloyd deMause, (1984) widmete ihnen ein ganzes Buch.

19 66 % für Beschränkung der legalen Einwanderung, 91% für verstärkte Maßnahme gegen illegale Einwanderung (Roper Organization 1982).

20 US Department of Justice. Annual Reports of the Immigration and Naturalization Service. 1983

21 Census Bureau 1980, zit. US News & World Report 12.4.1982, S. 25

22 Handlin, 1973 (Einleitung)

23 Cafferty u.a., 1983

24 New York Times: »Asian Americans Question Ivy League's Entry Politics.« 30.5.85

25 B. Ostendorf (Hg.), 1983 (Einleitung)

26 New York Times, 18.9.1984, vgl. auch Kapitel IV

27 US Select Commission on Immigration and Refugee Policy: US Immigration and the National Interest. Washington D.C. 1981, S. 3

28 Im Schlußbericht dieser Kommission ist von »3,5-6 Millionen illegaler Einwanderer« die Rede. Das Census Bureau kam zu dieser Annahme aufgrund von Daten der 70er Jahre. Für die 80er Jahre erklärt das Census Bureau seine Hilflosigkeit folgendermaßen: »Leider sind wir nicht zu definitiven Schätzungen der Gesamtzahl illegaler Einwanderer gelangt, noch können wir genaueres über die Ausmaße der derzeitigen illegalen Einwanderung aussagen« (zit. Vernon M. Briggs Jr: Employment Trends and Contemporary Immigration Policy. In: Glazer (Hg.) 1985, S. 134)

29 Edwin Harwood: How Should We Enforce Immigration Laws? In: Glazer (Hg.), 1985, S. 77

30 Newsweek 6/1983

31 Allgemein wird geschätzt, daß etwa 60 % der illegalen Einwanderer aus Mexiko stammen, 20 % aus der Karibik, und die restlichen 20 % aus anderen Ländern. Vgl. Vernon M. Briggs, in Glazer (Hg.) 1985, S. 147. Und L.A. Times, 7.5.1983: »Census Slashes Estimate on Illegal Aliens«. Demnach leben in den USA doppelt soviel illegale wie legale Einwanderer aus Mexiko.

32 New York Times 24.5.1985: »Senate Gets New Version of Immigration Bill«
33 Auch andere prominente Demokraten stimmten gegen Simpson-Mazzoli: Alan Cranston (»ein Schritt in Richtung Polizeistaat«), und Edward Kennedy. Los Angeles Times, 19.5.1983
34 Ben J. Wattenberg: The Good News is The Bad News Is Wrong. NY 1984, S. 77 ff, und Business Week 14. Mai 1984
35 Orlando Patterson: The Emerging West Atlantic System. Migration, Race and Culture in the US and Circum-Carribbean Region. Harvard-Draeger Conference on Population Interactions Between Poor and Rich Countries, Ms. masch. Cambridge/Mass. 1984
36 »Einige Gerichte scheinen die wechselseitige Abhängigkeit der Nationen als Rechtfertigung für eine permissivere Haltung gegenüber Fremden zu interpretieren, als einen Tatbestand, der die scharfen Grenzen zwischen Regierung und Fremden, zwischen »uns« und »ihnen« (wie sie in den klassischen Einwanderungsgesetzen noch gezogen waren) aufweicht.« Peter H. Schuck: Immigration Law and the Problem of Community. In: Glazer (Hg.), 1985 S. 295
37 Ebd.
38 Light, 1984, und ders.: Immigrant Entepreneurs in America: Koreans in Los Angeles. In: Glazer (Hg.), 1985
39 Peter I. Rose: From Pariahs to Paragons. In: Glazer (Hg.), 1985
40 Mario Puzo, In: Wheeler (Hg.), 1971, S. 46
41 Stein, 1977
42 Victor Greene: Poles. In: Thernstrom u.a. (Hg.) 1980
43 »Never in our history have issues been more clear«. Basil Manley zu Roosevelt, 1. Mai 1941. Roosevelt Papers, PPF 1820
44 Erst explizit in: Terkel, 1984
45 Terkel, 1984, S. 9
46 Ulric Bell and William B. Lewis zu Archibald McLeish, Feb. 1942, zit. bei Polenberg, 1980, S. 47
47 Zit. bei Polenberg, 1980, S. 48
48 Zit. nach Raeithel, 1981, S. 9
49 Polenberg, 1980, S. 75
50 Vgl. den interessanten Katalog: Ethnic Images in Advertising (zur Ausstellung unter gleichem Titel im Balch Institute for Ethnic Studies). Philadelphia 1984, S. 11
51 Mary Watters: Illinois in the Second World War. Springfield 1951, Bd. 1 S. 272 und 276
52 Polenberg, 1980, S. 49 f
53 Ebd., S. 52
54 Ebd., S. 146
55 Ebd., S. 151

56 Harry H.L. Kitano: Japanese. In: Thernstrom u.a. (Hg.) 1980, S. 561–571

57 Polenberg, 1972, S. 62 f

58 Ebd., S. 61

59 Auch der Supreme Court hat in zwei Urteilen die Rechtmäßigkeit des »internment« bestätigt. (Hirabayashi vs. United States, 1943, und Korematsu vs. United States, 1944). Vgl. Heller, 1952, S. 624 ff

60 Lindbergh, 1961, S. 321

61 Polenberg, 1972, S. 4

62 Romanucci-Ros/de Vos (Hg.) 1982, S. 36

63 Terkel, 1984, S. 266

64 Polenberg, 1972, S. 100

65 Los Angeles Times, 3.8.83: Governors Reject Internee's Reparations.

66 Frankfurter Allgemeine Zeitung, 2.7.83

67 Polenberg, 1980, S. 70

68 Sterling A. Brown: Count Us In. In: Rayford Logan (Hg.): What the Negro Wants. Chapel Hill 1944, S. 38

69 Polenberg, 1980, S. 69

70 Earl Brown: Why Race Riots? Lessons from Detroit. New York 1944. Und: Robert Shogan, Tom Craig, 1964

71 Thomas C. Holt: Afro-Americans. In: Thernstrom u.a. (Hg.) 1980, S. 17

72 Myrdal, 1944, S. 1015

73 Terkel, 1984, S. 131

74 Time Magazine, Spt. 1944

75 Polenberg, 1972, S. 40

76 »Our first embarassing war« (Terkel 1984, S. 96)

77 Sloan Wilson: The Man in the Grey Flannel Suit. 1955

78 Mario Puzo, In: Thomas Wheeler (Hg.) 1971, S. 46

79 Eric Larabee: The Six Thousand Houses that Levitt Built. Harper's, Sept. 1948, S. 84

80 John Keats: The Crack in the Picture Window. Boston 1957

81 Joshua A. Fishman, 1966

82 Polenberg, 1980, S. 116 f

83 Gans, 1967, S. 85

84 Stanley Rowland: Suburbia Buys Religion. The Nation, Juli 1956, S. 78 ff

85 Greeley, 1971, S. 15

86 Hansen, 1940

87 »Everybody's Search for Roots«. Newsweek, 4.7.1977, S. 26 ff

88 Nathan Glazer/Reed Ueda, 1983

89 Einige dieser Schulbücher: Our American Heritage von Herbert J. Bass u.a. (Silver Burdett, 1979); The Pageant of American History

von Gerald Leinwand (Allyn and Baccon, 1975); A History of Our American Republic von Glenn M. Linden u.a. (Laidlaw Brothers [A Division of Doubleday], 1979); People and Our Country von Norman K. Risjord/Terry L. Haywoode (Holt, Rinehart and Winston, 1978); These United States von James P. Shenton u.a. (Hougthon Mifflin, 1978); und Rise of the American Nation von Lewis Paul Todd/Merle Curti (Harcourt, Brace, Jovanovich, 1977).

90 National Project on Group Identity and Mental Health
Institute of Human Relations, American Jewish Committee, New York City, Irving Levine, Director
Center for the Study of American Pluralism
National Opinion Research Cententer, Chicago. Illinois. Reverend Andrew Greeley, Director
National Center for Urban Ethnic Affairs
Affiliated with the U.S. Catholic Conference. Catholic University, Washington, D.C. Monsignor Geno Baroni. Director
Center for Immigration Studies
St. Paul, Minnesota, Rudolph Vecoli, Director
Center for Migration Studies
New York City, Reverend Silvano Tomasi, Director
New York Center for Ethnic Affairs
New York City, Ralph Perotta, Director
Slavic-American Studies
New York City, Peter Goy, Director
Italian-American Studies
Queens College, Flushing, New York. Richard Gambino, Director
Multi-Culture Institute
San Francisco, California, Frances Sussna, Director
Pennsylvania Ethnic Heritage Studies Center
University of Pittsburgh, Pennsylvania
Kent State University
Kent, Ohio, Offering an Ethnic Heritage Major; Ethnic Studies Certificate Programs in Hellenic, Jewish and Lithuanian Studies
St. Mary's College, Center for Polish Studies and Culture
Orachard Lake, Michigan. Reverend Leonard Chrobot, Academic Dean
Programs of ethnic studies: Joint Center on Urban Studies of Harvard, M.I.T., Queens College (City University of New York)
EMPAC: Ethnic Millions Political Action Committee
Bayville, New York Michael Novak, Director seit 1974)
The Ford Foundation und die Rockefeller Foundation
(Stein/Hill, 1977) vgl. auch: Richard Kasinec: Quellen und Forschungszentren. In: Elschenbroich (Hg.) 1985, S. 199 ff

91 Vgl. D. Elschenbroich: Einwanderung, Amerikanisierung und ethnicity. Bibliographie. In: Elschenbroich (Hg.) 1985, S. 244 ff
92 »New Dimensions« (Balch Institute for Ethnic Studies, Philadelphia, Penn.) Sommer 1984
93 Besonders eindrucksvolle oral history Interviews in: Morrison/Zabusky, 1980 und Tamara Hareven u.a., 1978
94 Vgl. vor allem den Roman von Ole Rølvaag: Giants in the Earth. 1927
95 Hier ist Raeithels These von der »Objektschwäche« und der psychostrukturellen »Bindungslosigkeit« der Einwanderer sicher nicht ganz haltlos (vgl. Raeithel, 1980)
96 S. jedoch Gero Lenhardt: Untersuchungen zum bürokratischen Ethnozentrismus. (Max Planck Institut für Bildungsforschung, Berlin) 1982
97 Orlando Patterson: The Nature, Causes and Implications of Ethnic Identification. In: Fried (Hg.) 1983
98 Weber, 1972, S. 234
99 Ebd., S. 237
100 Ebd.,.
101 Stein/Hill, 1977
102 Weston La Barre, (1975), Anthropologial Perspectives on Hallucination. In: Siegel/West (1975), S. 11 ff
103 Georges Devereux: Ethnic Identity. Its logical Foundations and its Dysfunctions, In: Romanucci-Ros/de Vos (Hg.), 1982, S. 58
104 Man kann z.B. nur heute einen »reinen«, stilechten Louis XIV.-Salon einrichten. Zu Zeiten von Louis XIV. selbst standen dort noch Möbel aus anderen Epochen herum, Portraits von Vorfahren, etc.
105 Glazer/Moynihan, 1963
106 Stein, 1984, S. 520
107 Stein/Hill, 1977, S. 3
108 Barth, 1969
109 McGoldrick u.a., (Hg.), 1983
110 Stein/Hill 1977, S. 57
111 Mike Thelwell: As Sounding Brass or a Tinkling Cymbal. Modernist Fallacies and the Responsibility of the Black Writer. In: Chametzky (Hg.), 1983, S. 43 ff
112 Georges Devereux: Ethnic Identity, Its logical Foundations and its Dysfunctions, in: Romanucci-Ros/de Vos (Hg.), 1982, S. 68
113 Novak, 1972, S. 238 ff
114 Ebd., S. 8
115 Greeley, 1971, S. 14
116 Esquire, Dez. 1985, S. 246
117 Novak, 1972, S. 228

118 »Poletown Lives!« Ein Dokumentarfilm von George L. Corsetti, Jeanie Wylie, Richard Wieske. Detroit 1983
119 Steinberg, 1981
120 Milton Gordon, 1964
121 G. Myrdal, 1974
122 Irving Howe: The Limits of Ethnicity. The New Republic 6/1977, S. 19
123 B. Ostendorf, 1983, S. 8
124 Michael Olneck/Marvin Lazerson: Erziehung. In: Elschenbroich 1985, S. 152 f
125 New York Times, 19.11.1978
126 H. Gans, 1962
127 Tricarico 1984 a
128 Ebd., S. 79
129 R. Hoff, 1974, S. 121
130 Red Cross Magazine, Sept. 1919, zit. Thomas Park 1921, S. 275
131 Melford Spiro, zit. Stein/Hill, 1977, S. 144
132 H. Stein, 1978
133 Ebd., S. 299
134 McGoldrick u.a. (Hg.) 1982 S. XIII f
135 Mark Zborowski, 1969
136 Zola, 1966
137 Giordano/Giordano, 1977
138 Patrick Blessing: Irish. In: Thernstrom u.a. (Hg.) 1980, S. 541
139 L. Covello, 1972
140 Celia Jaes Falicov: Mexican Families. In: McGoldrick u.a., (Hg.) 1982, S. 146
141 Edwin H. Friedman: The Myth of the Shiksa. In: McGoldrick u.a. (Hg.) 1982, S. 499 ff
142 I. Light, 1972
143 I. Light, In: Glazer (Hg.) 1985, S. 168
144 Ebd., S. 170
145 Light 1984, S. 197 und: Richard H. Thompson: Ethnicity vs. Class. Analysis of a Conflict in a North American Chinese Community. Ethnicity 6 (1979), S. 306–326
146 Bonacich u.a., 1977
147 Light, in: Glazer (Hg.) 1985, S. 165
148 Waldinger, 1984
149 Useem, 1980
150 Chan/Cheung, 1982
151 Harold L. Wilensky, Anne T. Lawrence: Job Assignment in Modern Societies. In: Hawley (Hg.) 1979, S. 202 ff
152 Verschiedene Studien referiert bei Light, 1984, S. 207

153 Peter von Polenz: Geschichte der deutschen Sprache. Berlin/New York 1977
154 Reich, 1983, S. 213 f
155 Nathan Glazer: The Process and Problems of Language Maintenance. An Integrated Review. In: Fishman, 1966, S. 361
156 Michael Olneck/Marvin Lazerson: Erziehung. In: Elschenbroich (Hg.), 1985, S. 138 ff
157 Christoph Kleßmann: Polnische Bergarbeiter im Ruhrgebiet. 1870–1945. Soziale Integration und nationale Subkulturen einer Minderheit in der deutschen Industriegesellschaft. Göttingen 1978
158 Joshua A. Fishman: Spracherhalt. In: Elschenbroich (Hg.), 1985, S. 162 f
159 Fishman, 1966
160 John J. Gumperz, 1975. Auch: Dell Hymes: The Ethnography of Speaking. In: Fishman, 1966
161 Elschenbroich, 1983, S. 56 ff
162 Esquire, Mai 1983, S. 56
163 Fishman, in: Elschenbroich (Hg.), 1985, S. 159
164 Fishman, Ma, 1978
165 Fishman, in: Elschenbroich (Hg.), 1985, S. 175
166 Pedraza/Attinasi/Hoffmann, 1980
167 In: Amastae/Elias-Olivares (Hg.), 1982, S. 292
168 Ebd., S. 241
169 Ebd., S. 262
170 Pedraza/Attinasi/Hoffmann, 1980, S. 36
171 In: Amastae/Elias-Olivares (Hg.), 1982, S. 262
172 Hernandesz-Chavez, 1978
173 Thomas B. Morgan: The Latinization of America. Esquire, Mai 1983, S. 50
174 Lopez, 1983
175 Otheguy, 1982
176 Abigail Thernstrom: Language. Issues and Legislation. In: Thernstrom (Hg.) 1980, S. 623
177 Zit. nach Thernstrom u.a. (Hg.), 1980, S. 624
178 Dutcher, 1981, S. 25
179 Rotberg, 1982, S. 161
180 Ebd., S. 164
181 Abigail Thernstrom, in: Thernstrom u.a. (Hg.) 1980, S. 624
182 Epstein, 1977
183 Christina B. Paulston: Bilingual/Bicultural Education. In: Shulman (Hg.), 1978, S. 188
184 Rotberg, 1982, S. 157

185 Fishman, 1983, S. 137. Ähnlich auch: Nathan Glazer: Bilingualism. In: Glazer, 1983, S. 156

186 New York Times, 22.5.1985

187 Schwartz, 1984, S. 406 ff

188 New York Times, 19.8.1985

189 Glazer, 1983, S. 1

190 Zit. Glazer, 1978, S. 104

191 Z.B.: »The University of Arizona is an EEO/AA Employer (= Equal Employment Opportunity/Affirmative Action Employer) and does not discriminate on the basis of sex, race, religion, color, national origin, Vietnam Era veteran's status or handicapping condition in its admissions, employment and educational programs or activities«. (Ausschreibung, SIROW, 1985)

192 Paul Seabury: HEW and the Universities. In: Gross (Hg.), 1977, S. 108

193 Zit. Kramer, 1985

194 Rodriguez, 1982

195 Zit. Seabury (vgl. Anm. 192)

196 Andrew Hacker: The Decline of Higher Learning. New York Review of Books, 13.2.86, S. 36

197 William E. Feinberg: At a Snail's Pace. Time to Equality in Affirmative Action Programs. Am. Journal of Sociology, Juli 1984, S. 175

198 Los Angeles Times, 11.5.1983

199 Los Angeles Times, 15.5.1985

200 New York Times, 3.8.1985 (US Action against Bias seen as already Weak).

201 Glazer, 1978, S. 53

202 Ebd., S. 123

203 Zit. Ruth G. Shaeffer: Nondiscrimination in Employment: 1973–1975 (The Conference Board. New York 1975), S. 17

204 Dohse, 1982

205 Astin/Snyder, 1982, S. 26 ff6 ff

206 Schwartz, 1984, S. 408

207 Ebd., S. 413

208 Christopher Jencks: »How Poor are the Poor«? New York Review of Books, 9.5.1985

209 Schwartz, 1984, S. 407

210 Corcoran u.a., 1984, S. 245 und Mayer, 1985, S. 17 ff

211 Wong, in Hofstetter, (Hg.) 1985, S. 202

212 Chiswick, 1979

213 Roger Waldinger, (1985) The Occupational and Economic Integration of the New Immigrants. In: Hofstetter (Hg.) 1985, S. 206

214 Chiswick, 1979

215 Long (1977), Productivity, Employment Discrimination and the Relative Economic Status of Spanish Origin Males. Social Science Quarterly

216 Steven Rose, 1983, S. 11

217 Harrington/Levinson, 1985, S. 419

218 Corcoran u.a., 1984, S. 243

219 Reich, 1983, S. 205 ff. Im Mai 1975 arbeitete trotz der Rezession immer noch *ein Viertel* der Vollzeitbeschäftigten mehr als 40 Wochenarbeitsstunden. Vgl. Moss Kanter, 1978, S. 58

220 Christopher Jencks (vgl. Anm. 208). Und Reich, 1983, S. 208 ff

221 Vgl. z.B. die Berichte des Amerika-Korrespondenten Hugo Müller-Vogg im Wirtschaftsteil der FAZ

222 Moss Kanter, 1978, S. 54

Literatur

Allen, Irving L. (1983), The Language of Ethnic Conflict. Social Organization and Lexical Culture, New York

Almquist, Elizabeth M. (1979), Minorities, Gender, and Work, Lexington u.a.

Amastae, Jon/Elias-Olivares, Lucia (Hg.) (1982), Spanish in the United States. Sociolingustic Aspects, New York

American Indians, Blacks, Chicanos, and Puerto Ricans (Themenheft (1981), Daedalus, 111, 1, 1–300

Anderson, Bernard E./Cottingham, Phoebe H. (1981), The Elusive Quest for Economic Equality, Daedalus, 111, 1, 257–274

Archdeacon, Thomas J. (1983), Becoming American. An Ethnic History, New York

Astin, Helen S./Snyder, Mary B. (1982), A Decade of Response. Affirmative Action 1972–1982, Change, Nr. 7–8, 27 ff

Barth, Fredrik (1969), Ethnic Groups and Boundaries. The Social Organization of Cultural Difference, Boston

Bayor, Ronald H. (1978), Neighbours in Conflict. The Irish, Germans, Jews and Italians of New York City, 1929–1941, Baltimore u.a.

Bell, Daniel (1976), Ethnicity and Social Change, in: Glazer/Moynihan (Hg.) 1976

Bentley, G. Carter (1981), Ethnicity and Nationality. A Bibliographic Guide, Seattle

Bernardo, Stephanie (1981), The Ethnic Almanac, Garden City

Bettelheim, Bruno/Janowitz, Morris (1980), Ethnic Tolerance. A Function of Social and Personal Control, in: Pettigrew (Hg.) 1980

Binder, Wolfgang (1983), Der Roman der Chicanos als Instrument ihrer Selbstdefinition, Iberoamericana, 105–126

Bodnar, John/Simon, Roger/Weber, Michael P. (1982), Lives of their Own. Blacks, Italians, and Poles in Pittsburgh, 1900–1960, Urbana

Bonacich, Edna (1980), Advanced Capitalism and Black-White Race Relations in the United States. A Split Labor Market Interpretation, In: Pettigrew (Hg.) 1980
– /Light, I./Wong, C. (1977), Koreans in Business, Society, 14, S. 54–59
– /Modell, J. (1981), The Economic Basis of Ethnic Solidarity, Berkeley
Bonilla, Frank/Campos, Ricardo (1981), A Wealth of Poor. Puerto Ricans in the New Economic Order, Daedalus, 110, Nr. 1, 133–176
Brand, Karl W. (Hg.) (1985), Neue soziale Bewegungen in Westeuropa und den USA, Frankfurt/New York
Bryce-Laporte, Roy S. (1982), The New Immigration. Its Origin, Visibility, and Implications for Public Policy, in: Van Horne/Tonnesen (Hg.) 1982
Bullough, Bonnie/Bullough, Vern L. (1972), Poverty, Ethnic Identity and Health Care, New York
Cafferty, Pastora San Juan u.a. (1983), The Dilemma of American Immigration. Beyond the Golden Door, New Brunswick
Cavan, Ruth S. (1971), Annotated Bibliography of Studies on Intermarriage in the United States, 1960–1971 incl., International Journal of Sociology of the Family, Nr. 1, 157–165
Center for Migration Studies (Hg.) (1981), Images. A Pictorial History of Italian Americans, Staten Island
Cereani, Gian Paolo/Eco, Umberto/Placido, Beniamino (1985), Modell Amerika. Die Wiederentdeckung eines Way of Life, Münster
Chametzky, Jules (1972), Our Decentralized Literature. A Consideration of Regional, Ethnic, Racial, and Sexual Factors, Jahrbuch für Amerikastudien, 17, 56–72
Chan, Janet B. L./Cheung, Yuet-Wah (1982), Ethnic Resources and Business Enterprise. A Study of Chinese Businesses in Toronto, Los Angeles
Chiswick, B. (1979), The Economic Progress of Immigrants. Some Apparently Universal Patterns, in: American Enterprise Institute, Contemporary Economic Problems 357, (1979), S. 372–376
Cole, Donald B. (1963), Immigrant City. Lawrence, Massachusetts, 1845–1921, Chapel Hill
Coles, Robert (1981), Minority Dreams, American Dreams, Daedalus, 110, Nr. 1, 29–42
Colon, Jesus (1962), A Puerto Rican in New York and Other Sketches, New York (2nd ed.)
Conzen, Kathleen N. (1976), Immigrant Milwaukee, 1836–1860. Accomodation and Community in a Frontier City, Cambridge
Corcoran, Mary/Duncan, Gregory/Hill, Martha S. (1984), The Economic Fortunes of Women and Children. Lessons from the Panel Study of Income Dynamics, Signs, 10, 245 ff

Cordasco, Francesco (Hg.) (1975), Studies in Italian American History. Essays in Honour of Leonard Covello, Totowa
– /Alloway, David N. (1981), American Ethnic Groups. The European Heritage: A Bibliography of Doctoral Dissertations Completed at American Universities
Covello, Leonard (1972), The Social Background of the Italo-American School Child. A Study of the Southern Italian Family Mores and their Effect on the School Situation in Italy and America, Totowa
Cuddy, Dennis L. (Hg.) (1982), Contemporary American Immigration, Boston
Curti, Merle (1946), The Roots of American Loyalty, New York
Days, Drew S. (1983), Seeking a New Civil Rights Consensus, Daedalus, 112, Nr. 4, 197–215
DeMarco, William M. (1980), Ethnics and Enclaves. Boston's Italian North End, Ann Arbor
Dendy, Adele S. (1983), Nonprint Ethnic Resources, in: Josey u.a. (Hg.) 1983
Dinnerstein, Leonard/Reimers, David M. (1982), Ethnic Americans. A History of Immigration and Assimilation, New York (2nd ed.)
Dohse, Knuth u.a. (1982), Hire and Fire? Senioritätsregelungen in amerikanischen Betrieben, Frankfurt/New York
Dutcher, Nadine (1981), The Use of First and Second Languages in Primary Education, New York
Eicke, Dietrich/Reppmann, Yogi (1983), Amerika. Hoffnung und Sehnsucht. Aus alten Auswanderer-Ratgebern, Flensburg
Elschenbroich, Donata (1982), Einwanderungsland USA – Einwanderungsland Bundesrepublik? in: Elschenbroich/Schweitzer (Hg.), Die Heimat des Nachbarn, Gelnhausen ²1982
– (1983), Sprache und ethnische Bindung, in: Freunde und Fremde, Gelnhausen
– (Hg.) (1985), Einwanderung, Integration, ethnische Bindung. Harvard Encyclopedia of American Ethnic Groups, Dt. Auswahl, Frankfurt
Epstein, Noel (1977), Language, Ethnicity and the Schools, Washington
Estrada, Leonardo F. u.a. (1981), Chicanos in the United States. A History of Exploitation and Resistance, Daedalus, 110, Nr. 1, 103–132
Fishman, Joshua A. (1966), Language Loyalty in the United States. New York
– (1975), Soziologie der Sprache. Eine interdisziplinäre sozialwissenschaftliche Betrachtung der Sprache in der Gesellschaft, München
– (1983), Language and Ethnicity in Bilingual Education, Culture, Ethnicity and Identity, New York
– /Ma, Roxana (1978), Bilingualism in the Barrio. New York

FitzGerald, Frances (1980), America Revised. History Schoolbooks in the Twentieth Century, New York
Flores, Juan/Attinasi, John/Pedraza, Pedro (1981), La Carreta Made a U-Turn. Puerto Rican Language and Culture in the United States, Daedalus, 110, Nr. 1, 193–232
Ford, Barbara J./Minott, Laurel (1983), United States Government Publications as Resources of Ethnic Materials, in: Josey u.a. (Hg.) 1983
Franklin, John H. (1981), The Land of Room Enough, Daedalus, 110, Nr. 1, 1–12
Gans, Herbert J. (1967), The Levittowners. Ways of Life and Politics in a New Suburban Community, New York
– (1979), Symbolic Ethnicity. The Future of Ethnic Groups and Culture in America, Ethnic and Racial Studies, 2
– (1982), The Urban Villagers. Group and Class in the Life of Italian-Americans, New York u.a. z.ed.
Gelfand, Donald E. (1982), Aging. The Ethnic Factor, Boston u.a.
Giordano, J./Giordano (1977), The Ethno-Cultural Factor in Mental Health. A Literature Review and Bibliography, New York
Glasco, Laurence A. (1975), The Life Cycles and Household Structure of American Ethnic Groups. Irish, German, and Native-Born Whites in Buffalo and New York 1855, Journal of Urban History, Nr. 3, 339–364
Glazer, Nathan (1976), Liberty, Equality, Fraternity and Ethnicity, Daedalus, 105, Nr. 4, 115–127
– (1978), Affirmative Discrimination. Ethnic Inequality and Public Policy, New York
– (1983), Ethnic Dilemmas, 1964–1982, Cambridge
– (Hg.) (1985), Clamor at the Gates. The New American Immigration, San Francisco
– /Moynihan, Daniel P. (1963), Beyond the Melting Pot. The Negroes, Puerto Ricans, Jews, Italians, and Irish of New York City, Cambridge
– /Moynihan, Daniel P. (Hg.) (1976), Ethnicity. Theory and Experience, Cambridge u.a.
– /Ueda, Reed (1983), Ethnic Groups in History Textbooks, Washington
Gordon, Albert L. (1964), Intermarriage. Interfaith, Interracial, Interethnic, Boston
Gordon, Milton (1964), Assimilation in American Life. New York
– (1976), Toward a General Theory of Racial and Ethnic Group Relations, in: Glazer/Moynihan (Hg.) 1976
– (1978), Human Nature, Clan and Ethnicity, Oxford
Gorelick, Sherry (1981), City College and the Jewish Poor. Education in New York, 1880–1924, New Brunswick
Grebler, Leo/Moore, Joan W./Guzman, Ralph C. (1970), The Mexican-American People. The Nation's Second largest Minority, New York u.a.

Greeley, Andrew M. (1971), Why Can't They Be Like Us? New York
– (1974), Ethnicity in the United States. A Preliminary Reconnaissance, New York
– /MacReady, William C. (1976), The Transmission of Cultural Heritages. The Case of the Irish and the Italians, in: Glazer/Moynihan (Hg.) 1976
– /MacReady, William C./Theisen, Gary (1980), Ethnic Drinking Subcultures, New York
Greene, Victor R. (1968), The Slavic Community on Strike. Immigrant Labor in Pennsylvania Anthracite, Notre Dame
– (1978), Old Ethnic Stereotypes and the New Ethnic Studies, Ethnicity, 5, Nr. 4, 328–350
Griswold del Castillo, Richard (1979), The Los Angeles Barrio 1850–1890. A Social History, Berkeley u.a.
Grosjean, Francois (1982), Life with Two Languages. An Introduction to Bilingualism, Cambridge u.a.
Gross, Barry R. (Hg.) (1977), Reverse Discrimination, Buffalo
Gumperz, John J. (1975), Sprache, lokale Kultur und soziale Identität, Düsseldorf
Gutman, Herbert (1973), Work, Culture and Society in Industrializing America, 1815–1919, American Historical Review 78
– (1976), The Black Family in Slavery and Freedom, 1750–1925, New York
Hammar, Tomas (Hg.) (1985), European Immigration Policy. A Comparative Study, Cambridge
Handlin, Oscar (1959), Immigration as a Factor in American History, Englewood Cliffs
– (1972), A Pictorial History of Immigration, New York
– (1973), The Uprooted, Boston u.a. (2nd ed. enlarged)
Hansen, Marcus L. (1940), The Atlantic Migration, 1607–1860, Cambridge
– (1948), Der Einwanderer in der Geschichte Amerikas. Stuttgart
Hareven, Tamara K./Langenbach, Randolph (1978), Amoskeag, Life and Work in an American Factory-City, New York
– /Vinovskis, Maris A. (1975), Ethnicity and Occupation in Urban Families. An Analysis of South Boston Marital Fertility and the South End in 1880, in: Journal of Social History, 8, Nr. 3, 69–93
Harrington, Michael/Levinson, Mark (1985), Are we Two Nations? The Perils of a Dual Economy. Dissent, 417 ff
Harwood, Alan (Hg.) (1981), Ethnicity and Medical Care, Cambridge
Hawley, Amos (Hg.) (1979), Societal Growth, New York
Heller, Francis H. (1952), Introduction to American Constitutional Law. New York
Herberg, Will (1955), Protestant, Catholic, Jew. An Essay in American Religious Sociology, New York

Hernandesz-Chavez, Eduardo (1978), Language Maintenance. Bilingual Education and Philosophies of Bilingualism in the United States, Washington
Higham, John (1981), Strangers in the Land. Patterns of American Nativism 1860–1925, New York
– (1983), Current Trends in the Study of Ethnicity in the U.S., in: Lecomte/Thomas (Hg.) 1983
– (1984), Send These to Me. Immigrants in Urban America. Baltimore/ London
Hill, Robert F. (1980), Exploring the Dimensions of Ethnicity. A Study of Status, Culture and Identity, New York
Hirsch, Arnold (1983), Making the Second Ghetto. Race and Housing in Chicago, 1940–1960, Cambridge
Hoff, Rhoda (1974), America's Immigrants. Eyewitness History, New York
Hofstetter, Richard R. (1984), US Immigration Policy. Durham
Howe, Irving (1976), World of Our Fathers. New York
Hunt, Thomas C. (1975), The Schooling of Immigrants and Black Americans. Some Similarities and Differences, Journal of Negro Education, 45, Nr. 4, 423–431
Ianni, Francis A.J. (1974), Black Mafia. Ethnic Succession in Organized Crime, New York
Isaacs, Harold R. (1974), Basic Group Identity, The Idols of the Tribe, Ethnicity, 1, Nr. 1, 15–41
Jones, Faustine C. (1981), External Crosscurrents and Internal Diversity. An Assessment of Black Progress, Daedalus, 110, Nr. 1, 71–102
Josey, E.J. (Hg.) (1983), Ethnic Collections in Libraries, New York
Julian, Richard N. (1976), The Use of Archives in the Study of Immigration and Ethnicity, American Archivist, 39, Nr. 4, 469–477
Kessner, Thomas/Caroli, Betty B. (1978), New Immigrant Women at Work. Italians and Jews in New York City, 1880–1905, Journal of Ethnic Studies, 5, Nr. 4, 19–31
– (1982), Today's Immigrants, Their Stories. A New Look at the Newest Americans, London u.a.
Kirp, David (1977), School Desegration and the Limits of Legalism, The Public Interest, 45, 101–128
Kluger, Richard (1965), Simple Justice. The History of Brown Versus Board of Education, New York
Kramer, Helgard (1985), Affirmative Action und Comparable Worth. Antidiskriminierungspolitik am Arbeitsplatz in der Defensive? Dollars und Träume 11
Kritz, Mary M. u.a. (Hg.) (1983), Global Trends in Migration. Theory and Research on International Population Movements, New York (3rd print)

Lavin, David E./Alba, Richard D./Silberstein, Richard A. (1979), Open Administration and Equal Access. A Study of Ethnic Groups in the City University of New York, Harvard Educational Review, 49, Nr. 1, 53–92
Lazerson, Marvin (1978), Consensus and Conflict in American Education. Historical Perspectives, History of Education 3, Nr. 3, 197–205
Lecomte, Monique/Thomas, Claudine (Hg.) (1983), Le facteur ethnique aux Etats Unis et au Canada. Lille
Lester, Richard A. (1980), Reasoning About Discrimination. The Analysis of Professional and Executive Work in Federal Antibias Programs, Princeton
Lieberson, Stanley (1980), A Piece of the Pie. Blacks and White Immigrants Since 1880, New York u.a.
Liebman, Lance (Hg.) (1982), Ethnic Relations in America, Englewood Cliffs
Light, Ivan H. (1972), Ethnic Enterprise in America. Business and Welfare Among Chinese, Japanese, and Blacks, Berkeley u.a.
– (1984), Immigrant and Ethnic Enterprise in North America, Ethnic and Racial Studies, 7
Lindbergh, Charles (1961), Die Kriegstagebücher. Stuttgart
Lopez, David (1983), Chicano Language Loyalty in an Urban Setting, Sociology Research, 62, 267–278
Lovell-Troy, Lawrence A. (1981), Ethnic Occupational Structures. Greeks in the Pizza Business, Ethnicity, 9, 82–95
Lowry, Ira S. (1982), The Science and Politics of Ethnic Enumeration, in: Van Horne/Tonnesen (Hg.) 1982
Lowy, Esther C. u.a. (1983), Ethnic Activists View the Ethnic Revival and its Language Consequences. An Interview Study of Three American Ethnolinguistic Minorities, Journal of Multilingual and Multicultural Development, 4, Nr. 4, 237–254
Mause, Lloyd de (1984), Reagans Amerika, Frankfurt
Mayer, Margit (1985), Armut in den USA, Vorgänge, 1, 15 ff
McGoldrick, Monica/Pearce, John K./Giordano, Joseph (Hg.) (1982), Ethnicity and Family Therapy, New York u.a.
Mead, Margaret (1942), And Keep Your Powder Day. An Anthropologist Looks at America. New York
Mindel, Charles H./Habenstein, Robert W. (Hg.) (1976), Ethnic Families in America. Patterns and Variations, New York u.a.
Minorities in Labor Markets (Themenheft) (1983), The Urban League Review, 7, Nr. 2, 1–116
Morrison, Joan/Zabusky, Charlotte (1980), American Mosaic. The Immigrant Experience in the Words of Those Who Lived it, New York
Moskos, Charles C. (1982), Racial and Educational Composition of the All-Volunteer Army, in: Van Horne/Tonnesen (Hg.) 1982)

Moss Kanter, Rosbeth (1978), Work in a New America, Daedalus, 107
Mossberg, Christer (1983), New Perspectives in American Studies. Immigrant Writers, In Their Own Words, 1, Nr. 1, 57–68
Moynihan, Daniel P. (Hg.) (1969), On Understanding Poverty. Perspectives from the Social Sciences, New York u.a.
Myrdal, Gunnar (1962), An American Dilemma. The Negro Problem and Modern Democracy, New York u.a. 3.ed.
– (1974), The Case Against Romantic Ethnicity, Center Magazine, 7, Nr. 4, 26–30
Nelli, Humbert S. (1975), Chicago's Italian Language Press and World War I, in: Cordasco 1975
Newman, Katherine (o.J.), Ethnic American Short Stories, New York
Novak, Michael (1972), The Rise of the Unmeltable Ethnics. Politics and Culture in the Seventies, New York
Ostendorf, Berndt (Hg.) (1983), Amerikanische Gettoliteratur. Zur Literatur ethnischer, marginaler und unterdrückter Gruppen in Amerika, Darmstadt
– (1983), Ghetto literature. Or: What Makes Ethnic Literature Ethnic? in: Lecomte/Thomas (Hg.) 1983
Otheguy, Ricardo (1982), Thinking About Bilingual Education, A Critical Appraisal, Harvard Educational Review, 52
Park, Robert E. (1922), The Immigrant Press and its Control, New York u.a.
Patterson, Orlando (1967), An Absence of Ruins, London
– (1973–1974), On Guilt, Relativism and Black-White Relations, The American Scholar, 43, Nr. 1, 122–132
– (1977), Ethnic Chauvinism. The Reactionary Impulse, New York
– (1983), The Nature, Causes, and Implications of Ethnic Identification, Minorities, Berlin u.a.
Pedraza, Pedro/Attinasi, John/Hoffmann, Gerard (1980), Rethinking Diglossia. Language Policy Task Force, New York
Petroni, Frank A./Hirsch, Ernest A. (1970), Two, Four, Six, Eight, When You Gonna Integrate? New York
Pettigrew, Thomas F. (1981), Race and Class in the 1980s. An Interactive View, Daedalus, 110, Nr. 1, 233–256
– (Hg.) (1980), The Sociology of Race Relations. Reflection and Reform, New York u.a.
Polenberg, Richard (1972), War and Society. The United States, 1941–1945, New York
– (1980), One Nation Divisible. Class, Race and Ethnicity in the United States Since 1938, New York
Psomiades, Harry J./Zenelis, John G. (Hg.) (1982), The Greek American Community in Transition. With a Bibliographic Guide, New York
Pyle, Ernie (1944), Brave Men., New York

– (1945), GI-Joe. New York
Raeithel, Gert (1981), Go West. Ein psychohistorischer Versuch über die Amerikaner, Frankfurt
Ravitch, Diane (1974), The Great School Wars. New York City, 1805–1975, New York
– (1976), The Education of American Minorities, Teachers College Record, 78, 213–228
– (1983), The Troubled Crusade. American Education, 1945–1980, New York
Reich, Robert B. (1983), The Next American Frontier, New York
Riis, Jacob A. (1903), How the Other Half Lives. Studies Among te Tenements of New York, New York
Ritterband, Paul (1974), Ethnic Power and the Public Schools. The New York City School Strike of 1968, Sociology of Education, 47, Nr. 2, 251–267
Rodriguez, Richard (1982), Hunger of Memory. The Education of Richard Rodriguez. An Autobiography, Boston
Rogers, David (1969), Hundred and Ten Livingston Street. Politics and Bureaucracy in the New York School System, New York
Romanucci-Ros, Linda/de Vos, George (Hg.) (1982), Ethnic Identity, Cultural Continuities and Change, Chicago
Rollins, Joan (Hg.) (1981), Hidden Minorities. The Persistence of Ethnicity in American Life, Washington
Rose, Steven (1983), Social Stratification in the United States, Baltimore
Rosenfeld, Jerry (1971), »Shut Those Thick Lips«. A Study of Slum School Failure, New York u.a.
Ross, Edward Alsworth (1914), Italians in America, New York
Rotberg, Iris (1982), Some Legal and Research Considerations in Establishing Federal Policy in Bilingual Education, Harvard Educational Review, 52
Saxton, Alexander (1971), The Indispensable Enemy. Labor and the Anti-Chinese Movement in California, Berkeley u.a.
Schlossmann, Steven L. (1983), Is There an American Tradition of Bilingual Education? German in the Public Elementary School, 1840–1919, American Journal of Education, 91, Nr. 2, 139–186
Schuman, Howard/Steeh, Charlotte/Bobo, Lawrence (1985), Racial Attitudes in America. Trends and Interpretations, Cambridge/Mass.
Schwartz, Herman (1984), In Defense of Affirmative Action. A Look at Realities, a Reply to Critics, in: Dissent, 406 ff
Seller, Maxine S. (1975), Beyond the Stereotype. A New Look at the Immigrant Woman, 1880–1924, Journal of Ethnic Studies, 3, Nr. 1, 59 Nr. 1, 59–70

– (1977), To Seek America. A History of Ethnic Life in the United States, o.O.
– (Hg.) (1981), Immigrant Women, Philadelphia
Shogan, Robert/Craig Tom (1964), The Detroit Race Riots. Philadelphia
Siegel, Ronald/West, Louis J. (1975), Hallucinations. Behavior, Experience and Theory. New York
Simpson, George/Yinger, Milton (1972), Racial and Cultural Minorities, New York (4th ed.)
Singer, Isaac B. (1983), Verloren in Amerika. Von Schtetl in die neue Welt, München u.a.
Sollors, Werner (1983), Between Consent and Dissent. Studying Ethnic Literature in the USA, In Their Own Words, 1, Nr. 1, 17–28
Sowell, Thomas (Hg.) (1978), Essays and Data on American Ethnic Groups. New York
– (1976), Affirmative Action Reconsidered, The Public Interest, 42, Nr. 6, 47–65
Soziale Bewegungen in den USA (1983), Dollars und Träume, Hamburg
Stein, Howard (1978), Aging and Death Among Slovak-Americans, Journal of Psychoanalytic Anthropology, 3, 297 ff
– /Hill, Robert F. (1977), The Ethnic Imperative. Examining the New White Ethnic Movement, Philadelphia u.a.
– (1979), The White Ethnic Movement, Panism, and the Restoration of the Early Symbiosis. The Psychohistory of a Group Fantasy, Journal of Psychohistory, 6, Nr. 3, 319–359
– (1984), Sittin Tight and Bustin Loose: Contradiction and Conflict in Midwestern Masculinity. Journal of Psychohistory Bd. II, 4, 501–512
Steinberg, Stephen (1981), The Ethnic Myth. Race, Ethnicity, and Class in America, New York
Teitelbaum, Herbert/Hiller, Richard J. (1977), Bilingual Education. The Legal Mandate, Harvard Educational Review, 47, 138–170
Terkel, Studs (1981), Der amerikanische Traum. Vierundzwanzig Gespräche mit Amerikanern, Berlin
– (1984), »The Good War«. An Oral History of World War II, New York
Thernstrom, Stephan/Orlov, Ann/Handlin, Oscar (Hg.) (1980), Harvard Encyclopedia of American Ethnic Groups, Cambridge u.a.
Thomas, William I./Park, Robert E. (1921), Old World Traits Transplanted, Montclair (reprinted 1975)
– /Znaniecki, Florian (1918–1920), The Polish Peasant in Europe and America, Boston
Thorwald, Jürgen (1978), Das Gewürz. Die Saga der Juden in Amerika, München (Band 1)
Thurow, Lester (1984), Job Versus Productivity. The Euro-American Dilemma, Technology Review, Oct.

Tricarico, Donald (1984), The Italians of Greenwich Village. The Social Structure and Transformation of an Ethnic Community, o.O.
– (1984a), The »New« Italian-American Ethnicity, The Journal for Ethnic Studies, 3, 72 ff
Useem, Michael (1980), Corporations and the Corporate Elite, Annual Review of Sociology, 6, 41–77
Valtinos, Thanassis (1982), Die Legende des Andreas Kordopatis. Köln
Van Horne, Winston A./Tonnesen, Thomas V. (Hg.) (1982), Ethnicity and Public Policy, Madison (vol. 1)
Vowell, Faye N./Miller, Wayne C. (1976), A Comprehensive Bibliography for the Study of American Minorities, New York (2 vol.)
Waldinger, Roger (1984), Immigrant Enterprise in the New York Garment Industry, Social Problems, 32, Oct., 60 ff
Wan, Enoch Y.N. (1978), The Dynamics of Ethnicity. A Case Study on the Immigrant Community of New York Chinatown, Stony Brook (Ph. D. thesis Brook, microfilm)
Wattenberg, Ben J. (1984), The Good News is the Bad News is Wrong, New York
Weed, Perry L. (1973), The White Ethnic Movement and Ethnic Politics, New York u.a.
Weiss, Bernard J. (Hg.) (1982), American Education and the European Immigrant, 1840–1940, Urbana u.a.
Wheeler, Thomas (1971), The Immigrant Experience. The Anguish of Becoming American, New York
Wilson, William J. (1978), The Declining Significance of Race. Blacks and Changing American Institutions, Chicago u.a.
Wong, Bernard P. (1982), Chinatown. Economic Adaption and Ethnic Identity of the Chinese, New York u.a.
Wynar, Lubomyr R. (1972), Encyclopedic Directory for Ethnic Newspapers and Periodicals in the United States, Littleton
– /Buttlar, Lois (1980), Ethnic Films and Filmstrip Guide for Libraries and Media Centers. A Selected Filmography, Littleton
– /Buttlar, Lois (1978), Guide to Ethnic Museums, Libraries and Archives in the United States, Kent
Zborowski, Mark (1952), Cultural Components in Responses to Pain, Journal of Social Issues, Nr. 8
– (1969), People in Pain. San Francisco
Zenner, Walter P. (1982), Arabic-Speaking Immigrants in North America as Middlemen Minorities, Ethnic and Racial Studies, 5, 457–477
Zola, I.K. (1966), Culture and Symptoms. An Analysis of Patient's Presenting Complaints, American Sociological Review, 5, 141–155